Peter L. Berger

Der Zwang zur Häresie

Religion in der pluralistischen Gesellschaft

Aus dem Amerikanischen
von Willi Köhler

S.Fischer

Die amerikanische Originalausgabe erschien 1979 unter dem Titel ›The Heretical Imperiative; Contemporary Possibilities of Religious Affirmation‹ bei Anchor Press / Doubleday, Garden City, New York

Umschlagentwurf: Atelier Rambow, Lienemeyer, van de Sand
Satz und Druck: G. Wagner, Nördlingen
Einband: G. Lachenmaier, Reutlingen
Printed in Germany 1980
ISBN 3-10-007104-2

Inhalt

Vorwort

Biographische Erörterungen im Vorwort eines Buches deuten im allgemeinen darauf hin, daß der Autor sich zu ernst nimmt. Dies wiederum ist ein Zeichen dafür, daß er sich nicht nur der Sünde der Eitelkeit schuldig gemacht hat, sondern auch der Sünde mangelnden Sinns für Humor (eine wahrscheinlich noch schwerwiegendere Sünde als die Eitelkeit). Wenn aber ein Autor so humorlos gewesen ist, auf gut Glück mehr als ein Buch geschrieben zu haben, werden seine Leser verständlicherweise den Wunsch verspüren zu erfahren, wie sein neues Buch sich mit den früheren verträgt. Aus diesem Grund, und, so hoffe ich, nur aus diesem Grund, möchte ich mir hier einige autobiographische oder, wenn man will, »autobibliographische« Anmerkungen erlauben.

Es ist fast genau zehn Jahre her, seit ich an meinem letzten Buch über Religion gearbeitet habe. Es trägt den Titel *A Rumor of Angels; Modern Society and the Rediscovery of the Supernatural* (Doubleday, Garden City, New York 1969).* Das vorliegende Buch greift die Erörterung an dem Punkt auf, an dem das frühere sie verlassen hat, nämlich bei der Behauptung, theologisches Denken solle einer induktiven Methode folgen. Mit diesem Begriff meinte ich eine Methode, die bei alltäglichen menschlichen Erfahrungen einsetzt, die aus ihnen zu empfangenden »Signale der Transzendenz« erforscht und sich dann zu religiösen Feststellungen über das Wesen der Realität fortbewegt. Meine Meinung darüber hat sich in keiner Weise geändert. Das vorliegende Buch hat mit *Rumor of Angels* überdies gemeinsam, daß es mit Analysen der gegenwärtigen Situation anhebt, mit Analysen, die mit dem intellektuellen Instrumentarium der Wissenssoziologie angestellt werden, und sodann, in

* Deutsche Ausgabe *Auf den Spuren der Engel; Die moderne Gesellschaft und die Wiederentdeckung der Transzendenz,* aus dem Amerikanischen von Monika Plessner, S. Fischer Verlag, Frankfurt (Main), 3. Auflage 1973.

voller Absicht, die Grenze zwischen »wertfreier« Sozialwissenschaft und stark wertenden theologischen Behauptungen überschreitet. Doch das neue Buch unterscheidet sich von *Rumor of Angels* sowohl in Absicht wie in thematischer Zielsetzung. Die Absicht des früheren Buches bestand darin, die Art und Weise zu kritisieren, in der modernes säkulares Denken die Realität einer religiösen Weltsicht für ungültig zu erklären suchte. Die Arbeit setzte die Wissensoziologie ein, »um die Relativierer zu relativieren«. Doch dabei blieb im Mittelpunkt der Betrachtung die gewöhnliche menschliche Erfahrung, die gleichermaßen dem Dorfatheisten und dem Dorfheiligen zugänglich ist. Mit anderen Worten, in *Rumor of Angels* habe ich versucht, die Annahmen des modernen Säkularismus von innen heraus zu durchbrechen. Das vorliegende Buch verlagert den Brennpunkt der Aufmerksamkeit auf die religiöse Erfahrung selbst und verfolgt dabei die Absicht, in diesem Bereich die Anwendbarkeit einer induktiven Methode zu erkunden. Damit ist der thematische Rahmen erheblich weiter.
In den letzten zehn Jahren galt der größte Teil meiner Arbeit als Soziologe nicht unmittelbar der Religion. Ich habe in erster Linie über die Theorie der Modernisierung und über Probleme der Entwicklung der Dritten Welt sowie im Zusammenhang damit über die Anwendungsmöglichkeiten soziologischer Perspektiven auf die Politik gearbeitet. Doch meine ziemlich massive Konfrontierung mit den Realitäten der Dritten Welt hat mein Verständnis der gegenwärtigen religiösen Situation geändert. Erst heute, in der Rückschau, wird mir klar, wie provinziell meine Arbeit über Religion in den sechziger Jahren gewesen ist, provinziell ganz einfach in dem Sinne, daß sie sich praktisch ausschließlich auf das Schicksal der Religion in der westlichen Welt beschränkte. Dies hat Konsequenzen für eine Anzahl soziologischer Fragestellungen, vor allem für die Frage der Säkularisierung. Für mich haben sich auch theologische Konsequenzen ergeben, wie aus den folgenden Seiten ersichtlich werden dürfte. Mein Verständnis von »Ökumenizität« hat sich ganz erheblich ausgeweitet. Für sich selbst genommen wäre das nicht sonderlich interessant, denn interessant ist nur die Tatsache, daß ich zu der Überzeugung gelangt bin, daß eine solche Ausweitung des Verständnisses sehr heilsam und jedem, der

sich heutzutage mit christlicher Theologie beschäftigt, nur dringend zu empfehlen ist; die gleiche Empfehlung gilt auch für Menschen, die sich anderen Traditionen verbunden fühlen und in unseren Tagen systematisch über religiöse Fragen nachdenken wollen.
Wenngleich die Logik der Beweisführung in diesem Buch die Erörterung ganz unterschiedlicher Gegenstände erfordert, so ist doch die Hauptlinie der Argumentation ziemlich einfach. Nach meiner Auffassung hat die Modernität die Religion in eine ganz spezifische Krise gestürzt, in eine Krise, die zwar ohne Frage durch Säkularität gekennzeichnet, die aber weit wichtiger durch Pluralismus charakterisiert ist. Aus Gründen, die für Historiker und Sozialwissenschaftler auf der Hand liegen, wird die Autorität aller religiösen Traditionen in der pluralistischen Situation gemeinhin unterminiert. In dieser Situation gibt es für Menschen, welche die Tradition aufrechterhalten möchten, drei hauptsächliche Optionen oder »Möglichkeiten«: Sie können die Autorität der Tradition trotz der Herausforderung, der sie ausgesetzt ist, weiterhin bekräftigen; sie können die Tradition zu säkularisieren suchen; sie können die in der Tradition verkörperten Erfahrungen aufzudecken und kundzutun suchen. Aus Gründen, die ich im einzelnen darlegen werde, bezeichne ich die genannten drei Optionen als Deduktion, Reduktion und Induktion. Das ist zum großen Teil ein deskriptives Verfahren im Rahmen der Wissenssoziologie. Des weiteren vertrete ich freilich die Auffassung, daß nur die dritte Option, nämlich der induktive Ansatz, letztlich Bestand haben wird. Ich behaupte ferner, daß die Auseinandersetzung zwischen den großen Weltreligionen, vor allem zwischen den Traditionen, die auf die Religionsgeschichte Westasiens zurückgehen, und den Traditionen, die auf dem indischen Subkontinent entstanden sind, für die Theologie und das religiöse Denken der Zukunft von zentral wichtiger Bedeutung ist.
Fast alle diese Gedankengänge kann man anstellen, ohne einem bestimmten Glauben anhängen zu müssen. Ich habe durch das ganze Buch hindurch versucht, in einer Weise zu argumentieren, die vernünftige Menschen anspricht. Nur auf den letzten wenigen Seiten habe ich mich spezifisch christlichen Fragestellungen zugewandt, doch wenn ich dies tue, gebe ich es auch deutlich zu

erkennen. Die Tatsache, daß Fälle für die drei Optionen, die in diesem Buch erörtert werden, allesamt aus der Geschichte der protestantischen Theologie stammen, setzt auf keine Weise eine protestantische Glaubensbindung auf seiten des Autors oder Lesers voraus. Nach meiner Meinung ist der Protestantismus sehr instruktiv, weil er sich mit der Modernität am längsten und in höchst intensiver Weise auseinandergesetzt hat; von diesem Beispiel können Nicht-Protestanten und Nicht-Christen viel lernen (und nicht notwendig nur in positivem Sinne). Doch nichtsdestoweniger habe ich keinen Anlaß, die Tatsache zu verschleiern, daß meine eigene Glaubensbindung unzweideutig (und ich wage zu sagen, unwiderruflich) christlich ist. Mehr noch, mein Angebot eines induktiven religiösen Denkansatzes stellt mich unmißverständlich in einen bestimmten Gedankenstrom der Ideengeschichte, nämlich in den des protestantischen theologischen Liberalismus im Gefolge von Friedrich Schleiermacher. So habe ich meinen theologischen »Platz« seit den frühen sechziger Jahren verstanden; er ist nun klarer geworden. Auf jeden Fall gebe ich ihn ohne Zögern zu.
Bei meiner Forderung nach einem induktiven Denkansatz habe ich hier mithin zwei unterschiedliche Leserkreise vor Augen. Zunächst einmal, und dies allgemeiner, möchte ich jeden Menschen ansprechen, der heutzutage ernsthaft über Religion nachdenkt, und diesem Publikum möchte ich gern erklären, daß solch ein induktiver Ansatz neue Möglichkeiten bietet, religiöse Phänomene in umfassenderer, kulturvergleichender Weise zu verstehen. Zweitens möchte ich jeden Menschen ansprechen, der sich sorgenvoll mit dem Engpaß zeitgenössischen christlichen Denkens beschäftigt. Dieser Engpaß ist, so glaube ich, das Ergebnis einer sterilen Antithese von Neo-Orthodoxie und Säkularismus (die beide in verschiedenen Versionen in Erscheinung treten), einer Antithese, die immer noch die christliche theologische Szene zu beherrschen scheint, zumindest in den Vereinigten Staaten. Nach meiner Überzeugung ist die Zeit gekommen, sich von dieser Antithese entschlossen abzukehren und sich wieder den Problemen und Methoden (nicht notgedrungen den Antworten) des klassischen theologischen Liberalismus zuzuwenden. *Dort* liegt, dessen bin ich sicher, der Weg aus der gegenwärtigen Sackgasse.

Nach meinem Eindruck bedeutet die Einnahme einer solchen Position nicht, die Rolle eines Rufers in der Wüste zu spielen (ich habe keinerlei missionarischen Drang, der mir eine solche Rolle plausibel erscheinen ließe). Mir scheint, daß sich ziemlich viele Leute finden lassen, deren Denken mehr oder weniger in diese Richtung zielt. Weniger sicher bin ich, ob man nicht auf viele dieser Leute in den Reihen derer stößt, die manche »professionelle Theologen« nennen. Ich stehe immer noch staunend vor der Tatsache, daß es Menschen gibt, die diese Formulierung ohne Ironie verwenden, doch das ist eine andere Geschichte. Auf jeden Fall bin ich mir der Tatsache völlig bewußt, daß ich mich in diesem Buch ohne jegliche Form der Akkreditierung theologischen Problemen zuwende, und ich bin Soziologe genug, um mir über das Risiko dieses Unternehmens im klaren zu sein. »Professionelle Theologen«, so habe ich festgestellt, reagieren auf Außenseiter, die es wagen, in ihr abgestecktes Reservat einzudringen, nicht viel anders als andere Professionelle auf die Initiativen von Laien – oder übrigens auch wie Gewerkschaftsfunktionäre in einem nur Gewerkschaftern offenstehenden Betrieb auf jeden, der keinen Mitgliedsausweis besitzt. Ich gebe unumwunden zu, daß mir jede formale theologische Bildung fehlt, und ich möchte nicht verhehlen, daß ich unter Umständen manche Irrtümer und Unzulänglichkeiten in meinem Denken über Religion vermieden hätte, wenn mir eine solche Bildung zuteil geworden wäre. *Tant pis.* Man tut, was man kann. Was die »professionellen Theologen« in letzter Zeit getan haben, ist keineswegs so überwältigend, daß wir nicht akkredidierten Leute uns genötigt fühlen müßten, das Schauspiel in ehrfürchtigem Schweigen zu bestaunen. Mehr noch, meine Gefühle sind noch ziemlich lutherisch, denn ich glaube, daß die Priesterschaft aller Gläubigen auch eine intellektuelle Dimension hat.

Eine weitere »autobibliographische« Anmerkung: Ich gehörte zu dem Kreis von Leuten, die sich hinter den sogenannten Hartford Appeal stellten. Dieses Dokument, das eine lebhafte Kontroverse auslöste, ist weithin als eine Erklärung des theologischen Konservativismus aufgefaßt worden. Folglich dürfte die Position, die ich in dem vorliegenden Buch vertrete, manche überraschen, die den Hartford Appeal in der genannten Weise verstanden haben. Ich kann ihnen jedoch versichern, daß sich bei mir auch in dieser Frage kein Sinneswandel vollzogen hat. Zum einen, und um es gleich vorweg zu sagen, den Hartford Appeal als konservatives Manifest aufzufassen, ist grundfalsch, und die Vorstellung, seine Autoren seien erpicht darauf gewesen, Häretiker zu verfolgen, ist ein schweres Mißverständnis, das zum großen Teil auf der Art und Weise beruht, wie in der Presse über das Ereignis berichtet worden ist. Der Hartford Appeal war weder gegen den theologischen Liberalismus noch gegen die politische »Linke« gerichtet, sondern ausschließlich gegen die intellektuelle Kapitulation vor dem Säkularismus. Wie es sich so trifft, kommt diese Kapitulation heutzutage häufig darin zum Ausdruck, daß man die christliche Botschaft mit diesem oder jenem Programm links von der Mitte identifiziert. Morgen, wenn sich die politische Stimmung der amerikanischen Intelligenz geändert haben sollte, können sich die Worte des Hartford-Dokuments genauso gut gegen ein rechtsgerichtetes, unter einem christlichen Etikett vermarktetes Programm richten. Was meine Beteiligung an dem Hartford Appeal angeht, so war ich *theologisch* wahrscheinlich das am weitesten links stehende Mitglied der Gruppe (das heißt natürlich nicht, daß ich *politisch* weiter links stand als die anderen). Das war zu jener Zeit jedem klar, der die Mühe auf sich nahm, der Sache auf den Grund zu gehen. Wie ich damals einem nachforschenden Fragesteller erklärte, ging es mir nicht um Rückkehr zur Tradition, sondern um Rückkehr zum *Kampf* mit der Tradition; solch ein Kampf, das dachte ich damals und denke ich heute noch, ist zur Sinnlosigkeit verurteilt, wenn die Tradition selbst säkularisiert wird. Ich hoffe, dieses Buch wird klarstellen, wie ich es verstehe, wenn ich sage, daß meine Position *weder* »reaktionär« *noch* »revolutionär« ist.

Dieses Buch handelt von religiösem Denken oder von Theologie – nicht vom Glauben, sondern von der Art und Weise, wie man über Glauben nachdenken kann. Mit anderen Worten, es ist ein intellektuelles, kein auf Andacht und Eingebung beruhendes Vorhaben.

Ich halte es für wichtig, dies nachdrücklich zu betonen. Intellektuelle neigen immer dazu, die Weltgeschichte für Ideengeschichte zu halten, und wenn Theologen in diesen Fehler verfallen, wird der gesamte Charakter der religiösen Phänomene verzerrt. Jeder, der sich auf religiöser Suche befindet, strebt nach Bestätigung, das heißt nach einer Einstellung, die ihm erlaubt zu sagen: »Das glaube ich.« Der Intellektuelle sieht sich in diesem Streben leider durch komplexere »Möglichkeiten« und »Unmöglichkeiten« eingeengt. Es ist heilsam (im wortwörtlichen Sinne des Wortes), sich immer daran zu erinnern, daß der Intellektuelle, was die *raison du coeur* angeht, auf der alle religiösen Bestätigungen letztendlich beruhen, um keinen Jota privilegierter ist als irgendein anderer Mensch.

Das inhaltliche Konzept von Kapitel 2 habe ich ausführlich mit Hansfried Kellner diskutiert; ich bin ihm sehr zu Dank dafür verpflichtet, daß er mir dabei geholfen, die Themen und Fragestellungen für mich selbst zu klären.

Der Exxon Education Foundation und vor allem ihrem Präsidenten Robert Payton möchte ich für ein Stipendium danken, das es mir erlaubte, für ein Semester einen Forschungsurlaub zu nehmen, und der Rutgers University danke ich dafür, daß sie mir diesen Urlaub gewährt hat.

Meine Lektorin beim Doubleday Verlag, Loretta Barrett, hat mich während meiner Arbeit aufs eifrigste unterstützt, und ich möchte an dieser Stelle ihre Unterstützung mit wirklich großer Dankbarkeit erwähnen.

P. L. B.

1. Modernität als Universalisierung der Häresie

Die staatliche Fluggesellschaft von Indonesien nennt sich Garuda, nach dem Namen des mythischen Vogels aus dem Ramajana. Der Name, der die Maschinen der Fluggesellschaft ziert, ist durchaus angemessen. Wenn der Flugreisende über den indonesischen Archipel mit seinem Myriaden von Inseln fliegt, kann er schon das Gefühl haben, auf den Flügeln des Ur-Garuda dahingetragen zu werden. Das macht auch ihn, den Reisenden, zu einem quasi-mythischen Wesen, zu einem Gott vielleicht oder zumindest zu einem Halbgott, der mit unvorstellbarer Geschwindigkeit über den Himmel rast und dazu Maschinen von unvorstellbarer Kraft in seinen Dienst stellt. Tief unten, in ihren kleinen Dörfern mit Feldern herum, hausen die bloß Sterblichen. Sie schauen auf und beobachten, wie die Götter vorüberfliegen. Gelegentlich wird der Reisende zu ihnen niederschweben, doch auch dann wird er sich nur selten mit ihnen gemein machen. Auf ihn warten in den großen Städten wichtige Geschäfte. Oder vielleicht verbringt er auch ein Wochenende auf Bali, das einst die Insel der Götter genannt wurde, und während dieses kurzen Aufenthalts kann er leicht einen Geldbetrag ausgeben, der dem jährlichen Pro-Kopf-Einkommen in Indonesien entspricht.

Der Jet-Reisende in der Dritten Welt gibt eine ziemlich gute Metapher für die Modernität ab. Er bewegt sich auf demselben Planeten wie jene Dorfbewohner, und doch bewegt er sich in einer völlig anderen Welt. Sein Weltraum bemißt sich in Tausenden von Kilometern, der ihre nach der Strecke, die ein Ochsenkarren zurücklegen kann. Seine Zeit kommt in der kontrollierten Präzision von Flugplänen zum Ausdruck, die ihre in den Gezeiten der Natur und des menschlichen Körpers. Er bewegt sich mit atemberaubender Geschwindigkeit; sie bewegen sich in den bedächtigen Rhythmen, die vor langer Zeit durch Tradition festgelegt worden sind. Sein Leben wirft sich in

die offene Zukunft; das ihre schreitet in sorgsam gehüteter Bindung an die Welt der Vorfahren dahin. Unermeßliche Kräfte, physische wie soziale, gehorchen mehr oder weniger seinem Befehl; sie haben von beiden nicht viel. Und auch wenn er kein Gott ist, sofern er dem Tod nicht entgeht, so wird seine Lebensspanne doch sehr wahrscheinlich viel länger als die ihre sein. Aus der Sicht solcher Dorfbewohner ist Modernität die Heraufkunft einer neuen Welt von mythologischer Machtfülle. Modernisierung ist also das Auftauchen dieser neuen Welt über den alten Welten des traditionellen Menschen – ein umwälzendes und bisher einmaliges Ereignis in der menschlichen Geschichte.
Doch der Jet-Reisende unterscheidet sich von dem Dorfbewohner noch in einer anderen sehr wichtigen Weise. Nicht nur, daß er um so viel privilegierter und mächtiger ist, er hat auch *so viel mehr Wahlmöglichkeiten.* Auch darin unterscheiden sich natürlich Götter und Halbgötter für gewöhnlich von den bloß Sterblichen. Der Jet-Reisende trägt diese Wahlmöglichkeiten in symbolischer Form mit sich herum. Er kann sein Flugticket eintauschen und statt nach Manila nach Singapur fliegen. Er kann seine Reiseschecks in diese oder jene Währung einwechseln. Sein Paß und seine Kreditkarte öffnen ihm eine Vielfalt von Türen. All diese Reisemöglichkeiten stellen jedoch nur einen kleinen Ausschnitt des ungeheuer größeren Angebots an Wahlmöglichkeiten dar, das zum als selbstverständlich angesehenen Gefüge modernen Lebens gehört. Sicher, ein javanischer Dorfbewohner trifft auch seine Wahl, denn um es anthropologisch zu formulieren, die Fähigkeit zur Wahl ist im menschlichen Dasein angelegt. Sicher auch, nicht alle modernen Menschen verfügen über die gleiche Spannweite von Wahlmöglichkeiten. So mag ein New Yorker der oberen Mittelschicht es vorziehen, seinen Urlaub in Asien zu verbringen, während sein Nachbar aus der Arbeiterschicht sich entscheidet, einen Bus zu besteigen und seinen Cousin in Boston zu besuchen. Doch verglichen mit jedem Menschen aus einer prämodernen Gesellschaft, haben beide eine Wahlspanne, die für den größten Teil der Geschichte im Bereich mythischer Phantasien lag, denken wir nur an die Wahl des Berufs, des Wohnorts, der Eheschließung, der Zahl der Kinder, der Art, seine Freizeit zu verbringen, des Erwerbs

materieller Güter. All dies sind Wahlmöglichkeiten, und für die meisten Leute sehr wichtige, für die äußere Lebensgestaltung. Doch es gibt auch andere Wahlmöglichkeiten, solche, die tief in die innere Welt des einzelnen hinabreichen – Wahlmöglichkeiten hinsichtlich dessen, was heutzutage gemeinhin »Lebensstil« genannt wird, moralische und ideologische Wahlmöglichkeiten und last but not least auch religiöse.

Die moderne Situation

Modernität als beinahe unfaßbare Expansion des Bereichs im menschlichen Leben, der Wahlmöglichkeiten offensteht –: das ist das zentrale Thema dieses Buches, oder anders, das zentrale Thema ist die gründliche Beschäftigung mit den Folgen dieser Situation für die Religion. Überflüssig zu sagen, daß dieses Thema nicht mit Hilfe von Metaphern erörtert werden kann, so sehr sie sich auch anbieten mögen. Es muß systematisch durchgearbeitet werden, und im Verlauf eines solchen Unternehmens ist zuweilen eine gewisse mühsame Sorgfalt nicht zu vermeiden.

Marion Levy hat das Maß an Modernisierung ziemlich prägnant als »das Verhältnis von unbelebten zu belebten Kraftquellen« definiert.[1] Mit dieser Definition (auf die, nebenbei, Levy in einer Anzahl von Büchern in ungeheurer Detailfülle eingegangen ist) mag man vielleicht nicht rundum zufrieden sein, doch sie hat den Vorzug, ganz klar auf zwei Aspekte der Angelegenheit hinzuweisen: erstens, Modernität (was im Rahmen dieser Definition eine Situation wäre, in der ein *hohes* Verhältnis von unbelebten zu belebten Kraftquellen besteht) ist keine Frage von Entweder-Oder, sondern tritt in unterschiedlichen Ausprägungen auf. Und zweitens, als wesentlicher Faktor im Modernisierungsprozeß und *ipso facto* als Kern der Modernität (die das Produkt des Modernisierungsprozesses ist) ist die Technologie anzusehen. Beide Aspekte sind sehr wichtig. Historiker zum Beispiel weisen die Sozialwissenschaftler immer gern darauf hin, daß dies oder jenes Phänomen in der gegenwärtigen Welt seine Parallele in früheren Geschichtsperioden habe. Es ist in der Tat

intellektuell von Gewinn, auf historische Vorläufer zu achten und auch zu erkennen, daß die eigene Situation in manchen ihrer Merkmale nicht völlig ohne Beispiel ist. Doch gleichzeitig darf man sich auch nicht gestatten, von einer Perspektive gefangengenommen zu werden, unter der es in der Geschichte niemals etwas Neues gegeben hat – unter der man letztendlich keinerlei Wandlungen erkennen kann. Levys Art und Weise, Modernisierung zu definieren, erlaubt einem, sie sozusagen statistisch zu betrachten: Modernität ist danach ein Aggregat von Merkmalsausprägungen, und diese Ausprägungen treten im Verlauf der Geschichte in unterschiedlichen Häufigkeitsverteilungen auf. Des weiteren, obwohl diese Ausprägungen eine weite Spanne menschlicher Bestrebungen (ökonomische, politische, soziale und tatsächlich auch psychologische) umfassen, so ist doch die primäre Kausalkraft, die sie zu einer Masse vereinigt, eine technologische. Mit anderen Worten, die Gegenüberstellung von Flugzeug und Ochsenkarren in der oben angeführten Metapher ist willkürlich und unbegründet.
Verfolgt man ein Phänomen weit genug in die Vergangenheit zurück, dann stößt man in jedem Fall auf eine Vielfalt von Kausalfaktoren. Daraus folgt, der Faktor, der in einer Geschichtsepoche als der primäre erscheint, ist selbst das Ergebnis anderer Ursachen, von denen einige möglicherweise von höchst unterschiedlichem Charakter sind. So ist die Technologie, die in wenigen Jahrhunderten die menschlichen Lebensbedingungen verändert hat, nicht am Anfang der heute als modern bezeichneten Epoche vom Himmel gefallen. Man hat sich häufig gefragt, warum ausgerechnet in Europa zu einem bestimmten Zeitpunkt das wissenschaftliche Wissen, das über Jahrhunderte hin »auf der Straße gelegen« hat, sich beinahe über Nacht in eine technologische Revolution verwandelte. Warum nicht im alten Griechenland? Oder meinetwegen in Indien oder China? Überflüssig zu erwähnen, daß darüber unterschiedliche Theorien existieren, die wir hier nicht näher untersuchen können. Es genügt, wenn ich feststelle, daß ich nicht die Absicht habe, in diesem Buch irgendeiner Art technologischem Determinismus das Wort zu reden. Im Gegenteil, nach meiner Ansicht muß die technologische Revolution der jüngsten Geschichte als Resultat des Zusammentreffens vielfacher und heterogener Ursachen

verstanden werden. Das heißt, Modernität, wie sie uns heute bekannt ist, geht *auch* auf andere spezifisch europäische Phänomene zurück, auf Phänomene wie die kapitalistische Marktwirtschaft, den bürokratischen Nationalstaat, die pluralistische Metropole und die von der Renaissance und der Reformation hervorgebrachten komplexen ideologischen Strukturen. Dennoch, die eine, für sich genommen wichtigste Transformationskraft war zu Beginn und ist auch heute noch die Technologie.

Menschliches Leben und Denken ist immer in die Geschichte eingebettet. Man kann sagen, daß jeder, der heute lebt und denkt, *sich in der Situation der Modernität befindet*; abhängig von dem Land oder dem jeweils strittigen Sozialsektor, kann man diese Aussage dahingehend modifizieren, daß man erklärt, jemand lebe und denke in einer Situation, die durch diesen oder jenen Grad an Modernisierung gekennzeichnet sei. Dies mag auf den ersten Blick als banale Feststellung erscheinen, doch ihre Implikationen sind überhaupt nicht banal. Allerdings muß der Begriff *Situation* geklärt werden. Er meint in erster Linie, daß die Existenz des einzelnen inmitten bestimmter äußerer Bedingungen steht, in diesem Fall inmitten von Bedingungen, die von einer bestimmten Technologie, bestimmten ökonomischen und politischen Verhältnissen hervorgebracht worden sind. Doch der Begriff meint auch, daß eine Internalisierung zumindest einiger dieser Bedingungen festzustellen ist, in diesem Falle von Bedingungen, die man mit den Worten zusammenfassen kann, daß der heutige Mensch geplagt oder gesegnet ist durch ein Aggregat psychischer und kognitiver Strukturen, die man gemeinhin als *modernes Bewußtsein* etikettiert. Um es anders zu formulieren, die Situation heutigen Lebens und Denkens ist nicht nur durch die äußeren Kräfte der Modernität geprägt, sondern auch durch die Kräfte des modernen Bewußtseins, das der Innenwelt von Menschen ihr Gepräge gibt. Eines der wichtigsten Bereiche der Analyse ist genau diese Beziehung zwischen den äußeren und den inneren Aspekten der Modernität.[2]

Eine solche Beziehung besteht ganz besonders im Falle der Technologie. So ist beispielsweise ein Mensch im heutigen Amerika in der Situation, daß er häufig über Telefon mit anderen kommuniziert. Das Telefon, das ist überhaupt nicht zu verkennen, ist ein äußeres Faktum im Leben des einzelnen, in der Tat ein materielles Faktum, verkörpert in zahllosen physikalischen Objekten, von denen eins oder mehrere im Haus des einzelnen herumstehen und Lärm verbreiten mögen. Gleichermaßen auf der Hand liegt, daß dieses äußere Faktum viele Aspekte im Alltagsleben des einzelnen prägt. So kann er sein Telefon benutzen, und damit die ungeheuer komplizierte und mächtige Maschinerie, mit der es verbunden ist (einschließlich der Unterwasserkabel zwischen den Kontinenten und der um die Erde kreisenden Kommunikationssatelliten), um ein nichtssagendes Gespräch mit einem Freund zu führen, der in Indonesien seinen Urlaub verbringt. Doch das ist nicht die ganze Geschichte. Ein Mensch, der das Telefon benutzt, muß wissen, wie man mit diesem besonderen Teil der Maschinerie umgeht. Das ist eine Fertigkeit, die nach einer gewissen Weile zur Gewohnheit wird, zu einer äußerlichen Gewohnheit, zu einem Stück gelernten Verhaltens. Doch die Benutzung des Telefons bedeutet auch, gewisse Denkweisen zu lernen, innere Gewohnheiten sozusagen. Es bedeutet, in Zahlen zu denken, ein außerordentlich kompliziertes System kognitiver Abstraktionen in sich aufzunehmen (wie etwa das Netz von Vorwahlzahlen, das über der Bundesrepublik liegt), eine ungefähre Vorstellung davon zu haben, was mit der Maschinerie schiefgehen könnte (auch wenn man zur Reparatur nach einem Fachmann rufen muß). Wer jemals in Ländern der Dritten Welt das Telefon benutzt hat, weiß, daß man keines der genannten Dinge für selbstverständlich hinnehmen kann. Doch da ist noch mehr. Das Telefon benutzen heißt für gewöhnlich auch, eine spezifische Art des Umgangs mit anderen zu lernen, einen durch Unpersönlichkeit, Genauigkeit und (zumindest in Amerika) durch eine gewisse oberflächliche Höflichkeit gekennzeichneten Umgangsstil. Die Hauptfrage lautet: *Übertragen* sich diese inneren Gewohnheiten auch auf andere Lebensbereiche, also etwa auf die nicht vom Telefon getragenen Beziehungen zu anderen Menschen? Die Frage muß man mit großer Sicherheit bejahen. Das Problem ist nur, wie übertragen sie sich und bis zu welchem Ausmaß?

Das Beispiel des Telefons läßt sich über das ganze Spektrum technologischer Apparate des heutigen Lebens wiederfinden.

Folglich kann man die Frage erheblich ausweiten: Überträgt sich das heutige technologische Bewußtsein auch auf andere Lebensbereiche? Stellen wir die Frage anders: Hat der heutige Mensch eine technologische Geistesverfassung, die den technologischen Kräften entspricht, die sein Leben äußerlich prägen? Wiederum läßt sich die Frage fast eindeutig nur mit einem Ja beantworten. Das Problem der Art und des Ausmaßes dieser Entsprechung ist noch längst nicht gelöst. *Mutatis mutandis* können wir ähnliche Fragen hinsichtlich anderer Facetten der Modernität stellen: Gibt es eine kapitalistische Mentalität, die der kapitalistischen Marktwirtschaft entspricht? Gibt es einen bürokratischen Geist, der in Einklang mit den bürokratischen Institutionen steht? Und so weiter.

Es erübrigt sich zu erklären, daß die Einzelheiten dieses umfassenden Problems den Rahmen dieses Buches sprengen. Thema der weiteren Überlegungen ist schlicht und einfach, eine simple und dennoch äußerst wichtige empirische Tatsache herauszuarbeiten: *Das moderne Bewußtsein ist Teil und Bestandteil der Situation, in der sich der heutige Mensch befindet.* Mit anderen Worten, jedermann ist heute nicht nur in die moderne Welt gestellt, sondern auch in die Strukturen des modernen Bewußtseins. Das moderne Bewußtsein ist mithin etwas Gegebenes, ein Datum, für das heutige Denken. Es ist, wenn man will, ein empirisches Apriori.

Doch um ein fatales Mißverständnis zu vermeiden, muß man sogleich etwas anderes hinzufügen: *Wenn wir sagen, daß modernes Bewußtsein die Situation des einzelnen ist, so heißt das doch nicht, daß sein Erleben und Denken unwiderruflich innerhalb der Grenzen dieser Situation bleiben muß.* Anders gesagt, die soziohistorische Situation menschlichen Lebens und Denkens zu verstehen, heißt nicht unbedingt, sich an ein deterministisches Verständnis zu halten. Wenn alles determiniert wäre, könnte sich wahrscheinlich überhaupt kein sozialer Wandel vollziehen. Der *Homo sapiens* ist ein Lebewesen, das in eine bestimmte Situation gestellt ist, doch darüber hinaus ist er auch ein Wesen, das immer unter dem Drang steht, seine Situation zu transzendieren. Gewiß, die einzelnen Menschen unterscheiden sich in ihrer Fähigkeit, die Situation zu transzendieren, in die das Geburtsereignis sie geworfen hat. Auf jeden Sokrates kommen tausend stumpfsinnige Konformisten. Des weiteren ergeben sich aus unterschiedlichen soziohistorischen Situationen unterschiedliche Wahrscheinlichkeiten, daß ein Mensch die Grenzen und Beschränkungen seiner Situation überschreitet. Athen war für einen Sokrates ein wahrscheinlicherer Lebensraum als ein ärmliches Dorf in den thrakischen Bergen. Dennoch, es bleibt der Grundsatz gültig, daß die Situation, in der ein Mensch sich vorfindet, der *Startpunkt* seines Lebens und Denkens ist; der *Endpunkt* von beiden ist nicht unerbittlich vorherbestimmt, auch wenn er mit einem gewissen Grad an Wahrscheinlichkeit vorhergesagt werden kann.[3]

Begreift man das moderne Bewußtsein in dieser Weise, ergeben sich daraus eine Anzahl wichtiger Konsequenzen. Am wichtigsten von allem, das moderne Bewußtsein, auch wenn es als die Situation verstanden wird, in die der heutige Denker sich gestellt sieht und die er zumindest als seinen Startpunkt ansehen muß, das moderne Bewußtsein verliert sein Merkmal selbstverständlicher Überlegenheit. Modernes Bewußtsein ist eine von vielen historisch möglichen Bewußtseinsformen. Es hat spezifische Charakteristika, die von spezifischen soziohistorischen Kräften hervorgebracht und aufrechterhalten werden. Einfach gesagt, modernes Bewußtsein ist ein Faktum, allerdings nicht notwendig eines, vor dem man in Ehrfurcht erstarren muß. Es ändert sich und wird schließlich, wie alle menschliche Konstruktionen im Lauf der Geschichte, verschwinden oder sich in etwas ganz anderes verwandeln. Natürlich neigt der moderne Mensch dazu, sich und seine Gedanken als den zeitgemäßen Höhepunkt der Evolution zu betrachten. Darin unterscheidet er sich überhaupt nicht von irgendeiner früheren Spielart der Spezies. Doch es besteht durchaus kein zwingender Grund, warum man solchen Behauptungen mehr Gewicht zumessen soll als den früheren. Solche Behauptungen lassen sich als das Ergebnis empirisch gegebener Kräfte verstehen (von Kräften wie die vom Verstand kaum faßbaren Leistungen jüngster Technologie, die etwas wie einen eingebauten megalomanen Faktor an sich haben). Die wissenschaftlichen Disziplinen Geschichte und Sozialwissenschaft können das moderne Bewußtsein in genau diese angebrachte empirische Perspektive stellen. Natürlich bietet diese Perspektive keine Grundlage für die Entscheidung, ob diese oder jene Behauptung am Ende Bestand haben wird oder nicht. Sie sorgt allerdings für eine nüchterne Einstellung, mit der sich diese Behauptungen auf ihre Richtigkeit hin überprüfen lassen können. Anders ausgedrückt, das empirische Verständnis modernen Bewußtseins beantwortet nicht, und kann es auch gar nicht, die philosophischen Fragen nach dem Wahrheitswert der Aussagen des modernen Menschen, doch es kann ein höchst nützliches Vorspiel zu einem solchen philosophischen Unternehmen sein.

So ist zum Beispiel geltend gemacht worden, der moderne Mensch sei zu mythologischem Denken unfähig, das heißt, in einer Perspektive zu denken, in der das Universum von verschiedenen göttlichen oder sonstwie übermenschlichen Interventionen durchzogen wird. Nehmen wir für den Augenblick an, diese Behauptung sei richtig, zumindest in statistischem Sinne. Danach würde der Durchschnittsdeutsche aus der Mittelschicht nach einer Dämonenvision aller Wahrscheinlichkeit eher einen Psychiater aufsuchen als einen Exorzisten. Diese Wahrscheinlichkeit ist empirisch überprüfbar, und sie kann im Sinne empirischer Determinanten der Situation des jeweiligen Menschen erklärt werden. Der Eingriff von Dämonen in das menschliche Leben ist eine Möglichkeit, die ausgeschlossen ist von den Realitätsdefinitionen, welche die Sozialisation und die Erziehung dieses Menschen beherrscht haben, und sie ist auch von der Realität ausgeschlossen, die von den großen Institutionen, die ihn tagtäglich umgeben, als gegeben hingestellt wird. Mit anderen Worten, seine wahrscheinliche Reaktion ist von keinem Geheimnis umgeben. Des weiteren, die besonderen Realitätsdefinitionen, die seine Situation bestimmen, können im Prinzip durch die Geschichte erklärt werden, innerhalb derer seine Biographie lediglich eine Episode darstellt. Es kann zum Beispiel durchaus sein, daß die Rolle der Technologie in dieser Geschichte ein Erklärungsfaktor ist. So weit, so gut. Doch die Frage bleibt bestehen: Gibt es tatsächlich Dämonen? Und wenn ja, hat sich in der letzten Nacht einer heimlich nach Frankfurt geschlichen? Der empirische Befund, daß dieser Mensch, in seiner Zeit und an seinem Ort, die Möglichkeit nicht erfassen kann, ist keine Antwort auf die gestellten Fragen. Es ist am Ende doch möglich, daß der Mensch, der keine Dämonen wahrnehmen kann, einen großen Fehler macht. Um die Aussage allgemeiner zu formulieren, es ist möglich, daß das moderne Bewußtsein, während es die Wahrnehmung des Menschen für manche Aspekte des Universums schärft, ihn andere Aspekte, die gleichermaßen real sind, aus dem Blick verlieren läßt.

Aus Gründen, die gleich näher ausgeführt werden sollen, hat das moderne Bewußtsein einen stark relativierenden Effekt auf alle Weltanschauungen. Die Geschichte westlichen Denkens in den letzten Jahrhunderten ist zu einem erheblichen Maße ein langwieriges Bemühen gewesen, mit dem gedanklichen Schwindelgefühl fertig zu werden, das die Modernisierung hervorgerufen hat. Die verschiedenen Analytiker haben die Wahl zwischen verschiedenen literarischen Texten, die den Anfang des Geschehens nachweisen. Eine ziemlich gute Belegstelle ist Pascals Feststellung, was auf einer Seite der Pyrenäen wahr sei, gelte auf der anderen als Irrtum. Als diese Einsicht sich ausbreitete und gründlicher durchdacht wurde, gewann die Frage, wer zwischen den beiden Seiten der Pyrenäen recht habe, eine besondere Dringlichkeit, die eines der hervorstechendsten Merkmale des jüngeren westlichen Denkens darstellt. Eine empirische Erklärung der dafür verantwortlichen Situation kann niemanden von dem Schwindelgefühl der Relativität erlösen. Sie kann sogar, jedenfalls für eine Weile, das Schwindelgefühl noch verstärken. Doch sie zeigt auch einen Ausweg auf, nämlich durch Relativieren des Relativierungsprozesses. Modernität läßt sich danach als ein großer Relativierungshexenkessel verstehen. Doch die Modernität selbst ist ein relatives Phänomen, sie bildet einen Augenblick in den geschichtlichen Bewegungen des menschlichen Bewußtseins, ist weder ihr Höhepunkt noch ihr Wendepunkt oder ihr Ende.

Von Anfang an lassen sich zwei antithetische Einstellungen der Modernität gegenüber beobachten. Die eine ist eine leidenschaftliche Begeisterung für die Modernität, eine Begeisterung, welche die Modernität im Sinne der Fortschrittsidee oder einer vergleichbaren optimistischen Geschichtsbetrachtung preist. Die andere beklagt die Modernität als eine ungeheure Degeneration, als Sündenfall, ja sogar als entmenschlichendes Ereignis. Die von den oben angestellten Überlegungen nahegelegte Einstellung unterscheidet sich von beiden Antithesen. Sie ist weder eine Lobpreisung noch ein Beklagen der Modernität, und somit ist sie weder »progressiv« noch »reaktionär«. Modernität ist ein historisches Phänomen wie jedes andere auch. Als solches ist es notgedrungen eine Mischung aus bewunderns- und beklagenswerten Zügen. Und höchstwahrscheinlich ist sie auch eine Mischung aus Wahrheiten und Irrtümern. Es könnte nützlich sein, diese Einstellung während der ganzen folgenden Erörterung in Erinnerung zu behalten.

Vom Schicksal zur Wahl

Modernes Bewußtsein ist wie die Modernität in ihren äußerlichen Aspekten ein überaus komplexes Gebilde von Elementen. Einige von ihnen sind so eng mit den Institutionen verbunden, die den Kernbereich der Modernität bilden, daß es schwierig, wenn nicht unmöglich ist, sie »wegzudenken«, das heißt, modernes Bewußtsein ohne diese Elemente zu verstehen. So ist es beispielsweise sehr schwer, sich eine moderne Gesellschaft ohne jene Form von Bewußtsein vorzustellen, die telefonische Kommunikation ermöglicht. Manche andere Elemente des modernen Bewußtseins sind unverkennbar nicht von dieser Art. Vielmehr sind sie Zufälle der Geschichte, die man sich ohne große Mühe »wegdenken« kann, wie zum Beispiel das Faktum, daß die englische Sprache (und damit natürlich ihre Last an semantischen und sogar poetischen Ausstattungen) zum Hauptvehikel internationaler Kommunikation in großen Teilen der Welt geworden ist.[4] Nun, eines der Elemente des modernen Bewußtseins, das man sich in der Tat nur schwer »wegdenken« kann, ist das bereits erwähnte, nämlich die Vielfalt von Wahlmöglichkeiten. Anders gesagt, *modernes Bewußtsein zieht eine Bewegung vom Schicksal zur Wahl nach sich.*

Der prämoderne Mensch lebte in einer Welt, die zum größten Teil eine Welt des Schicksals war. Das ist natürlich ganz einfach so zu verstehen, daß für ihn ein weiter Bereich von Wahlmöglichkeiten im Gefolge der modernen Technologie schlicht nicht existierte. Statt beispielsweise eines großen Arsenals an elektrisch betriebenen Geräten hatte der prämoderne Gelegenheitshandwerker nur ein einziges Gerät, sagen wir einen Steinhammer, der feierlich vom Vater auf den Sohn weitergereicht wurde, entweder genau derselbe Hammer oder ein anderer von genau derselben Form. Statt einer großen Vielfalt von Kleidungsmoden, um ein anderes Beispiel zu nennen, hatte der Mensch nur eine einzige Bekleidungsform, die sowohl durch die vorhandenen Materialien und Herstellungstechniken wie auch durch die Tradition festgelegt war. Dieser letzte Satz führt jedoch einen weiteren Faktor ein, der bereits über den eigentlich technologischen Bereich hinausgeht, obwohl er in Zusammenhang mit technologischen Möglichkeiten gesehen werden muß. So wäre es einem Menschen in einer prämodernen Gesellschaft wahrscheinlich nicht eingefallen, seinen Bekleidungsstil zu ändern, selbst wenn sich ihm aufgrund dieses oder jenes historischen Ereignisses plötzlich die Möglichkeit geboten hätte. Dieses Faktum bezeichnet genau das, was mit Tradition gemeint ist: Man benutzt für eine besondere Absicht dieses und kein anderes Gerät. Man kleidet sich in dieser bestimmten Art und Weise und in keiner anderen. In einer traditionellen Gesellschaft ist der größte Teil menschlicher Tätigkeiten durch solche klar abgegrenzten Vorschriften geregelt. Was immer ansonsten die Probleme einer traditionellen Gesellschaft sein mögen, Mehrdeutigkeit gehört nicht dazu.

Wenn eine traditionelle Welt mit Modernität in Berührung kommt, zerbricht diese Schicksalswelt, und häufig schnell und dramatisch. Diesen Prozeß kann man in vielen Gegenden der Dritten Welt noch heute beobachten. Ein dramatischeres Beispiel als das der Geburtenkontrolle läßt sich schwerlich denken. All die geschichtlichen Jahrhunderte vor Auftritt der modernen Empfängnisverhütungstechniken bestand zwischen Sexualität und Schwangerschaft eine schicksalhafte Beziehung. Gewiß, man konnte die Schwangerschaft vermeiden, indem man die Sexualität mied, und es gab auch verschiedene rudimentäre Techniken zur Empfängnisverhütung. Doch keine dieser Techniken kann man als Kontrolle im eigentlichen Sinne bezeichnen. Wenn nicht Schicksal, so herrschte Glück in diesem Lebensbereich. Moderne Empfängnisverhütung hat zum erstenmal für Millionen von Menschen Schwangerschaft oder Nichtschwangerschaft zu einer Angelegenheit überlegter und einigermaßen verläßlicher Entscheidung gemacht. In elementarster Weise (und nur wenige Dinge sind so elementar wie jene, die den eigenen Körper betreffen) ist das, was zuvor Schicksal war, nun zur Wahlmöglichkeit geworden. Die Schwierigkeiten von Kampagnen zugunsten der Geburtenkontrolle in vielen Ländern der Dritten Welt lassen sich übrigens zu einem erheblichen Maße mit der Schwierigkeit erklären, die traditionell eingestellte Menschen damit haben, diese wahrhaft prometheische Umwälzung zu begreifen. Der Werber für Geburtenkontrolle, der in einem traditionellen Dorf für diese oder jene Verhütungstechnik Propaganda zu machen sucht, geht nicht einfach mit einem neuen interessanten Apparat hausieren. Vielmehr empfiehlt er den Dorfbewohnern, gegen etwas zu rebellieren, was seit undenkbaren Zeiten ein Schicksal gewesen ist, und bei dieser Rebellion ihren eigenen Körper als Instrument einzusetzen!

Soziologisch gesprochen, sind prämoderne Gesellschaften durch das Faktum gekennzeichnet, daß ihre Institutionen ein hohes Maß an für selbstverständlich angesehene Sicherheit besitzen. Das heißt freilich nicht, daß diese Sicherheit total ist; wenn das der Fall wäre, hätte es nie irgendeinen sozialen Wandel gegeben. Doch verglichen mit dem in einer modernen Gesellschaft ist der Grad an Sicherheit in der Tat sehr hoch. Was ich weiter oben über die materiellen Lebenstechniken gesagt habe, gilt in gleicher Weise auch für die größtmögliche Spanne institutioneller Arrangements: Auf diese Art und Weise werden die Dinge gehandhabt und nicht in irgendeiner anderen. Auf diese Art und Weise heiratet man (und wen); so zieht man Kinder auf, verdient seinen Lebensunterhalt, übt Macht aus, zieht in den Krieg – und auf keine andere Art und Weise. Und da die Menschen ihre Identität von daher beziehen, was sie tun, ist es auch dies, was man ist, und man kann nicht irgendwer oder etwas anderes sein. In jeder menschlichen Gesellschaft besteht eine Verbindung zwischen dem Netzwerk an Institutionen und dem, wenn man will, verfügbaren Repertoire an Identitäten. In einer traditionellen Gesellschaft ist diese Verbindung weitaus enger als in einer modernen. Mehr noch, traditionelle Institutionen und Identitäten werden als gegeben, sicher, fast so objektiv wie die Naturfakten angesehen. Mit anderen Worten, sowohl Gesellschaft wie das Selbst werden als Schicksal erlebt.

Im menschlichen Erleben ist ein objektives Faktum eines, gegenüber dem der einzelne keine Wahl hat, oder, um es ein wenig genauer zu formulieren, das seine Wahlmöglichkeiten stark beschränkt. Schwerkraft ist ein unerbittliches Gesetz der objektiven Welt, und dieses Faktum kann man nicht ignorieren, »wegdenken«, für sich als nichtexistent wählen. Ein Haus unter einem überhängenden Felsen zu bauen heißt, es dieser objektiven Faktizität auszusetzen. Wenn und wann der Felsen herabzufallen beginnt, kann der Mensch zu entkommen suchen, doch der herabfallende Felsen ist ein objektives Faktum des Universums, das er akzeptieren muß, auch wenn er es verflucht. Prämoderne Institutionen und Identitäten sind in analoger Weise objektiv, im Sinne der Art und Weise, wie sie erlebt werden. Auch ihre Objektivität ist felsähnlich, und sie »fallen auf« den einzelnen, wie Schicksal oder Glück bestimmen. In diesem Dorf geboren zu werden heißt, zu leben »unter« diesen Institutionen, die während der ganzen Lebenszeit, von der Wiege bis zur Bahre, »überhängen«. Und es heißt weiter, als ein Mensch mit stark ausgeprägten Eigenschaften zu leben, mit Eigenschaften, die von anderen wie von einem selbst ebenfalls als objektiv gegeben und als solche anerkannt werden.
Diese Erfahrung von Objektivität ist vortheoretisch, das heißt, sie geht jedem systematischen Nachdenken über Objektivität voraus. Sie ist ganz einfach Teil und Bestandteil der Struktur normalen Alltagslebens. Doch Menschen denken nach, zumindest einige von ihnen. Es überrascht nicht, daß auch in prämodernen Gesellschaften das Schicksal, das man im gewöhnlichen Leben erfährt, auf der theoretischen Ebene auftaucht. Um es anders zu formulieren, *was als notwendig erlebt wird, wird auch als notwendig interpretiert.* Diese Interpretationen können höchst unterschiedliche Formen annehmen. In den traditionellen Gesellschaften liegen die meisten in der Mythologie begründet: Die Welt ist so, wie sie ist, weil die Götter es so bestimmt haben. Doch die Interpretationen können auch die mythologische Form überschreiten und die Qualität ausgeklügelter Spekulationen annehmen. Die Ausbildung des griechischen Begriffs für Schicksal, *moira*, über mehrere Jahrhunderte sich entfaltenden Denkens ist ein faszinierendes Beispiel dafür.[5] Welche Form sie auch immer annehmen, diese Interpretationen veran-

kern die objektive Realität sozialer Erfahrungen in der vermeintlichen Objektivität des Kosmos. Auf diese Weise sorgen sie für eine endgültige Legitimierung der erfahrenen Notwendigkeiten: Was ist, muß sein, und es kann nichts anderes sein.[6]
Der Prozeß, durch den Modernität diese Schicksalswelt zerbricht, ist von entscheidender Bedeutung für die weitere Erörterung und soll daher im einzelnen weiter untersucht werden. Es ist hier nicht möglich, diese Untersuchung im Hinblick auf die Frage anzustellen, ob technologisches Wachstum an sich diese Auswirkung hat, wenngleich bereits genügend Bemerkungen gefallen sind, aus denen hervorgeht, daß zwischen dem Besitz von unterschiedlichen Geräten und der Möglichkeit, unter verschiedenen Handlungsverläufen zu wählen, *irgendeine* Verbindung besteht.[7] Diese Ausweitung institutioneller Wahlmöglichkeiten muß hier näher in Augenschein genommen werden. Modernität führt zu einer ungeheuren Komplizierung des institutionellen Netzwerks einer Gesellschaft. Die Grundursache liegt in der ungeheuren Komplizierung der Arbeitsteilung, doch die Konsequenzen reichen weit über die davon berührten technologischen und ökonomischen Lebensbereiche hinaus. *Modernität pluralisiert.* Wo für gewöhnlich eine oder zwei Institutionen bestanden, gibt es nun fünfzig. Institutionen lassen sich jedoch am besten als Programme für menschliches Handeln verstehen. Was somit geschieht, ist, daß dort, wo es bislang in einem bestimmten Bereich menschlichen Lebens im allgemeinen ein oder zwei Programme gab, nunmehr fünfzig bestehen. Nicht alle diese neuen Programme eröffnen Möglichkeiten für individuelle Wahl. Die Tatsache, daß der heutige Bürger unter Umständen fünf verschiedene Steuerabgaben zu leisten hat, während der Untergebene eines traditionellen Herrschers eine Steuerart zu entrichten hatte, diese Tatsache läßt sich schwerlich als Ausweitung von Wahlmöglichkeiten ansehen. Doch *manches* an diesem institutionellen Wachstum hat diese Konsequenz, und es ist von großer Wichtigkeit, sich dies genau klarzumachen.
Nehmen wir als grundlegendes Beispiel dafür den Bereich der sexuellen Beziehungen. Eine traditionelle Gesellschaft ist fast immer durch eine strenge und ziemlich eingeschränkte Institutionalisierung dieses menschlichen Lebensbereichs gekennzeichnet: So werden die Dinge geregelt, und zwar innerhalb

einer bestimmten Gruppe möglicher Partner, und jede Abweichung davon ist strikt sanktioniert (vorausgesetzt, daß Abweichung vorstellbar ist und überhaupt stattfindet). Moderne Gesellschaften im Westen, und in Amerika mehr als anderswo, haben eine stete Expansion des Spielraums akzeptierter Alternativen zu traditionellen Verhaltensmustern erlebt, sowohl in Form immer weitgehenderer Toleranz gegenüber Eheschließungen außerhalb begrenzter Gruppen und in der Definition von Rollen in der Ehebeziehung wie auch in Form immer weitgehenderer Toleranz gegenüber sexuellen Beziehungen vor und außerhalb der Ehe. Die jüngsten Phänomene feministischer und homosexueller Bewegungen sind mithin eine Intensivierung des erheblich älteren Pluralisierungstrends. Ein Mann kann heute nicht nur eine Frau außerhalb seiner rassischen, ethnischen, religiösen Gruppe oder Sozialschicht heiraten, er kann mit seiner arbeitenden Frau nicht nur neue Arrangements hinsichtlich des Haushalts und der Kindererziehung treffen, sondern es steht ihm auch frei, eine ständige und offene sexuelle Beziehung mit einem anderen Mann einzugehen. Diese jüngsten Bewegungen, vor allem die letztere, haben einen soziologisch sehr aufschlußreichen Begriff eingeführt, den des »sexuellen Lebensstils«. So kann heute selbst die Sexualität als Arena individueller Wahlmöglichkeiten erfahren werden. Um den dramatischen Wandel, der damit verbunden ist, zu begreifen, braucht man nur einmal zu versuchen, einem, sagen wir, Indonesier – selbst einem im Westen ausgebildeten Intellektuellen – zu erklären, was Amerikaner meinen, wenn sie von »sexuellen Lebensstilen« sprechen! Was bei einem solchen Bemühen herauskommt, ist wahrscheinlich nicht Mißbilligung oder Abscheu, sondern Verwirrung, wenn nicht schieres Unverständnis. Noch ist nicht ausgemacht, daß die Pluralisierung möglicher und sozial akzeptierbarer Handlungsweisen in diesem Lebensbereich an ein Ende gelangt ist. Die jüngste Entwicklung in der Chirurgie der Geschlechtsumwandlung läßt noch radikalere Wahlmöglichkeiten ahnen. Eine Frau kann sich heute nicht nur eine männliche Rolle, sondern auch einen männlichen Körper wählen.[8] Auch hier läßt sich die Auswirkung dieser Expansion möglicher Programme für den einzelnen auf die gleiche Formel bringen: Was früher Schicksal war, wird heute zu einem Arsenal von

Wahlmöglichkeiten. Oder: Schicksal hat sich in Entscheidung verwandelt. Und auch dies: Die Multiplizierung von Wahlmöglichkeiten wird auf einer vortheoretischen Ebene erlebt, von zahllosen gewöhnlichen Menschen mit wenig oder keinem Interesse an systematischer Reflexion. Doch diese empirische Situation verlangt unweigerlich nach Interpretation und *ipso facto* nach systematischer Infragestellung dessen, was für gewöhnlich als gegebenes Schicksal angesehen wird.

Eine Pluralität von Weltanschauungen

Die institutionelle Pluralisierung, von der die Modernität geprägt ist, berührt nicht nur menschliche Handlungen, sondern auch menschliches Bewußtsein. Der moderne Mensch sieht sich nicht nur einer Vielzahl von Wahlmöglichkeiten hinsichtlich seiner Handlungsweisen, sondern auch hinsichtlich seines Nachdenkens über die Welt konfrontiert. In einer gänzlich modernisierten Situation (für die das heutige Amerika zur Zeit als Paradigma angesehen werden kann) heißt dies, daß der einzelne seine *Weltanschauung* beinahe genauso wählen kann wie die meisten anderen Aspekte seiner privaten Existenz. Mit anderen Worten, es kommt zu einer gleichmäßigen Kontinuität zwischen den Konsumwahlen in den verschiedenen Lebensbereichen –: eine Präferenz für diese Automarke gegenüber einer anderen, für diesen sexuellen Lebensstil gegenüber einem anderen und schließlich die Entscheidung, sich mit einer bestimmten »religiösen Präferenz« einzurichten.

Die wahrhaft erschreckenden Implikationen dieser letzten Formulierung – die in der amerikanischen Umgangssprache so häufig auftaucht – sollen in Kürze aufgegriffen werden. Für den Augenblick genügt die Feststellung, daß zwischen den von der Modernität herbeigeführten institutionellen und kognitiven Veränderungen eine unmittelbare und soziologisch analysierbare Verbindung besteht.

Diese Verbindung läßt sich genauer benennen: *Modernität pluralisiert sowohl Institutionen wie Plausibilitätsstrukturen.* Der letzte Satz stellt ein zentrales Konzept für das Verständnis der

Beziehung zwischen Gesellschaft und Bewußtsein dar.[9] Für den jetzigen Zweck der Erörterung läßt sich seine Bedeutung in ganz einfache Worte fassen. Mit der möglichen Ausnahme ganz weniger Bereiche unmittelbarer persönlicher Erfahrung sind Menschen auf soziale Bestätigung ihres Glaubens an die Realität angewiesen. So braucht wahrscheinlich der einzelne nicht unbedingt andere, um ihn zu überzeugen, daß er Zahnschmerzen hat, doch er braucht diese soziale Absicherung für die gesamte Palette seiner moralischen Glaubensvorstellungen. Anders gesagt, körperlicher Schmerz drängt seine Plausibilität ohne soziale Vermittlungen auf, während Moralität besondere soziale Umstände verlangt, wenn sie für den einzelnen plausibel werden und bleiben soll. Genau diese sozialen Umstände konstituieren die Plausibilitätsstruktur der in Rede stehenden Moralität. Beispielsweise sind moralische Werte wie Ehre, Mut und Loyalität gemeinhin für militärische Institutionen charakteristisch. Solange ein Mensch innerhalb eines solchen institutionellen Rahmens lebt, werden diese Werte für ihn höchstwahrscheinlich so plausibel sein, daß er sie nicht in Frage stellt, sondern für selbstverständlich hält. Wenn dieser selbe Mensch jedoch in einen ganz anderen institutionellen Rahmen gestellt werden sollte (sagen wir, weil in seiner Gesellschaft kein Bedarf mehr an vielen Soldaten besteht, so daß er sich aufgrund wirtschaftlicher Notwendigkeit gezwungen sieht, einen Zivilberuf zu ergreifen), dann wird er höchstwahrscheinlich anfangen, die militärischen Wertvorstellungen in Frage zu stellen. Solch ein Plausibilitätsverlust kann auch das Ergebnis sozialer Prozesse sein, tatsächlich der gleichen Art von sozialen Prozessen, die zuvor die Plausibilität der soldatischen Tugenden begründet und aufrechterhalten haben. In der früheren Situation sorgten Menschen für soziale Absicherung eines Ensembles moralischer Werte, genauso wie in der späteren Situation andere moralische Werte soziale Bestätigung erhielten. Der betreffende Mensch hat sich von einer Plausibilitätsstruktur zu einer anderen begeben.

Daraus folgt, daß eine unmittelbare Beziehung besteht zwischen der Kohäsion von Institutionen und dem subjektiven Zusammenhalt von Glaubensvorstellungen, Werten und Weltanschauungen. In einer sozialen Situation, in der jeder, mit dem der betreffende Mensch signifikante Bindungen unterhält, ein Soldat ist, kann es nicht überraschen, daß die Weltanschauung des Soldaten mit allem, was dazugehört, in besonders starkem Maße plausibel ist. Umgekehrt ist es sehr schwierig, Soldat in einer sozialen Situation zu sein, in der dies für alle anderen wenig oder gar keinen Sinn hat. Es sei freilich hinzugefügt, daß diese Beziehung zwischen sozialem Kontext und Bewußtsein nicht absolut ist. Es gibt immer Ausnahmen, das heißt Abweichler und Einzelgänger, Menschen, die auch bei fehlender sozialer Bestätigung ihre Ansicht von der Welt und von sich beibehalten. Diese Ausnahmen sind stets interessant, doch sie widerlegen nicht die soziologische Verallgemeinerung, daß menschliche Glaubens- und Wertvorstellungen von spezifischen Plausibilitätsstrukturen abhängen. Diese Verallgemeinerung ist eine Wahrscheinlichkeitsaussage – doch die Wahrscheinlichkeit ist sehr hoch.

Daraus folgt ferner, daß die institutionelle Pluralisierung durch Modernität eine Fragmentierung und *ipso facto* eine Schwächung jeder von sozialer Bestätigung abhängigen Glaubens- und Wertvorstellung nach sich ziehen muß. In einer traditionellen Gesellschaft sieht sich der einzelne im allgemeinen in eine Situation mit höchst zuverlässigen Plausibilitätsstrukturen gestellt. Umgekehrt sind moderne Gesellschaften gekennzeichnet durch instabile, unzusammenhängende, unzuverlässige Plausibilitätsstrukturen. Anders gesagt, in der modernen Situation ist Sicherheit nur schwer zu erlangen. Man kann nicht häufig genug betonen, daß dieses Faktum in vortheoretischen Erfahrungen begründet liegt, das heißt im normalen, alltäglichen Sozialleben. Diese Erfahrungen haben der sprichwörtliche Mann auf der Straße wie auch der Intellektuelle, der sich ausgeklügelte Theorien über das Universum ausdenkt, gemeinsam. Auch die von vornherein angelegte Unsicherheit ist beiden gemeinsam. Diese grundlegende soziologische Einsicht ist von entscheidender Bedeutung für das Verständnis des Wettstreits zwischen Weltanschauungen und der daraus resultierenden Glaubenskrise, die für die Modernität charakteristisch ist.

Der moderne Mensch lebt also in einer Welt der Wahlmöglichkeiten, die in scharfem Gegensatz steht zu der Schicksalswelt, die der traditionelle Mensch bewohnte. Der moderne Mensch

muß in zahllosen Situationen des Alltagslebens wählen, doch diese Notwendigkeit zur Wahl reicht auch in die Gebiete der Glaubens- und Wertvorstellungen sowie der Weltanschauungen hinein. Zu entscheiden heißt jedoch zu reflektieren, nachzudenken. Der moderne Mensch muß anhalten und eine Pause einlegen, wo der prämoderne Mensch in unreflektierter Spontaneität handeln konnte. Ganz einfach, der moderne Mensch muß sich auf bewußteres Denken einlassen, *nicht* weil er intelligenter wäre, *nicht* weil seine soziale Situation ihn dazu zwingt. Dieser Notwendigkeit zu wählen und *ipso facto* der Notwendigkeit zu pausieren begegnet er in verschiedenen Lebensbereichen. Das gewöhnliche Alltagsleben ist voller Wahlmöglichkeiten, angefangen von der höchst trivialen Wahl zwischen miteinander konkurrierenden Konsumwaren bis hin zu weitreichenden Alternativen im Lebensstil. Auch die Biographie ist eine Abfolge von Wahlen, von denen viele, wenn nicht die meisten erst mit der Modernität möglich wurden, Wahlmöglichkeiten hinsichtlich der Bildungs- und Berufslaufbahn, der Ehepartner und -»stile«, der alternativen Erziehungsweisen, der beinahe unbegrenzten Vielfalt freiwilliger Bindungen, sozialer und politischer Engagements. Diese letzteren stellen den einzelnen im allgemeinen vor gesellschaftliche Wahlmöglichkeiten, von denen einige weitreichende Folgen haben, etwa Wahlmöglichkeiten zwischen alternativen politischen Programmen für die Gesellschaft insgesamt, zwischen »alternativen Zukünften« jeglicher Art. In einer geschichtlich bisher einmaligen Weise plant der moderne Mensch sein eigenes Leben und das seiner Familie, genauso wie moderne Gesellschaften ihre kollektive Zukunft planen. Und, um es zu wiederholen, diese Notwendigkeit zu wählen schlägt eine Brücke von der vortheoretischen zur theoretischen Erfahrungsebene.
Eine weitere Folge dieser Situation, und dazu eine höchst seltsame, ist ein neues Maß an Komplexität in der Selbsterfahrung des einzelnen: Modernisierung hat zu einer starken Betonung der subjektiven Seite menschlicher Existenz geführt, ja man kann sogar sagen, daß Modernisierung und Subjektivierung verwandte Prozesse sind.[10] Darauf ist des öfteren hingewiesen worden, jedenfalls soweit es theoretisches Denken, vor allem die Philosophie, betrifft. So ist die westliche Philosophie

seit Descartes als Hinwendung zur Subjektivität charakterisiert worden. In der Erkenntnistheorie kommt dies natürlich dadurch zum Ausdruck, daß sie immer und immer wieder die Frage aufwirft: »Was können wir eigentlich wissen?« Es ist von großer Wichtigkeit, sich klarzumachen, daß diese Frage nicht nur von Philosophen gestellt wird; unter bestimmten Umständen wird sie auch dem gewöhnlichen Menschen auf der Straße zu einem dringenden Anliegen. Die Modernität schafft solche Umstände. Doch selbst unter verläßlicheren Bedingungen müssen die Menschen nach irgendeiner Art von Antwort auf diese Frage greifen können, und wenn nur aus dem Grunde, weil jede neue Kindergeneration sie in dieser oder jener Form stellt, und dann müssen die Erwachsenen in der Lage sein, darauf eine Antwort zu geben. In einer Gesellschaft mit stabilen, kohärenten Plausibilitätsstrukturen können die Antworten in einem Ton großer Sicherheit und Überzeugung gegeben werden. Das heißt, die sozial definierte Realität hat ein hohes Maß an Objektivität: »Genauso sieht die Welt aus, so und nicht anders, es kann gar nicht anders sein, also hör mit deinen albernen Fragen auf.« Genau diese Art von Objektivität wird durch die Kräfte der Modernisierung unterhöhlt. In der Folge werden die Antworten auf die uralte menschliche Frage: »Was können wir wissen?« schwankend, zögernd, ängstlich. Dennoch muß der einzelne Antworten haben, denn er muß irgendeine Form sinnvoller Ordnung haben, in der und durch die er leben kann. Wenn die Antworten nicht objektiv, durch seine Gesellschaft, gegeben werden, muß er sich nach *innen* wenden, zu seiner Subjektivität, um von dort an Sicherheiten heraufzuholen, was immer er erreichen kann. Diese Wendung nach innen ist Subjektivierung, ist ein Prozeß, der sowohl Descartes umfaßt wie auch den Mann auf der Straße, der sich Gedanken über die richtige Handlungsweise in diesem oder jenem Bereich des Alltagslebens macht.
Wer diesen Punkt versteht, den kann es nicht überraschen, daß die moderne westliche Kultur durch eine ständig zunehmende Beschäftigung mit der Subjektivität gekennzeichnet ist. Die Philosophie bildet dabei nur einen ganz kleinen Ausschnitt. Da haben wir die moderne Literatur (der Roman ist in dieser Hinsicht das wichtigste Beispiel), die moderne Kunst und nicht zuletzt die astronomisch anschwellende Zahl moderner Psycho-

logien und Psychotherapien. All diese Phänomene sind jedoch Manifestationen der Subjektivierung auf der Ebene theoretischen Denkens. Sie haben ihre Wurzel allesamt in der vortheoretischen Erfahrung, ganz fundamental in der Erfahrung, daß man sich auf das sozial definierte Universum nicht mehr verlassen kann. Und wenn wir schon von moderner Philosophie reden, so kann man all dies in die Worte kleiden, daß die oben erwähnte soziale Situation ihre notwendige Plausibilitätsstruktur ist. Das gleiche gilt für die moderne Literatur, Kunst und Psychologie (und, nicht ganz so zufällig, für die moderne Soziologie). Und all dies steht in engem Zusammenhang mit dem Übergang vom Schicksal zur Wahl: Die für selbstverständlich erachtete Art und Weise, wie prämoderne Institutionen das menschliche Leben regelten, ist fragwürdig geworden. Was zuvor selbstverständliches Faktum war, wird nun zur Wahlmöglichkeit. Schicksal erfordert keine Reflexion, doch der Mensch, der sich gezwungen sieht, seine Wahl zu treffen, ist auch gezwungen, sich anzuhalten und nachzudenken. Je mehr Wahlmöglichkeiten, desto mehr Reflexion. Der einzelne, der notgedrungen nachdenkt, wird sich seiner selbst immer mehr bewußt. Das heißt, er wendet seine Aufmerksamkeit von der objektiv gegebenen Außenwelt zu seiner Subjektivität. Wenn er dies tut, geschehen gleichzeitig zwei Dinge: Die Außenwelt wird immer fragwürdiger, und seine Innenwelt wird immer komplexer. Beide Dinge sind unmißverständliche Merkmale des modernen Menschen.

Ein höchst nervöser Prometheus

Dieser moderne Mensch, ein Mensch, ausgesetzt der welterschütternden Wandlung von Schicksal zur Wahl, kommt einem leicht als prometheische Gestalt vor. Häufig genug, vor allem seit der Aufklärung, hat er sich selbst so empfunden. Um so wichtiger ist es zu erkennen, daß es sich um einen höchst nervösen Prometheus handelt. Denn der Übergang von Schicksal zur Wahl wird in zutiefst ambivalenter Weise erlebt. Auf der einen Seite ist er eine große Befreiung, auf der anderen bedeutet er Angst, Entfremdung, ja sogar panikartige Furcht. In diesem Zusammenhang fallen einem natürlich einige der großen Denker der Modernität ein – Kierkegaard, Nietzsche oder Dostojewski. Doch die Ambivalenz von Befreiung und Entfremdung erleben zahllose Menschen, die nie ein Buch gelesen, geschweige denn eins geschrieben haben. Jede Stadt der Dritten Welt ist voll von solchen Leuten. Einerseits werden sie von der Modernität mit ihren Versprechungen neuer Freiheiten, neuer Möglichkeiten des Lebens und der Selbstverwirklichung wie von einem starken Magneten angezogen. Überflüssig zu sagen, daß diese Versprechungen nicht immer erfüllt werden, doch die Modernität wird tatsächlich als Befreiung erlebt – von den engen Grenzen der Tradition, der Armut, der Klan- und Stammesbindungen. Andererseits muß für diese Befreiung ein hoher Preis bezahlt werden. Der Mensch kommt dazu, sich in einer Weise als *allein* zu erleben, wie es in der traditionellen Gesellschaft undenkbar war: herausgelöst aus der festen Solidarität seines kollektiven Daseins, in Zweifel über die Normen, nach denen er sein Dasein richten soll, in Zweifel letztlich auch darüber, wer oder was er ist. Ein afrikanischer Dorfbewohner, der in die stürmische Welt von, sagen wir, Lagos oder Nairobi verschlagen wird, dürfte kaum etwas von moderner europäischer Philosophie gehört haben, und dennoch wird er in der lebendigen Realität seiner Existenz bezeugen können, was es heißt, »zur Freiheit verdammt« zu sein. Philosophen mögen darüber streiten, ob diese Formulierung von Sartre die condition humaine angemessen wiedergibt, doch der Soziologe muß einräumen, daß sie in bewundernswerter Weise die Conditio des *modernen* Menschen zusammenfaßt. Der Soziologe kann noch hinzufügen, daß solch eine philosophische Behauptung nur unter modernen sozialen Umständen eine weitverbreitete Plausibilität erlangen konnte.

Befreiung und Entfremdung sind untrennbar miteinander verknüpft, sind die beiden Seiten ein und derselben Medaille, die Modernität heißt.[11] Die erste ohne die zweite zu wünschen, das ist eine der immer wieder auftauchenden Phantasien der modernen revolutionären Vorstellung; nur die zweite und nicht die erste zu sehen ist die Achillesferse praktisch aller konservativen Standpunkte. Doch man muß sich davor hüten, daß man die entfremdete Verzweiflung der meisten modernen Menschen über die Maßen herausstreicht, das heißt, daß man ihre Bedeutung übertreibt. Es ist einfach nicht wahr, daß die meisten Leute in einem Zustand ständiger *Angst* leben. In diesem Punkte hatte Camus gegenüber Sartre recht, und im Rückblick darf man annehmen, daß Bischof Mynster auf gleiche Weise gegenüber Kierkegaard recht hatte, genauso wie Jacob Burckhardt gegenüber Nietzsche. Die meisten Menschen schlagen sich irgendwie durch. Manche leben weiter in und mit den Überresten traditioneller Strukturen, anderen ist es gelungen, verschiedene neue Arrangements zu treffen, die ein gewisses Maß an Sicherheit gewähren, und wieder andere geben sich einfach intensiver Beschäftigung hin. Es geht also entschieden *nicht* darum, daß moderne Menschen allesamt Do-it-yourself-Existentialisten sind, die am Rande eines Abgrunds von Verzweiflung dahintaumeln. Vielmehr geht es darum, daß die Aufgabe, sich im Universum einzurichten, wie es Ernst Bloch einmal sinngemäß formulierte, heutzutage erheblich schwieriger ist als in einer traditionellen Gesellschaft. Natürlich ist sie für manche unmöglich schwierig geworden, doch man sollte ihren Fall nicht verallgemeinern. Gleichviel, selbst diese gemäßigte, nicht an Kierkegaard orientierte Beschreibung der modernen Conditio sollte deutlich werden lassen, daß diese Situation eine Art *Novum* in der Geschichte darstellt. Um ihre Implikationen zu begreifen, ist es freilich nicht notwendig, sich die Behauptung zu eigen zu machen, die moderne Situation sei *völlig* ohnegleichen. Es gibt manche Parallelen zu anderen Geschichtsepochen, in denen zuvor als selbstverständlich hingenommene Ordnungen zertrümmert wurden, wie zum Beispiel gegen Ende der Hellenistischen Zeit. Man darf jedoch als sicher annehmen, daß niemals zuvor die Pluralisierung von Sinngehalten und Wertvorstellungen in so massiver Weise von so vielen Menschen erfahren worden ist. Die Gründe dafür müssen wir natürlich in der modernen Technologie suchen: Auch das Relativitätsgefühl kann durch Massenkommunikation verbreitet werden.

Der Entfremdungsaspekt der Modernität hat von Anfang an die Nostalgie nach einer heilen Welt der Ordnung, des Sinns und der Solidarität geschürt. Man kann das auch so ausdrücken, daß Modernisierung und Gegenmodernisierung immer verwandte

Prozesse sind.[12] Die Sehnsucht nach Erlösung von der Entfremdung der Modernität kann ganz unterschiedliche Formen annehmen. Ihre aufrichtigere Form wird im allgemeinen als »reaktionär« bezeichnet. Sie äußert sich theoretisch in Ideologien, die in der Vergangenheit nach Sinn suchen, während sie die Gegenwart als Zustand der Degeneration ansehen. Ausdruck dieser Ideologien in der soziopolitischen Praxis ist das Bemühen (typischerweise donquichottisch), die der Modernität vorausgegangenen Strukturen wiederherzustellen. Doch es gibt auch eine sogenannte progressive Form der Erlösungssehnsucht. Auch sie faßt die Gegenwart als entmenschlichend und unerträglich auf, doch die heile Welt wird nicht in der Vergangenheit gesucht, sondern vielmehr in die Zukunft projiziert. Diese Form der Gegenmodernität ist typisch für moderne revolutionäre Ideologien und Bewegungen. Der Marxismus ist in dieser Hinsicht ein prototypischer Fall, dessen große Attraktivität sich ohne Berücksichtigung seiner Affinität zu gegenmodernen Nostalgien nicht verstehen läßt.

Ist die Bewegung von Schicksal zur Wahl irreversibel? Grundsätzlich ist nichts Historisches irreversibel. Doch es ist sehr schwer vorstellbar, daß sich diese Bewegung ohne weiteres zurückdrehen läßt, wenn man bedenkt, wie notwendig die technologischen Errungenschaften sind, um Menschenmengen am Leben zu erhalten, wie sie heute die Erde bevölkern. Die aufgrund dieser Situation erforderlichen institutionellen Arrangements haben eine in ihnen angelegte Pluralität und *ipso facto* auch eine in ihnen angelegte Instabilität. Doch für diese Aussage sehen wir eine ganz wichtige Ausnahme, nämlich den totalitären Staat. Sein Hauptziel ist die Wiederherstellung einer prämodernen Ordnung von festen Sinngehalten und starker kollektiver Solidarität. Das Paradox liegt darin, daß er, der totalitäre Staat, bei der Suche nach diesem Ziel die modernsten Kommunikations- und Kontrollmittel benutzt, Mittel, die, in und an sich, einen entfremdenden Effekt haben. Der moderne Totalitarismus ist ein sehr junges Phänomen; selbst wenn man ihn im allgemeinsten Sinne definiert, ist er doch erst um die fünfzig Jahre alt. Es ist noch zu früh, um sagen zu können, ob dies Experiment fehlgeschlagen ist, doch es ist nicht zu früh, um jetzt schon sagen zu können, daß sein empirischer Erfolg eine menschliche Tragödie von bisher einmaligem Ausmaß wäre. Von allen möglichen »Lösungen« der Unzufriedenheit mit der Modernität ist diese ganz sicher keine, in die man Hoffnung für die Menschheit investieren sollte. Aus der Ablehnung der totalitären Möglichkeit einer neuen Schicksalswelt ergibt sich die Notwendigkeit, Mittel und Wege zu finden, um mit der Welt der Wahlmöglichkeiten fertig zu werden.

Der häretische Imperativ

Es dürfte nunmehr klar sein, daß die Religion auf gar keinen Fall der einzige Erfahrungs- und Denkbereich ist, der durch den Übergang vom Schicksal zur Wahl betroffen ist. Moralität zum Beispiel ist entscheidend betroffen, genauso wie alle Institutionen (vor allem politische), die irgendeine moralische Autorität für sich beanspruchen. Doch die moderne Situation der Religion läßt sich nur unvollkommen erklären, solange man nicht ihre Beziehung zu dem erwähnten Übergang verstanden hat.
Die Auswirkung der Modernität wird im allgemeinen im Sinne des Säkularisierungsprozesses gesehen, der sich ganz einfach beschreiben läßt als ein Prozeß, in dem die Religion sowohl auf der Ebene der Institutionen wie des menschlichen Bewußtseins ihren Einfluß einbüßt. Hier ist nicht der Ort, um die inzwischen immense Literatur über Gründe, Wesen und historischen Verlauf der Säkularisierung zu würdigen.[13] Doch auf einen Punkt soll hier hingewiesen werden: Zwischen Säkularisierung und Pluralisierung der Plausibilitätsstrukturen, wie sie oben beschrieben worden sind, besteht zuallermindest eine sehr enge Beziehung. Die Gründe dafür sind auch leicht einsehbar. Eine religiöse Weltsicht ist wie jede andere Gesamtheit von Interpretationen der Realität auf soziale Bestätigung angewiesen. Je einheitlicher und verläßlicher diese Bestätigung ist, um so stärker werden diese Realitätsdeutungen im Bewußtsein verankert. Die typische prämoderne Gesellschaft schafft Bedingungen, unter denen die Religion für den einzelnen die Qualität objektiver Sicherheit hat; die moderne Gesellschaft hingegen unterminiert diese Sicherheit, entobjektiviert sie, indem sie ihr den

selbstverständlichen Status raubt, und *ipso facto* subjektiviert sie die Religion. Und dieser Wandel steht natürlich in unmittelbarer Beziehung zu dem Übergang vom Schicksal zur Wahl: Der prämoderne Mensch war an seine Götter in der gleichen unerbittlichen Schicksalsbestimmung gebunden, die auch den größten Teil seines übrigen Daseins beherrschte. Der moderne Mensch steht vor der Notwendigkeit, zwischen Göttern zu wählen, von denen ihm eine Vielzahl sozial zuhanden ist. Wenn die typische Conditio des prämodernen Menschen von religiöser Sicherheit geprägt ist, so folgt daraus, daß die des modernen Menschen unter dem Zeichen religiösen Zweifels steht. Es gab prämoderne Menschen, die mit religiösen Zweifeln rangen, genauso wie wir heutzutage auf Menschen treffen, die unerschütterlich an religiösen Überzeugungen festhalten. Der Unterschied liegt sozusagen in der Häufigkeitsverteilung. Die Häufigkeit religiöser Unsicherheit in der modernen Situation ist jedoch so drastisch höher, daß es gerechtfertigt ist, auf sie den Begriff des Typischen anzuwenden. Welche anderen Gründe sich auch für die moderne Säkularisierung finden lassen, es sollte klar sein, daß der Pluralisierungsprozeß aus sich heraus säkularisierende Auswirkungen hat.

Das deutsche Wort »Häresie« geht zurück auf das griechische Verb *hairein*, das soviel wie »wählen« bedeutet. Eine *Hairesis* bedeutete ursprünglich ganz einfach, eine Wahl zu treffen. Eine davon abgeleitete Bedeutung ist die einer Meinung. Im Neuen Testament wie auch in den Paulus-Briefen hat das Wort bereits eine spezifisch religiöse Bedeutung, nämlich die einer Gruppe oder einer Partei innerhalb der größeren religiösen Gemeinschaft; das Grundprinzip einer solchen Gruppe oder Partei ist die bestimmte religiöse Meinung, die ihre Mitglieder sich gebildet oder gewählt haben. In der Epistel Pauli an die Galater zählt der Apostel »Rotten« (*hairesis*) mit Übeln wie Zwietracht, Hader, Neid und Saufen zu den »Werken des Fleisches« (Galater 5, 20). In der späteren Entwicklung der kirchlichen Institutionen des Christentums hat der Begriff natürlich weit spezifischere theologische und auch rechtliche Bedeutungen erhalten. Doch seine Etymologie ist nach wie vor höchst aufschlußreich.

Damit der Begriff der Häresie überhaupt irgendeine Bedeutung bekommen konnte, war die Autorität einer religiösen Tradition notwendige Voraussetzung. Nur im Hinblick auf eine solche Autorität konnte man überhaupt eine häretische Einstellung annehmen. Der Häretiker leugnete diese Autorität und lehnte es ab, die Tradition *in toto* zu akzeptieren. Statt dessen suchte und wählte er aus den Traditionsinhalten aus, und aus diesem Ausgesuchten und Ausgewählten bildete er sich seine eigene abweichende Meinung. Man sollte annehmen, daß die Möglichkeit der Häresie immer und allezeit in menschlichen Gemeinschaften bestanden hat, genauso wie man annehmen sollte, daß es immer Rebellen und Innovatoren gegeben hat. Und sicherlich müssen diejenigen, die die Autorität einer Tradition repräsentierten, sich immer mit dieser Möglichkeit herumgeplagt haben. Doch mit der Heraufkunft der Modernität hat sich der soziale Kontext dieses Phänomens radikal geändert: *In prämodernen Situationen leben die Menschen in einer Welt religiöser Sicherheit, die gelegentlich durch häretische Abweichungen in Mitleidenschaft gezogen wird. Im Gegensatz dazu bildet die moderne Situation eine Welt der Unsicherheit, die gelegentlich durch mehr oder weniger brüchige Konstruktionen religiöser Affirmation abgewehrt wird.* Tatsächlich läßt sich dieser Wandel noch weit schärfer formulieren: *Für den prämodernen Menschen stellt die Häresie eine Möglichkeit dar, für gewöhnlich allerdings eine fernab gelegene; für den modernen Menschen wird Häresie typischerweise zur Notwendigkeit.* Oder noch einmal, *Modernität schafft eine neue Situation, in der Aussuchen und Auswählen zum Imperativ wird.*

Nunmehr hebt sich die Häresie plötzlich nicht mehr gegen einen klaren Hintergrund autoritativer Tradition ab. Der Hintergrund ist vielmehr trübe geworden oder sogar ganz verschwunden. Solange der Hintergrund vorhanden war, hatten die Menschen die Möglichkeit, *nicht* auszusuchen und auszuwählen, sondern konnten sich einfach dem sie von allen Seiten umgebenden Konsens selbstverständlicher Gewißheit beugen, und genau das taten die meisten Menschen. Aber heute wird diese Möglichkeit selbst unklar oder verschwindet: Wie kann man sich einem Konsens fügen, der sozial gar nicht mehr vorhanden ist? Jede Affirmation muß zunächst diesen Konsens herbeifhren, selbst wenn dies nur in einer kleinen quasi-sektiererischen Gemeinschaft erreicht werden kann. Mit anderen Worten, die Menschen *müssen* heute aussuchen und auswählen. Wenn man es getan hat, kann man das Faktum nur sehr schwer vergessen. Es bleibt die Erinnerung an die mit Bedacht gebildete Konstruktion einer auf Zustimmung beruhenden Gemeinschaft, und damit ein ständig wiederauftretendes Gefühl von *Konstruiertheit* dessen, was die Gemeinschaft bekräftigt. Die Bekräftigungen werden unausweichlich brüchig sein, und diese Brüchigkeit wird nicht weit vom Bewußtsein entfernt sein.

Ein Beispiel kann hier von Nutzen sein. Es ist das vielleicht wichtigste Beispiel in der modernen westlichen Welt, das der jüdischen Emanzipation. In der Situation des Getto, wie im *Schtetl* von Osteuropa, wäre es absurd gewesen zu erklären, der einzelne habe die *Wahl*, Jude zu sein. Jüdisch zu sein war eine selbstverständliche Zutat der Existenz des einzelnen, die fortwährend mit unerbittlicher Sicherheit durch jedermann im Milieu des einzelnen bestätigt wurde (einschließlich der Nicht-Juden in jenem Milieu). Es bestand die theoretische Möglichkeit der Konversion zum Christentum, doch der soziale Druck gegen eine solche Entscheidung war so stark, daß nur wenige dies in die Tat umsetzten. Gewiß, es gab verschiedene Formen des Jüdischseins, ja selbst die Möglichkeit, ein ziemlich armseliger Vertreter des Judentums zu sein, doch keine dieser Formen berührte die massive objektive und subjektive Realität des Jüdischseins. Doch mit der Unabhängigkeit veränderte sich alles. Für mehr und mehr Menschen bot sich der gangbare Weg, die jüdische Gemeinschaft zu verlassen. Plötzlich wurde das Jüdischsein zu einer Wahlmöglichkeit unter anderen. Volksbewußtsein im Innern und Antisemitismus von draußen führten zur Abschwächung dieser Entwicklung, doch in Mittel- und Westeuropa des 19. Jahrhunderts ging sie doch ziemlich weit. Den Endpunkt der Entwicklung erreichte das Amerika des 20. Jahrhunderts. Innerhalb der pluralistischen Dynamik der amerikanischen Gesellschaft von heute können tatsächlich nur wenige Menschen dem Jüdischsein die Qualität einer gegebenen Tatsache zumessen.

Doch wer an einer orthodoxen oder auch mäßig orthodoxen Form der jüdischen Identität festhält, definiert diese Identität weiterhin als gegebene Tatsache. Sein Problem besteht darin, daß er sie angesichts empirischer Anhaltspunkte für das Gegenteil bestätigen muß. Der Orthodoxe definiert die jüdische Identität ganz klar als Schicksal, wogegen die soziale Erfahrung des einzelnen sie als fortwährende Wahl sichtbar werden läßt. Die Diskrepanz zwischen Definition und Erfahrung gehört zum Kern jeder Orthodoxie in der modernen Welt (das Judentum ist lediglich ein besonders klares Beispiel für ein weitaus allgemeineres Phänomen): Der Orthodoxe lebt nach seiner Definition in einer Tradition; es liegt im eigentlichen Wesen jeglicher Tradition, daß sie für gegeben und selbstverständlich angesehen wird; diese Selbstverständlichkeit wird jedoch durch Lebenserfahrung in der modernen Gesellschaft fortwährend widerlegt. Der Orthodoxe muß sich folglich als Schicksal darstellen, was empirisch, wie er weiß, eine Wahlmöglichkeit ist. Das ist ein schwieriges Kunststück. Es würde zu weit führen, die Anziehungskraft solcher Bewegungen zu erklären wie den Lubawitscher Hassidismus *(Lubavitcher Hassidism)*, der für seine Anhänger ein künstliches *Schtetl* errichtet. Der Unterschied zum alten *Schtetl* besteht ganz einfach in folgendem: Um dem vermeintlichen jüdischen Schicksal zu entrinnen, braucht der einzelne nur hinauszugehen und die Untergrundbahn zu nehmen. Draußen wartet auf ihn der Umschlagplatz der Lebensstile, Identitäten und religiösen Präferenzen, der den amerikanischen Pluralismus ausmacht. Schwer zu glauben, daß ein in Amerika aufgewachsener Mensch, mag seine Konversion zu einer neotraditionellen Existenz auch von noch so glühender Inbrunst getragen sein, das beschriebene empirische Faktum völlig aus seinem Bewußtsein verdrängen kann. Diese Existenz ist folglich von einer Fragilität, die einer traditionellen Gemeinschaft völlig fremd ist.

Das Gewicht der ausgesprochen amerikanischen Redewendung von der »religiösen Präferenz« ist jetzt vielleicht offenkundig geworden. In ihr ist die ganze Krise beschlossen, in die der Pluralismus die Religion gestürzt hat. Sie weist auf einen Zustand hin, der in der kognitiven Dissonanz angelegt ist – und auf den häretischen Imperativ als Grundphänomen der Modernität.

Um die bisher geführte Erörterung zusammenzufassen: Modernität vervielfacht die Wahlmöglichkeit und reduziert gleichzeitig den Umfang dessen, was als Schicksal oder Bestimmung erfahren wird. Auf die Religion bezogen, wie natürlich auch auf andere Bereiche menschlichen Lebens und Denkens, bedeutet dies, daß der moderne Mensch nicht nur mit der Gelegenheit, sondern vielmehr mit der Notwendigkeit konfrontiert ist, hinsichtlich seiner Glaubensvorstellungen eine Wahl zu treffen. Dieses Faktum konstituiert den häretischen Imperativ in der gegenwärtigen Situation. So ist die Häresie, einstmals das Gewerbe randständiger und exzentrischer Menschentypen, eine weitaus allgemeinere Conditio geworden; Häresie ist in der Tat universell geworden.

Das Buch wird sich von nun an mit dem Implikationen dieser Situation beschäftigen und versuchen, sie nicht nur zu verstehen, sondern auch als Ausgangspunkt für konstruktives religiöses Nachdenken zu benutzen. Von Anfang an sollte klar sein, daß für den religiösen Menschen die Konfrontation mit dem häretischen Imperativ keine leichte Sache gewesen ist, weder für den einfachen Gläubigen noch für den scharfsinnigsten Theologen. Auf allen Ebenen des Nachdenkens kann man ein weites Spektrum von Reaktionen beobachten; es reicht von völliger Ablehnung der neuen Situation bis zur völligen Hinnahme. In späteren Kapiteln werden die Schwierigkeiten der Ablehnung wie der Hinnahme zur Sprache kommen. Vielleicht ist es eine Übervereinfachung zu erklären, die Geschichte der christlichen Theologie in der modernen Welt sei das Drama dieser Konfrontation mit dem häretischen Imperativ gewesen, doch es ist sicherlich keine allzu große Übersimplifizierung. Das Judentum hat in der modernen Welt die gleiche Konfrontation durchstehen müssen, allerdings aufgrund des unterschiedlichen Verhältnisses der Religion zur sozialen Position der Juden in einer vorherrschend christlichen Kultur natürlich in etwas anderer Form. Heutzutage, da die Modernisierung ein weltweites, nicht mehr auf ihren westlichen Ursprungsraum beschränktes Phänomen ist, heutzutage ist auch die Konfrontation mit dem häretischen Imperativ weltweit geworden. Man stößt auf ihn in den scharfsinnigsten Diskussionen in, sagen wir, buddhistischen Lernzentren wie in jahrhundertealten islamischen Universitäten, doch auch in handgestrickten Ratschlägen, die religiöse Funktionäre, die kaum in der Lage sind, die heiligen Schriften zu lesen, analphabetischen Dorfbewohnern geben. Wenn nichts sonst, so hat dies allen Religionen der Welt eine Allgemeinheit der Daseinsbedingungen beschert, die nicht ohne Folge für ihr Selbstverständnis bleiben kann – und nicht ohne Folge für ihre Beziehungen untereinander. Auf diesen Punkt werde ich später noch einmal zurückkommen.

2. Religion: Erfahrung, Tradition, Reflexion

Wenn die äußere (das heißt sozial vorhandene und wirksame) Autorität der Tradition schwindet, sehen sich die Menschen zum Nachdenken gezwungen und müssen sich die Frage stellen, was sie wirklich wissen und was sie in den früheren Tagen, als die Tradition noch ihre Kraft besaß, sich nur einbildeten zu wissen. Solche beinahe unvermeidliche Reflexion wird die Menschen des weiteren nötigen, sich ihrer eigenen Erfahrung zuzuwenden: Denn der Mensch ist insofern ein empirisches Lebewesen (oder wenn man will eine *anima naturaliter scientifica*), daß seine eigene unmittelbare Erfahrung stets der überzeugendste Beweis für die Realität aller Dinge ist. Der Mensch glaubt, sagen wir, an X. Solange alle Leute um ihn herum, einschließlich der »Realitätsexperten« seiner Gesellschaft, dieses selbe X unentwegt bestätigen, kann er seinen Glauben aufgrund des sozialen Konsens leicht und spontan aufrechterhalten. Das ist jedoch nicht mehr möglich, wenn der Konsens sich aufzulösen beginnt, wenn einander widersprechende »Realitätsexperten« auf den Plan kommen. Früher oder später muß sich der Mensch also fragen: »Glaube ich denn nun *wirklich* an X? Oder kann es sein, daß X die ganze Zeit lang eine Illusion war?« Und dann wird die andere Frage auftauchen: »Wie ist denn nun *meine eigene Erfahrung* mit X gewesen?«

Die kognitive Dynamik gilt grundsätzlich für jeden Glauben, oder genauer: für jeden Glauben, der über die sofortige Selbstbeglaubigung eines Zahnschmerzes hinausgeht. Im vorangegangenen Kapitel ist die Behauptung aufgestellt worden, daß die genannte Dynamik mit besonderer Schärfe für den Bereich der Glaubensvorstellungen gilt und daß die Modernität infolge dieser Dynamik eine zwangsläufige Religionskrise heraufbeschworen hat. Daraus folgt, daß die moderne Situation mit ihrem geschwächten Einfluß religiöser Tradition auf das Bewußtsein der Menschen zu einer bewußteren Reflexion über Wesen und

Beweiskräftigkeit religiöser Erfahrung führen muß. Dies ist in der Tat auch geschehen, zuerst in der westlichen kulturellen Spielart der Modernität (und mit besonderer Virulenz im Protestantismus, der von allen religiösen Systemen die intimste Beziehung zur Modernität hat) und dann im Gefolge des Modernisierungsprozesses auf der ganzen Welt. Es ist mithin nicht eine rein theoretische Behauptung zu erklären, die Schwächung der Tradition *muß* zu einer neuen Hinwendung in Richtung Erfahrung führen. Sie kann vielmehr erklären, was tatsächlich stattgefunden hat.

An diesem Punkt der Erörterung scheint es allerdings unumgänglich, den Begriff »Erfahrung« zu klären: Um *wessen* Erfahrung geht es hier? Und *was* wird vermeintlich erfahren? Das vorliegende Kapitel soll dieser Klärung dienen.

Nun muß freilich sofort eine wichtige Unterscheidung folgen, die zwischen Menschen, die Max Weber so treffend als »religiöse Virtuosen« bezeichnet hat, und allen anderen. Es gibt Menschen, Mystiker und dergleichen, die behaupten, unmittelbare persönliche Erfahrungen mit religiösen Realitäten gehabt zu haben. Man kann sagen, für solche Menschen *sind* religiöse Glaubensvorstellungen genauso unvermittelt selbstbeglaubigend wie die Erfahrung eines Zahnschmerzes. Unter Umständen reflektieren sie tatsächlich über ihre Erfahrung, und einige der großen Mystiker sind auch große Denker gewesen. Freilich, sie werden kaum über die *Realität* ihrer religiösen Erfahrungen reflektieren, sondern vielmehr über die *Beziehung* dieser Erfahrungen zu allen anderen Dingen (einschließlich der Tradition, die sie in ihrem sozialen Milieu antreffen). Die übrige Menschheit ist in einer komplizierteren Situation. Wer kein »religiöser Virtuose« ist, hat in diesem Bereich bestenfalls flüchtige und andeutende Erfahrungen, und die meisten seiner religiösen Glaubensvorstellungen liegen in einer sozial vermittelten Tradition begründet. Doch auch solche Menschen haben einen gewissen Vorteil: Da sie nicht die Art von Erfahrung gemacht haben, die zu einer unwiderruflichen Überzeugung von Realität führt, können sie mit einiger innerer Distanz in den Bereichen jener, die von sich behaupten, solche Erfahrungen gemacht zu haben, nach beweiskräftigen Anhaltspunkten Ausschau halten. Mit anderen Worten, sie haben bei dem Bemühen, eine umfassende

Untersuchung des Phänomens »Zahnschmerz« durchzuführen, den Vorteil des Dentisten gegenüber seinem Patienten.
Lassen Sie uns also annehmen, daß die jetzige Erörterung sich innerhalb einer solchen Situation abspielt. Das heißt, weder Autor noch Leser, so die Annahme, haben die Art von Erfahrung gemacht, die ein nie und nimmer wieder zu leugnendes Realitätsgefühl mit sich bringt. (Man kann übrigens hinzufügen: Wenn entweder Autor oder Leser, von beiden gar nicht zu reden, von sich behaupten können, solche Erfahrungen gemacht zu haben, dann wäre diese Erörterung entweder unmöglich oder unnötig.) Der Reflexionsprozeß eines Menschen in dieser Situation läßt sich in folgende Worte kleiden: »Ich habe die Götter nicht gesehen. Sie haben nicht zu mir gesprochen. Ich habe auch das Göttliche in mir nicht erfahren. Mein Nachdenken über die Religion muß ich mit dem Eingeständnis beginnen, daß diese Tatsache alle Bestätigungen ausschließt, die unzweifelbar, unleugbar real oder absolut sicher sind. Ich habe in meiner Erfahrung tatsächlich Andeutungen, Intuitionen über die Götter gehabt, und ich will darüber nachdenken, um herauszufinden, welche Beweiskraft sie haben. In meinem Denken über Religion bin ich auch durch die Tradition oder die Traditionen geprägt worden, die mein soziales Milieu beherrscht haben; mehr noch, es gibt auch spezifische Erfahrungen, die durch diese Tradition oder diese Traditionen vermittelt worden sind. So sind beispielsweise manche der Andeutungen von Göttern, die ich erlebt habe, während meiner Teilnahme an Ritualen meiner eigenen Tradition oder sogar anderer Traditionen aufgetreten, die mir im Verlauf meines Lebens begegnet sind. Bei meinem Nachdenken über Religion werde ich die traditionellen Bestätigungen und meine damit verbundenen Erfahrungen als mögliches Beweismaterial nehmen. Darüber hinaus kann ich mich an Beschreibungen und Berichte jener Menschen halten, die behauptet haben, sie hätten die Götter gesehen, seien von ihnen angesprochen worden oder hätten unmittelbare Erfahrungen mit dem Göttlichen gehabt. Auch diese Darstellungen und Berichte sind mögliche beweiskräftige Anhaltspunkte. Wenn ich diese Einstellung annehme, muß ich offen sein für die Möglichkeit, daß meine Suche in die gleiche Unsicherheit münden wird, mit der sie begonnen hat, aber auch offen für die Möglichkeit,

daß sie, das mag vielleicht überraschend sein, in Sicherheit enden wird.«

Solch eine Einstellung ist natürlich zum gegenwärtigen Zeitpunkt keineswegs einzigartig; die Gründe dafür, warum sie im Augenblick außerordentlich angebracht ist, habe ich bereits dargelegt. Doch es sollte noch auf einen weiteren Punkt hingewiesen werden: An der modernen Situation ist beinahe einzigartig die *bloße Verfügbarkeit* der oben erwähnten Darstellungen und Berichte über die vielfältigen religiösen Erfahrungen der Menschheit. Ganz gewiß gilt dies zumindest für Amerika. Ein Mensch, der bereit ist, sagen wir zweihundert Dollar auszugeben, kann in diesem Lande in die nächstbeste Buchhandlung gehen und sich eine Sammlung von Taschenbüchern erwerben, die gute Übersetzungen samt Kommentaren der meisten grundlegenden Schriften der großen Weltreligionen enthalten. Wenn dieser selbe Mensch in einer Großstadt wohnt oder nahe bei einer großen Universität, wird er mit einiger Sicherheit zusätzlich zu der Lektüre der erstandenen Bücher noch auf Gruppen stoßen, die diesen religiösen Glaubensvorstellungen anhängen oder an akademischen Seminaren teilnehmen, die sich mehr oder weniger kompetent mit den Religionen auseinandersetzen. Niemals zuvor in der Geschichte hat eine solche Situation bestanden. Sie bietet die große Möglichkeit, die oben beschriebene Einstellung gegenüber der Beweiskraft von religiösen Erfahrungen und Traditionen anderer Menschen einzunehmen und beizubehalten. Dies ist natürlich auch Teil und Bestandteil dessen, was weiter oben als der häretische Imperativ der gegenwärtigen Situation bezeichnet wurde: Ein Mensch kann selbstverständlich auch auf den Kauf all dieser Bücher verzichten und den Kontakt mit den vielfältigen Äußerungsformen religiöser Erfahrungen, die in seiner religiösen Umwelt zuhanden sind, vermeiden – doch auch das wäre eine Wahlentscheidung auf seiner Seite.

Thema dieses Buches ist es, die Möglichkeit zu erkunden, von dieser Situation zu positiven religiösen Bestätigungen zu gelangen, zu Feststellungen über die Welt, die man plausibel mit den Worten »Ich glaube« einleiten kann. In diesem Buch wird behauptet, daß der häretische Imperativ statt zu einem Hindernis zu einer Hilfe sowohl für den religiösen Glauben wie für das

Nachdenken darüber werden kann. Das Buch ist natürlich als solches ein Reflexionsakt: es ist eine Erörterung, eine Übung in religiösem Denken und *kein* konfessionelles Dokument oder ein Handbuch für religiöse Erfahrungen. Um so wichtiger ist es, sich klarzumachen, daß Religion zunächst einmal keine Sache der Reflexion oder des Theoretisierens ist. Das innerste Wesen des religiösen Phänomens besteht in vorreflektiver, vortheoretischer Erfahrung. Wir müssen nun den Charakter dieser Erfahrung näher in Augenschein nehmen.

Viele Realitäten

Wenn wir uns dem religiösen Phänomen in der soeben beschriebenen empirischen Einstellung nähern, dann liegt auf der Hand, daß es uns, zuallermindest am Anfang, als ein *menschliches* Phänomen erscheint. Das heißt, wenn es unsere Absicht ist, das, was man gemeinhin religiöse Erfahrung nennt, innerhalb eines größeren Spektrums menschlicher Erfahrungen zu lokalisieren, dann müssen, jedenfalls im Verlauf dieser Untersuchung, alle übermenschlichen Erklärungen des Phänomens ausgespart, beiseite gelassen werden. Solch eine Untersuchung bedeutet überhaupt nicht, daß metahumane Erklärungen a priori ausgeschlossen sind, oder daß der Mensch, der solch eine Untersuchung durchführt, sich als Atheist bekennt, sondern es geht nur darum, daß er für den Augenblick die Grenzen einer solchen Art von Untersuchung respektiert. Das alles kann man mit den Worten zusammenfassen, daß die hier verwandte Methode zur Religionsphänomenologie gehört; für den Zweck, den wir hier verfolgen, genügt es, den Begriff »Phänomenologie« ganz einfach als eine Methode aufzufassen, die ein Phänomen hinsichtlich der Art und Weise untersucht, in der es in der menschlichen Erfahrung auftaucht, ohne sogleich die Frage nach seinem endgültigen Status in der Realität aufzuwerfen.[1]
Realität wird nicht als ein einheitliches Ganzes erfahren. Vielmehr erfahren die Menschen die Realität als miteinander verbundene Zonen oder Schichten von höchst unterschiedlicher Qualität. Diese fundamentale Tatsache hat Alfred Schütz als die

Erfahrung vielfacher Realitäten bezeichnet.[2] Der Mensch erlebt zum Beispiel eine Realitätszone, wenn er träumt, eine ganz andere, wenn er wach ist. Als weiteres Beispiel gibt es eine Realitätszone, die man bei intensiver ästhetischer Erfahrung betritt (sagen wir, wenn man sich in das Zuhören eines Musikstücks »verliert«), und diese Zone ist ganz anders als die Realität der üblichen Alltagstätigkeiten. Nun gibt es aber eine Realität, die für das Bewußtsein eine hervorgehobene Stellung einnimmt, und dies ist genau die Realität des Hellwachseins im gewöhnlichen Alltagsleben. Das heißt, diese Realität wird als *realer* erlebt, und zwar die *meiste Zeit*, realer im Vergleich mit anderen Realitäten (wie die von Träumen oder des Aufgehens in Musik). Aus diesem Grund hat Schütz sie als oberste Realität bezeichnet. Von diesem Standpunkt aus betrachtet, erscheinen die anderen Realitäten als Art von Enklaven, in die das Bewußtsein sich hineinbegibt und aus denen es wieder in die »reale Welt« des Alltagslebens zurückkehrt. Dementsprechend nannte Schütz diese anderen Realitäten begrenzte Sinnprovinzen; er benutzte für sie auch den von William James geprägten Begriff der Subwelten.

Die oberste Realität ist demnach die Realität, wie man sie erlebt, wenn man hellwach und mit Tätigkeiten beschäftigt ist, die man normalerweise mit dem gewöhnlichen Alltagsleben identifiziert. Freilich ist dies auch die Realität, die man am leichtesten mit anderen teilen kann. Der einzelne wohnt in ihr gemeinsam mit einer großen Zahl anderer Menschen, die ihre Existenz und ihre Hauptmerkmale fortwährend bestätigen. Gerade diese fortwährende soziale Bestätigung vermag den übergeordneten Status dieser Realität im Bewußtsein weitgehend zu erklären; um eine im vorangegangenen Kapitel benutzte Formulierung zu wiederholen: Diese Realität hat die stärkste Plausibilitätsstruktur (gegenüber etwa der Realität von Träumen oder musikalischen Erlebnissen).

Dies alles sind keine abstrusen theoretischen Erwägungen, sondern vielmehr Erklärungen von allergewöhnlichsten Erfahrungen. Nehmen wir an, man schläft ein – vielleicht während man an seinem Schreibtisch arbeitet – und hat einen lebhaften Traum. Die Realität des Traums beginnt sofort zu verblassen, wenn man in den Wachzustand zurückkehrt, und dann wird einem bewußt, daß man die irdische Realität des Alltagslebens zeitweilig verlassen hat. Diese irdische Realität bleibt Ausgangs- und Orientierungspunkt, und wenn man zu ihm zurückkehrt, spricht man gemeinhin von einer »Rückkehr zur Realität«, das heißt genau Rückkehr zur obersten Realität. Vom Standpunkt dieser obersten Realität werden andere Realitäten als Fremdzonen, Enklaven oder »Löcher« erlebt. Um es noch einmal zu sagen, mit solchen Worten trifft man keine theoretische Feststellung über die letztendliche Seinsverfassung. Wer weiß, vielleicht erweist sich diese irdische Realität letztlich als Illusion. In der Zwischenzeit jedoch wird sie in dieser besonderen Art und Weise erlebt, die meiste Zeit über und (um einen weiteren Begriff von James zu benutzen) mit dem stärksten Realitätsakzent.

Das entscheidende Paradox der obersten Realität besteht darin, daß sie *gleichzeitig* massiv real *(realissimum)* ist und sehr zerbrechlich. Das erstere Merkmal hängt mit dem massiven Charakter der sie absichernden sozialen Bestätigung zusammen (praktisch jedermann, dem man begegnet, teilt sie), das letztere mit dem Faktum, daß die sozialen Sicherungsprozesse in sich fragil und leicht zu unterbrechen sind, wie in der Tat durch das simple Ereignis des Einschlafens. Schütz bemerkt dazu sehr treffend, daß der Realitätsakzent des gewöhnlichen Alltagslebens »bis auf weiteres« erhalten bleibt. Anders gesagt, die oberste Realität wird leicht unterbrochen. Sobald dies geschieht, wird sie sogleich relativiert, und der Mensch findet sich in einer ganz anderen Welt wieder (nebenbei, genau so wird er diesen Vorgang wahrscheinlich beschreiben).

Die meiste Zeit ist sich der einzelne also dessen bewußt, daß er sich in der massiv realen Welt des normalen Alltagslebens befindet, und zwar gemeinsam mit den meisten anderen Menschen seiner Bekanntschaft (die wenigen Spinner oder anderen Exzentriker, die er kennen mag, werden dieses Bewußtsein kaum stören). Doch der einzelne erlebt auch Brüche in dieser irdischen Welt, und sie werden als Beschränkungen oder Grenzen der obersten Realität erfahren. Diese Brüche sind von der verschiedensten Art: Manche beruhen eindeutig auf physiologischen Vorgängen, wie Träume, die Grenzzustände zwischen Schlafen und Wachen, starke körperliche Empfindungen

(schmerzhafte oder angenehme), halluzinatorische Erlebnisse (wie die von Drogen hervorgerufenen). Die oberste Realität kann jedoch auch durch Erfahrungen unterbrochen werden, denen jegliche physiologische Grundlage zu fehlen scheint, wie Erfahrungen theoretischer Abstraktion (etwa wenn die Welt sich in den Abstraktionen theoretischer Physiker oder reiner Mathematiker »auflöst«), ästhetische oder komische Erfahrungen. Wenn der Mensch einen solchen Bruch erlebt, hat er plötzlich das Gefühl, außerhalb der irdischen Welt zu stehen, einer Welt, die ihm nun als rissig, absurd oder gar illusionär erscheint. Ihr Realitätsakzent schwächt sich plötzlich ab oder schwindet ganz und gar. So sind alle diese Erfahrungen von Brüchen in ihrem Wesen ekstatisch, im wörtlichen Sinne von *ekstasis*, von »außerhalb« der normalen Welt »stehend«. Dieses ekstatische Element eignet einem Traum ebenso wie der Subwelt eines Witzes, wie allen Erfahrungen des »Weltverlorenseins«, mag das im Orgasmus geschehen, in Mozarts Musik oder in den berauschenden Abstraktionen der Quantentheorie.
Aus dem Erlebnis jeder dieser ekstatischen Brüche heraus wird die gewöhnliche Welt nicht nur relativiert, sondern auch als behaftet mit einer zuvor nicht wahrgenommenen Qualität gesehen. Das kann man durchaus mit dem deutschen Begriff »Doppelbödigkeit« bezeichnen, mit einem Begriff, der aus der Welt des Theaters stammt und wortwörtlich als Bedeutung des »einen doppelten Boden haben« zu verstehen ist. Die zuvor als massiv und kohärent erlebte Normalwelt wird nun als etwas leicht Zerbrechliches gesehen, als so etwas wie ein aus Pappe bestehendes, schadhaftes Bühnenbild, das jeden Augenblick zusammenbrechen und seine Unwirklichkeit erkennen lassen kann. Mehr noch, durch die frisch entdeckten Löcher im Gefüge dieser Welt kann man eine *andere Realität* ausmachen. Man begreift nun, daß diese andere Realität die ganze Zeit über dort gewesen ist, sozusagen auf einem »anderen Boden«. Mit anderen Worten, die Erfahrung der Doppelbödigkeit macht nicht nur eine unvertraute neue Realität sichtbar, sondern wirft auch ein neues Licht auf die vertraute Realität gewöhnlichen Erlebens.[3]
Diese Erfahrung kann man in höchst unterschiedlichen Stärkegraden machen. Die Realität der gewöhnlichen Welt kann einen

leichten Schock erhalten, der sich ziemlich mühelos abtun läßt: »Das war nur ein böser Traum.« Oder: »Ich habe das nur wegen meiner widerlichen Zahnschmerzen so empfunden.« Oder auch: »Oh, ich verstehe, Sie haben sich nur einen Spaß erlaubt.« Doch die oberste Welt kann auch schwere Erschütterungen erleiden, mit Folgen für das Bewußtsein, die auch dann bestehenbleiben, wenn man sich wieder der Welt des normalen Alltagslebens zugewandt hat: »Ich werde nie vergessen können, wie die Welt aussah, nachdem ich LSD genommen hatte.« Oder: »Seit ich über dreißig Jahre alt bin, erkenne ich bei mir einen Sinn für Humor, der mich das Leben ganz anders als früher sehen läßt.« Oder auch: »Seit dem Tode meiner Mutter hat sich das Leben für mich gründlich geändert.« Mehr noch, der einzelne kann auf den verschiedensten Wegen zu Erfahrungen des Realitätsbruchs gelangen. Manche Menschen versuchen, durch bewußte Anstrengungen dorthin zu kommen, indem sie beispielsweise Drogen nehmen, bestimmte Formen ästhetischen Erlebens kultivieren oder sich sogar auf ein körperliches Abenteuer einlassen (etwa den Mount Everest besteigen), und zwar mit der betonten Absicht, sein Lebensgefühl zu ändern. Andere Erfahrungen von Realitätsbruch werden nicht willentlich gesucht. Erlebnisse von Krankheit und Tod strebt man nur selten mit Absicht an, doch auch die Entwicklung des Sinns für Humor oder Sarkasmus kann einem in der Lebensmitte als Überraschung widerfahren. All diese Erfahrungen haben gemeinsam, daß sie Realitäten aufschließen, die im wörtlichen Sinne »jenseits dieser Welt« liegen, das heißt jenseits der Welt der normalen Alltagsexistenz. Grundsätzlich läßt sich jede dieser »anderen Realitäten« beschreiben, auch wenn jeder Versuch, sie zu beschreiben, sich mit der Tatsache schwertut, daß die Sprache ihre Wurzeln in der irdischen Erfahrung hat. Darin liegt der Grund, warum alle »anderen Realitäten«, angefangen von Zahnschmerzen bis zu Mozarts Musik, »schwer in Worte zu kleiden sind« (und natürlich praktisch unmöglich gegenüber jemandem, der keine ähnliche Erfahrung gemacht hat).

Keine der oben erwähnten Erfahrungen von Realitätsbruch würde man gemeinhin als religiös bezeichnen. Solche Erfahrungen sind bewußt ausgespart geblieben, denn die Absicht der hier angestellten Erörterung ist es, die gewöhnlich als religiös bezeichneten Erfahrungen in ein größeres Spektrum menschlicher Erfahrungen zu *stellen*. Empirisch formuliert, was man üblicherweise Religion nennt, umfaßt ein Aggregat menschlicher Einstellungen, Glaubenshaltungen und Handlungen angesichts von zwei Erfahrungsformen: der Erfahrung des Übernatürlichen und der Erfahrung des Heiligen. Das Wesen dieser beiden Erfahrungen müssen wir nun zu klären versuchen.

Die Erfahrung des Übernatürlichen ist eine besondere »andere Realität« der soeben beschriebenen Art.[4] Vom Standpunkt der normalen Realität aus gesehen, hat sie natürlich ebenfalls die Qualität einer begrenzten Sinnprovinz, von der aus man »zur Realität zurückkehrt«, das heißt zurückkehrt zu der Welt des normalen Alltagslebens. Ein im Vergleich zu anderen begrenzten Sinnprovinzen entscheidender Aspekt des Übernatürlichen ist seine radikale Qualität. Die Realität dieser Erfahrung, die Welt des Übernatürlichen, ist radikal, überwältigend *anders*. Man begegnet dabei einer ganzen Welt, die sich von der irdischen Erfahrung abhebt, ihr übergeordnet ist. Mehr noch, aus der Perspektive dieser Welt gesehen, ist die Welt der gewöhnlichen Erfahrung eine Art von *Vorzimmer*. Der Status der Enklave oder begrenzten Sinnprovinz ist damit radikal auf den Kopf gestellt: Das Übernatürliche ist keine Enklave mehr in der normalen Welt, es wölbt sich vielmehr darüber, umfängt sie, »sucht sie heim«. Es stellt sich die Überzeugung ein, daß die andere Realität, die durch die Erfahrung erschlossen wird, das wahre *realissimum* darstellt, die letzte Realität, im Vergleich zu der die gewöhnliche Realität ganz und gar zur Bedeutungslosigkeit schrumpft.

An dieser Stelle muß mit Nachdruck betont werden, daß die Erfahrung des Übernatürlichen den Blick auf eine zusammenhängende, umfassende Welt freigibt. Die andere Welt wird als Welt erlebt, die immer dagewesen ist, auch wenn sie zuvor nicht wahrgenommen wurde, und sie drängt sich dem Bewußtsein als unleugbare Realität auf, als Realität, die darauf wartet, betreten zu werden. Die Welt des Übernatürlichen wird als »draußen« erfahren, als eine Welt, die unwiderstehliche Realität besitzt, unabhängig vom Willen des einzelnen, und dieser überwältigend objektive Charakter stellt den alten Realitätsstatus der normalen Welt in Frage.

Die radikale Qualität der Erfahrung des Übernatürlichen manifestiert sich in seiner inneren Organisation. Es entsteht ein Gefühl aufrüttelnder und vollkommen überzeugender Einsichten. In den Schilderungen solcher Erfahrungen taucht immer wieder das Bild eines plötzlichen Übergangs von Dunkelheit zum Licht auf. Während des Erlebnisses verwandeln sich die Kategorien der normalen Existenz, vor allem die Kategorien von Zeit und Raum. Immer wieder wird das Übernatürliche als etwas in einer anderen Raum- oder Zeitdimension Liegendes erfahren. Im Sinne räumlicher Symbole liegt es unter Umständen »da droben«, im Gegensatz zu dem »hienieden« der irdischen Existenz.[5] Wie die biblische Sprache zwischen »diesem Zeitalter« und dem »kommenden Zeitalter«[6] unterscheidet, so mag das Übernatürliche auch als etwas in der zeitlichen Dimension Verschobenes erlebt werden. In diesem Zusammenhang können sich (wie Bibelgelehrte häufig betont haben) durchaus wichtige Konsequenzen für die Wahl zwischen Raum- und Zeitsymbolen ergeben. Doch für die jetzige Erörterung ist diese Wahl nicht von Belang. Jede Art symbolischen Ausdrucks deutet auf die gleiche grundlegende Erfahrung hin, auf eine Erfahrung, bei der die Kategorien der Alltagsrealität radikal in Frage gestellt, aufgesprengt, aufgehoben sind.

Die Erfahrung des Übernatürlichen verändert auch die Wahrnehmung seiner selbst und der anderen. Während des Erlebnisses tritt man sich selbst in einer radikal neuen und vermeintlich endgültigen Art und Weise gegenüber und hat das Empfinden, sein »wahres Selbst« sei aufgedeckt worden. Damit ist notgedrungen eine andere Wahrnehmung der Mitmenschen und seiner Beziehung zu ihnen verbunden. Schließlich führt das Erlebnis häufig (nicht immer) zu Begegnungen mit anderen Menschen, die in der normalen Realität nicht möglich sind. Das mögen die »wahren Selbst« anderer Menschen oder Tiere sein, die »Seelen« der Toten oder übernatürliche Wesen, die in der

Alltagswelt keinerlei Körperexistenz besitzen. Mit anderen Worten, die im Erlebnis des Übernatürlichen offenbarte andere Welt ist häufig eine *bewohnte* Welt, und die Begegnung mit diesen »Bewohnern« ist in solchen Fällen ein wichtiger Erfahrungsaspekt.

Aus dem bisher Gesagten dürfte deutlich werden, daß die Religionsgeschichte als Hauptquelle für eine Beschreibung von Erfahrungen des Übernatürlichen dienen muß. Um so wichtiger ist es jedoch, nachdrücklich darauf hinzuweisen, daß diese Erfahrung sich *nicht* mit dem Phänomen Religion deckt, übrigens auch nicht mit dem, was man gemeinhin Mystizismus nennt. An dieser Stelle ist eine kurze Anmerkung zur Definitionsfrage vonnöten. Für die hier geführte Erörterung läßt sich Religion als menschliche Einstellung definieren, die den Kosmos (einschließlich des Übernatürlichen) als eine heilige Ordnung begreift.[7] Die Komponenten dieser Definition könnten natürlich in großer Ausführlichkeit erläutert werden, doch dafür ist hier nicht der Ort. Allerdings sollte hier betont werden, daß die Kategorie des Heiligen für diese Definition von zentraler Bedeutung ist, und zwar wirklich so zentral, daß man Religion auch einfacher als eine menschliche Einstellung angesichts des Heiligen definieren könnte. Diese letztere Kategorie ist jedoch nicht notwendig mit dem Übernatürlichen verknüpft. So haben Menschen durchaus als religiös zu bezeichnende Einstellungen (wie in Ritualen, Gefühlsreaktionen und kognitiven Glaubensvorstellungen) gegenüber eindeutig irdischen, von ihnen jedoch als heilig empfundenen Dingen eingenommen, wie etwa bei verschiedenen sozialen Belangen, angefangen vom Klan bis hin zum Nationalstaat. Umgekehrt haben Menschen die Möglichkeit, sich übernatürlichen Erfahrungen in einer entschieden nichtreligiösen Einstellung zu nähern, in einem profanen und nicht in einem heiligen Seinszustand, wie das bei Zauberern immer der Fall war und heutzutage auch für Forscher auf dem Gebiet der Parapsychologie gilt. Das Übernatürliche und das Heilige sind verwandte Phänomene, und aus historischer Sicht kann man durchaus annehmen, daß die letztere Erfahrung in der ersteren ihre Wurzel hat. Doch es ist sehr wichtig, die beiden Phänomene analytisch auseinanderzuhalten. Man kann sich ihr Verhältnis zueinander vergegenwärtigen, indem man sich das

Übernatürliche und das Heilige als zwei einander überlappende, aber nicht zusammenfallende Kreise menschlicher Erfahrungen vorstellt.

Der Mystizismus ist, um es zu wiederholen, eine wichtige Quelle von Berichten über Erfahrungen mit dem Übernatürlichen, doch er ist nicht die einzige Quelle. Mystizismus läßt sich definieren als Zugang zum Übernatürlichen über das Eintauchen in die vermeintlichen »Tiefen« des Bewußtseins bei einem einzelnen Menschen.[8] Anders gesagt, der Mystiker begegnet dem Übernatürlichen in sich selbst, begegnet ihm als einer Realität, die mit den tiefsten Tiefen seines Selbst zusammenfällt. Es gibt jedoch Erfahrungen mit dem Übernatürlichen, die ganz anderer Natur sind, nämlich Erfahrungen, in denen das Übernatürliche als etwas Äußeres und möglicherweise sogar als etwas erlebt wird, was mit dem Selbst oder dem Bewußtsein des jeweiligen Menschen in Widerspruch steht. Vieles spricht dafür, daß der Mystizismus stets ein Randphänomen der auf die Bibel zurückgehenden Religionstraditionen gewesen ist. Obwohl es in diesen Traditionen mystische Ausbrüche gegeben hat, so sind doch das Judentum, das Christentum und der Islam *au fond* nichtmystische Religionen, in denen der Mensch das Heilige eher als etwas Äußeres denn als etwas Inneres erfährt.[9] Auf der anderen Seite begegnen uns Formen von Mystizismus, die überhaupt nicht mit einer religiösen Einstellung verbunden sind.[10] Mystizismus kann man mithin als ein Phänomen ansehen, das sich zwar mit der Erfahrung des Heiligen überschneidet, aber nicht gleichbedeutend mit ihm ist.

Die klassische Beschreibung der Erfahrung des Heiligen stammt von Rudolf Otto, doch es ist nicht notwendig, sie hier im einzelnen zu erörtern.[11] Allerdings sollten an dieser Stelle zwei zentrale und irgendwie paradoxe Merkmale hervorgehoben werden: Das Heilige wird einerseits als das völlig Andere, die Andersheit *(totaliter aliter)* erlebt, doch zur gleichen Zeit als etwas, das für Menschen von höchster und geradezu erlösender Bedeutung ist. Sowohl die übermenschliche Andersheit wie die menschliche Bedeutung des Heiligen gehören unverbrüchlich zu seiner Erfahrung. Dennoch stehen diese beiden Merkmale notgedrungen in einer gewissen Spannung zueinander. Diese Spannung liegt wahrscheinlich dem zugrunde, was Otto das *myste-*

rium fascinans des Heiligen genannt hat, ein Mysterium, das zu einer eigentümlichen Ambivalenz in der religiösen Einstellung führt, die zwischen Anziehung und Flucht schwankt, zwischen dem Hingezogensein zum Heiligen und dem Wunsch, ihm zu entfliehen. Vom Standpunkt des einzelnen gesehen, ist das Heilige etwas entschieden anderes als er selbst, doch zur gleichen Zeit etwas, das ihn im innersten Zentrum seines Seins bestätigt und ihn in die kosmische Ordnung integriert. Mystizismus ist nebenbei die radikalste Lösung dieser Ambivalenz, insofern sie in der Bestätigung einer letztgültigen Einheit von Selbst und Kosmos geleugnet wird.
Kurz, sowohl das Übernatürliche wie das Heilige sind spezifische menschliche Erfahrungen, die sich (innerhalb bestimmter sprachlicher Grenzen) beschreiben lassen und sich gegen andere Arten von Erfahrungen abheben. Beide lassen sich im besonderen gegen die Realität des normalen Alltagslebens abgrenzen. Tatsächlich ist für beide ein Bruch wesentlich zwischen dieser irdischen Realität und anderen Realitäten, zu denen die Erfahrungen des Übernatürlichen und des Heiligen einen Zugang eröffnen. Des weiteren hat es den Anschein, daß die Erfahrung des Übernatürlichen die fundamentalere der beiden Erfahrungen ist. Ursprünglich war das Heilige eine Manifestation innerhalb der Realität des Übernatürlichen. Doch selbst wenn das Heilige sich von der ursprünglichen übernatürlichen Grundlage gelöst hat, scheint mehr als nur ein schwaches Echo davon nachzuklingen. So ist auch der moderne Mensch, insoweit er sich vom Übernatürlichen »emanzipiert« hat, bereit und in der Lage, einer solchen Ehrfurcht vor als heilig verstandenen irdischen Dingen zu verfallen, daß ihm die Realität des normalen Lebens zerbrochen erscheint.

Religion als Tradition

Folglich kann nicht nachdrücklich genug betont werden, daß zum Kern des Phänomens Religion ein Ensemble höchst unterschiedlicher Erfahrungen gehört. Wenn man das oben über das Übernatürliche und das Heilige Gesagte unter dem geläufigen

Begriff »religiöse Erfahrung« zusammenfaßt, so ist es genau diese Erfahrung, von der jegliche Religion sich ursprünglich herleitet. Religiöse Erfahrung ist jedoch nicht universell und in gleichem Maße unter den Menschen verteilt. Mehr noch, selbst Menschen, die eine solche Erfahrung mit dem sie begleitenden Gefühl überwältigender Sicherheit gemacht haben, erleben es als sehr schwierig, ihre subjektive Realität über die Zeitläufte hinweg zu bewahren. Religiöse Erfahrung wird deshalb in Traditionen verkörpert, die sie jenen Menschen vermitteln, die sie selbst nicht gemacht haben und die diese Erfahrung für sie wie für jene, die sie gemacht haben, institutionalisiert.

Die Verkörperung menschlicher Erfahrungen in Traditionen und Institutionen ist natürlich keineswegs nur für die Religion eigentümlich. Im Gegenteil, sie ist ein allgemeines Merkmal menschlichen Daseins, ohne das ein Sozialleben nicht möglich wäre.[12] Der besondere Charakter der religiösen Erfahrung bringt jedoch eine Anzahl von Problemen mit sich. An erster Stelle steht die Grundtatsache, daß religiöse Erfahrung die Realität des normalen Lebens aufbricht, während doch alle Traditionen und Institutionen Strukturen *innerhalb* der Realität des Normallebens bilden. Die Übertragung der erfahrenen Inhalte von einer Realität zur anderen führt fast unvermeidlich zur Verzerrung. Der Übersetzer beginnt zu stammeln oder zu umschreiben, Dinge auszulassen oder hinzuzufügen. Seine Aussagen gleichen denen eines Dichters unter Bürokraten oder denen eines Menschen, der auf einer Geschäftskonferenz über seine Liebe erzählen möchte. Das Problem bestünde sogar dann, wenn der Übersetzer keinen anderen Beweggrund als den hätte, seine Erfahrung Menschen mitzuteilen, die solche Erfahrungen nicht gemacht haben. In diesem Fall kommen freilich Nebenabsichten von ganz besonderer Art hinzu, nämlich die Motive derer, die ein starkes Interesse haben an der Glaubwürdigkeit und Autorität der Tradition, welche die Übersetzung verkörpert.

Religiöse Erfahrung setzt ihre eigene Autorität, sei es mit der Majestät göttlicher Botschaft in Offenbarungsreligionen, sei es mit dem überwältigenden inneren Realitätsgefühl des Mystikers. Wenn die Erfahrung sich in einer Tradition verkörpert, geht die Autorität auf sie über. Genau diese Qualität des

Heiligen wird in der Tat von dem, was *damals* in einer anderen Realität erfahren worden ist (Gott, Götter oder welche anderen übernatürlichen Wesenheiten auch immer), auf das übertragen, was *jetzt* in der irdischen Realität des Alltagslebens erfahren wird. Auf diese Weise tauchen heilige Rituale auf, heilige Bücher, heilige Institutionen und heilige Funktionäre dieser Institutionen. Das Unaussprechliche wird nun ausgesprochen, und es wird *routinemäßig* ausgesprochen. Das Heilige ist zur Gewohnheitserfahrung geworden, das Übernatürliche ist gleichsam »naturalisiert«.

Sobald religiöse Erfahrung zur institutionalisierten Tatsache innerhalb des normalen Gesellschaftslebens wird, erhält der gleiche Prozeß, der auch jede andere Erfahrung plausibel bleiben läßt, die Plausibilität der religiösen Erfahrung aufrecht. Diese Prozesse sind im wesentlichen jene der sozialen Kontrolle und des sozialen Konsens: Die Erfahrung ist glaubhaft, weil jedermann behauptet, es sei so, oder so handelt, als wäre es so, und weil alle, die dies leugnen, mit Unannehmlichkeiten der verschiedensten Art und Stärke rechnen müssen. Damit gewinnt die Erfahrung im Bewußtsein des einzelnen offensichtlich einen erheblich anderen Stellenwert. So akzeptierte beispielsweise Mohammed die Wahrheit des Korans, weil sie ihn in der sogenannten Nacht des Ruhms mit Donnerstimmen überkam, mit Stimmen von nicht zu leugnender Realität: »Wir haben (den Koran) in der *Nacht Al-Kadr* offenbart. Was lehrt dich begreifen, was die Nacht Al-Kadr ist? Die Nacht Al-Kadr ist weit besser als tausend Monate. In ihr stiegen die Engel und der Geist, mit Erlaubnis ihres Herrn, mit den Anordnungen Allahs über alle Dinge herab. Friede und Heil bringt diese Nacht bis zum Erglühen der Morgenröte.«[13] Lassen wir hier die Frage beiseite, wie Mohammed, nachdem der Tag angebrochen war und die Stimmen wieder schwiegen, die Realität jener Erfahrung in seinem Geist aufrechterhielt. Doch was ist mit dem normalen Muslim von heute, an die dreizehnhundert Jahre später? Oder übrigens mit dem normalen Muslim hundert oder auch nur zehn Jahre später? Besuche von Engeln waren selbst damals selten, und in der Zwischenzeit sind sie notorisch selten geworden. Dennoch umgibt die Frage kein großes Geheimnis: Der gewöhnliche Muslim von heute, und nunmehr seit Jahrhunderten, akzeptiert die Wahrheit des Korans, weil er in einem sozialen Milieu lebt, in dem diese Akzeptierung eine Routinetatsache des Soziallebens darstellt. Empirisch gesprochen, beruht die Autorität des Korans und der gesamten islamischen Tradition heutzutage auf diesem sozialen Fundament.

Diese Überlegungen kann man leicht dahingehend verstehen, als stände hinter ihnn eine radikal anti-institutionelle Einstellung, nach der das ganze Gesellschaftsleben als blanker Lug und Trug abgetan werden kann.[14] Das wäre jedoch ein Mißverständnis, sowohl ganz allgemein wie auch in bezug zur Religion in der Gesellschaft. Durch Hineinnahme in die irdische Realität wird das Überirdische unweigerlich verzerrt, doch nur kraft dieser Verzerrung kann inmitten der faden, langweiligen Geräusche des Alltagslebens ein schwaches Echo der ursprünglichen Erfahrung erhalten bleiben. Die Frage läßt sich folgendermaßen formulieren: *Wie können die nächtlichen Stimmen der Engel in der nüchternen Tageszeit des gewöhnlichen Lebens in Erinnerung bewahrt werden?* Die ganze Religionsgeschichte gibt eine unzweideutige Antwort: *durch Inkorporierung der Erinnerung in Traditionen, die soziale Autorität beanspruchen.* Überflüssig zu sagen, daß die Erinnerung dadurch zerbrechlich wird, empfindlich gegenüber sozialem Wandel, besonders empfindlich aber gegenüber Änderungen, welche die soziale Autorität schwächen. Aber für die Einsichten der religiösen Erfahrung gibt es keine andere Möglichkeit, die Zeit zu überdauern, oder, um sich der religiösen Sprache zu bedienen, während jener Zeitläufte zu überdauern, wenn die Engel schweigen.

Welche Institutionen auch um sie herum entstanden sein mögen, eine religiöse Tradition bildet für die normale Alltagsrealität ein Faktum. Sie vermittelt die Erfahrung einer anderen Realität, sowohl denen, die sie niemals gemacht haben, wie auch denen, die sie zwar gemacht haben, aber immer in Gefahr sind, sie zu vergessen. Jede Tradition ist eine kollektive Erinnerung.[15] Religiöse Tradition ist eine kollektive Erinnerung an jene Augenblicke, in denen die Realität einer anderen Welt in die oberste Realität des Alltagslebens eingebrochen ist. Doch die Tradition vermittelt die religiöse Erfahrung nicht nur, sie *domestiziert* sie auch. Gerade durch ihr Wesen bildet die religiöse Erfahrung eine ständige Bedrohung der Sozialordnung – Sozialordnung nicht im Sinne dieses oder jenes soziopolitischen Status quo verstanden, sondern im grundlegenderen Sinne des Lebensgeschäftes. Religiöse Erfahrung relativiert radikal die gewöhnlichen Probleme des menschlichen Lebens, wenn sie diese Probleme nicht überhaupt entwertet. Wenn die Engel sprechen, verflüchtigen sich die Lebensbelange zur Bedeutungslosigkeit, ja sogar zur Irrealität. Sprächen die Engel die ganze Zeit, würde das Lebensgeschäft wahrscheinlich völlig zum Erliegen kommen. Die Gesellschaft könnte nicht überleben, wäre sie starr, unverrückbar auf die Begegnung mit dem Übernatürlichen eingestellt. Damit die Gesellschaft überleben kann (und das bedeutet, daß die Menschen weiterleben), müssen solche Begegnungen eingeschränkt, kontrolliert, begrenzt sein. Die Domestizierung der religiösen Erfahrung ist eine der fundamentalsten sozialen wie auch psychologischen Funktionen religiöser Institutionen. Somit ist religiöse Tradition auch ein Abwehrmechanismus der obersten Realität, ein Mechanismus, der die Grenzen dieser Realität gegen die Bedrohung absichert, von den Einbrüchen des Übernatürlichen überrannt zu werden.

Religiöse Tradition hält jene Nächte des Ruhms in Schach, die sonst das ganze Leben verschlingen könnten. Was sie auch immer sonst ist, religiöse Erfahrung ist auf jeden Fall gefährlich. Mit Hilfe der Institutionalisierung werden ihre Gefahren vermindert und zur Routine gemacht. Religiöse Rituale beispielsweise schreiben den Begegnungen mit der heiligen Realität bestimmte Zeiten und Orte zu und unterwerfen sie der Kontrolle von allgemein umsichtigen und gescheiten Funktionären. Überdies befreien religiöse Rituale das übrige Leben von der Last, sich solchen Begegnungen unterziehen zu müssen. Dank dem religiösen Ritual kann der einzelne nun seinen gewöhnlichen Geschäften nachgehen – Liebe machen, Geld machen, Krieg machen und so weiter –, ohne dabei ständig von Botschaften aus einer anderen Welt unterbrochen zu werden. Wenn man die Sache so ansieht, versteht man auch die lateinische Wurzel des Wortes »Religion«, das auf *relegere* zurückgeht –: »vorsichtig sein«. Religiöse Tradition ist ein vorsichtiger Umgang mit einer höchst gefährlichen menschlichen Erfahrung.[16] Mit dem gleichen Prozeß der Domestizierung können die heiligen Qualitäten der Erfahrung auf nichtübernatürliche Dinge und Gebilde übertragen werden, zunächst auf die religiösen Institutionen selbst, anschließend auf andere (wie den Staat, die Nation usw.).

Jede menschliche Erfahrung, die anderen mitgeteilt und über die Zeit gerettet werden soll, muß in Symbolen ausgedrückt werden.[17] Religiöse Erfahrung bildet da keine Ausnahme. Sobald der Inhalt einer solchen Erfahrung in Sprache mitgeteilt wird, ist er in ein bestimmtes System von Symbolismus mit eigener Geschichte und gesellschaftlichem Ort eingeschlossen (oder wenn man will, gefangen). So ist die arabische Sprache des Korans (jedenfalls soweit der empirische Historiker oder Sozialwissenschaftler feststellen kann) nicht vom Himmel gefallen. Sie hat vielmehr eine besondere Geschichte, die ihren Charakter und ihre Fähigkeit, Erfahrung in Symbole zu kleiden, entschieden geprägt hat. Auch Mohammed ist, als menschliches Wesen, von dieser Sprache geprägt worden, genauso wie von seiner Stellung in einem bestimmten sozialen Kontext (von Region, Klasse, Klan und so weiter). Gleich mit dem ersten Bericht über seine Erfahrung haben die vielfachen Effekte seiner Verwendung der arabischen Sprache den Kommunikationsprozeß entscheidend beeinflußt. Das bedeutet freilich *nicht*, daß der Symbolapparat, dessen Mohammed sich bedienen konnte, sein Vermögen der Wiedergabe seiner Erfahrung völlig determiniert hätte. Im Gegenteil, nach allen Anhaltspunkten, die wir haben, war Mohammed ein Meister der Sprache, der die bestehende Sprache den Erfordernissen seiner Kommunikation maximal anpaßte, so daß der Koran aus sich heraus einen großen Einfluß auf die Entwicklung der arabischen Sprache gewann. Nichtsdestoweniger kann man sicher sein, selbst angenommen, Mohammeds Grunderfahrung habe jenseits von Ort und Zeit des Menschen gelegen, ihre kommunikative Weitergabe wäre erheblich anders ausgefallen, wenn sie sich, statt in Arabisch, in Sanskrit oder in Chinesisch vollzogen hätte. Diese Behauptung läßt sich noch genauer fassen, indem man sagt, zwischen religiöser Erfahrung und dem Symbolapparat, mittels dessen sie kommuniziert wird (und sich in einer Tradition verkörpert), besteht ein dialektisches Verhältnis, das heißt, religiöse Erfahrung und symbolischer Apparat bestimmen einander wechselseitig.

Diese im Grunde einfache Tatsache schließt, sofern sie erst

einmal verstanden ist, einseitige Interpretationen des Prozesses religiöser Kommunikation aus. Auf der einen Seite beugt sie der Ansicht vor (wie sie beispielsweise immer noch von orthodoxen Moslems vertreten wird), eine religiöse Botschaft könne die Gesamtheit an Symbolen, mit denen sie kommunikativ vermittelt werde, ganz und gar überwältigen. Mit anderen Worten, »wörtliche Inspiration« ist nicht möglich, und wenn aus keinem anderen Grunde als dem, daß die Sprache jeder religiösen Tradition eine *menschliche* Sprache ist, das Produkt einer menschlichen Geschichte und die Trägerin einer unermeßlichen Ansammlung menschlicher Erinnerungen, von denen die meisten aber rein gar nichts mit Religion zu tun haben. Auf der anderen Seite jedoch schließt die gleiche Tatsache die gegenteilige Ansicht aus, nämlich die, religiöse Erfahrung sei nichts als eine Widerspiegelung dieser besonderen Geschichte. Diese Auffassung kommt natürlich in Feuerbachs Begriff der »Projektion« zum Ausdruck, der anschließend in seiner Weiterentwicklung durch Marx und Freud eine immense Bedeutung erlangte. Diese Auffassung hat einen nützlichen Kern von Gültigkeit: Gerade weil religiöse Erfahrung sich in menschlichen Symbolen verkörpert, kann man sie als eine großflächige Symbolisierung begreifen, die *ipso facto* all die menschlichen Erfahrungen (einschließlich der Erfahrungen von Machtverhältnissen und Sexualität) »projiziert«, die den in Frage stehenden symbolischen Apparat hervorgebracht, geschichtlich produziert haben. Doch damit liegt nur die eine Seite des Phänomens im Blickfeld. Als Mohammed von seinen Engeln erzählte, »projizierte« er die arabische Sprache mit all ihrer Fracht an soziohistorischen Bedeutungen in den Himmel. Doch er tat das nur deshalb, weil er als erstes die Erfahrung machte, daß von diesem Himmel aus sich eine ganz andere Realität in die irdische Realität *projizierte*, in eine Realität, in der er gemeinsam mit allen anderen Arabisch sprach. Anders gesagt: *Religion läßt sich als menschliche Projektion verstehen, weil sie in menschlichen Symbolen kommuniziert wird. Doch eben diese Kommunikation wird ausgelöst durch eine Erfahrung, mit der eine übermenschliche Erfahrung in das menschliche Leben injiziert wird.*

Ein wichtiger Bestandteil jeglicher religiöser Tradition ist die Entwicklung theoretischer Reflexion. Das kann sich im Aufbau theoretischer Gebäude von ungeheurer geistiger Fülle und Differenziertheit vollziehen, wie bei den sogenannten großen Weltreligionen. Doch diese Reflexion kann sich auch in relativ schlichten Systemen von Mythen, Legenden oder Maximen niederschlagen. Ganz unabhängig von der anthropologischen Grundtatsache, daß der Mensch ein reflektives Wesen ist, offensichtlich durch seine innere Natur dazu gedrängt, über seine Erfahrungen nachzudenken, unabhängig davon muß eine religiöse Tradition aufgrund der sozialen Forderung nach Legitimation reflektives Denken entwickeln. Jeder neuen Generation muß erklärt werden, warum die Dinge so sind, wie sie traditionell sind.[18] Im zeitlichen Verlauf der Tradition entsteht mit ihr ein Ensemble mehr oder weniger autoritativer Darstellungen und Interpretationen der ursprünglichen Erfahrung (ganz gleichgültig, ob dies in heiligen Schriften kodifiziert wird oder nicht). Zum Verständnis von Religion ist es unerläßlich, dieses Aggregat theoretischer Reflexion von der Ursprungserfahrung, die sie hervorgebracht hat, säuberlich zu unterscheiden. Jeder Mensch mit einem gewissen Maß an Kenntnissen in religiöser Gelehrsamkeit weiß, daß dies niemals einfach und zuweilen unmöglich ist. Ein klassisches Beispiel für diese Schwierigkeit ist die sogenannte Suche nach dem historischen Jesus, ist das Problem herauszufinden, was sich in jenen Tagen in Galiläa und Jerusalem »wirklich abgespielt hat«, das heißt das Problem, unter den Ablagerungen späterer christlicher Interpretationen (die natürlich bereits jede Seite der Darstellungen im Neuen Testament durchziehen) den empirischen Kerngehalt freizulegen. Genauso wichtig ist die Unterscheidung zwischen religiöser Erfahrung und religiöser Reflexion. Denn sonst kann sich einer von zwei Irrtümern einschleichen: Entweder übersieht man den unvermeidlichen Verzerrungseffekt von Reflexion oder das Studium der Religion gerät zu einer Geschichte von Theorien oder »Ideen«.

Um die unmittelbar vorausgegangenen Überlegungen zusammenzufassen, die Verkörperung religiöser Erfahrung in Traditionen und die Entwicklung theoretischer Reflexion über die ursprüngliche Erfahrung müssen als sowohl unvermeidlich wie als unvermeidlich verzerrend angesehen und verstanden werden. Das wirft freilich Schwierigkeiten auf, doch es ist auch eine

Chance, denn damit eröffnet sich die Möglichkeit, sich so weit wie möglich bis zum Kern der Erfahrung zurückzutasten. Das ist von ganz besonderer Wichtigkeit für jeden, der zum Religionsverständnis die modernen intellektuellen Disziplinen der Geschichts- und der Sozialwissenschaft einsetzt. Diese Disziplinen sind in ihrer Wirkung zutiefst relativierend, das heißt, eine Tradition wird als Produkt vielfältiger historischer Ursachen verstanden, eine Theologie als Ergebnis dieses oder jenes sozioökonomischen Konflikts und so weiter. In den letzten zweihundert Jahren religiöser Gelehrsamkeit schien das Phänomen Religion in der Tat mehr als einmal unter diesen Relativierungen zu verschwinden. Um so nützlicher ist es, sich ins Gedächtnis zu rufen, daß die religiöse Erfahrung eine Konstante in der Menschheitsgeschichte darstellt. Um es noch einmal mit den Worten des Korans zu sagen: »Es gibt kein Volk, unter welchem nicht einst ein Prediger gewesen wäre.«[19] Jenseits aller Relativitäten der Geschichte und der irdischen Realität als solcher muß diese Kern- oder Grunderfahrung in ihren verschiedensten Formen das letzte Objekt jeglicher Erforschung des religiösen Phänomens bilden. Dieses Ziel läßt sich niemals vollständig erreichen, sowohl aufgrund des Charakters empirischer Beweiskraft wie der Stellung des Forschers selbst innerhalb spezifischer soziohistorischer Relativitäten. Dem Ziel kann man sich bestenfalls annähern. Das sollte jedoch kein Alibi dafür sein, es nicht einmal zu versuchen.

Noch einmal: die moderne Situation

Aus Gründen, die im vorherigen Kapitel in einiger Ausführlichkeit erörtert worden sind, trägt die moderne Situation nicht gerade zur Plausibilität religiöser Autorität bei. Somit übt die moderne Situation mit ihren untereinander eng verbundenen Aspekten der Säkularisierung und des Pluralismus einen, man kann sagen, kognitiven Druck auf religiöse Denker aus. Insofern die säkulare Weltanschauung der Modernität sein soziales Umfeld beherrscht, ist der religiöse Denker dem Druck ausgesetzt, die übernatürlichen Elemente seiner Tradition zu dämpfen, wenn nicht gar ganz aufzugeben. Dabei steht er natürlich keineswegs allein da, vielmehr teilt er diesen Druck mit allen modernen Menschen, mit Intellektuellen wie Nichtintellektuellen, mit denen, die noch einer religiösen Tradition anhängen, wie mit denen, die das nicht mehr tun. Was das für die religiöse Erfahrung als solche, das heißt für die Erfahrung, die der Reflexion über sie vorausgeht, mit sich bringt, ist anhand der vorliegenden Anhaltspunkte noch gar nicht abzusehen. Zwei Hypothesen bieten sich an: Einmal, daß moderne Menschen solche Erfahrungen gar nicht mehr machen oder zumindest viel seltener, als dies in früheren Zeiten der Fall zu sein pflegte. Oder zum zweiten, daß moderne Menschen solche Erfahrungen genauso häufig haben, wie die Menschen sie immer gehabt haben, daß sie sie aber aufgrund der Entlegitimierung der Erfahrung durch die vorherrschende Weltanschauung verbergen oder leugnen (die Leugnung könnte sich natürlich auf sie selbst wie auch auf andere beziehen). Welcher Hypothese auch die größere Wahrscheinlichkeit beigemessen wird, es liegt auf der Hand, daß in der modernen Situation weder die religiöse Erfahrung noch die religiöse Reflexion mit solcher Ungezwungenheit stattfinden kann, wie das in früheren Geschichtsperioden möglich war.

Angesichts der Universalität und der Zentralität religiöser Erfahrung in allen vorangegangenen geschichtlichen Epochen liegt es ebenso auf der Hand, daß diese Unterdrückung oder Verleugnung umwälzende Auswirkungen gehabt hat. Nietzsche hat diese Auswirkungen beredt in seiner Formulierung vom »Tod Gottes« festgehalten, und eine Welt, in der Gott tot ist, ist, wie er sich ausdrückt, kälter geworden. Diese Kälte fordert ihren psychologischen und gesellschaftlichen Preis. Mit Nietzsches Worten: »Wie vermochten wir das Meer auszutrinken? Wer gab uns den Schwamm, um den ganzen Horizont wegzuwischen? Was taten wir, als wir diese Erde von ihrer Sonne losketteten? Wohin bewegt sie sich nun? Wohin bewegen wir uns? Fort von allen Sonnen? Stürzen wir nicht fortwährend? Und rückwärts, seitwärts, vorwärts, nach allen Seiten? Gibt es noch ein Oben und ein Unten? Irren wir nicht durch ein unendliches Nichts? Haucht uns nicht der leere Raum an? Ist es nicht kälter geworden?«[20] Es bedarf keiner Erwähnung, daß die meisten moder-

nen Menschen das Verschwinden des Göttlichen nicht so dramatisch erlebt haben. Auf jeden Nietzsche oder jeden Dostojewskij kommen tausend mehr oder weniger wohlangepaßte Agnostiker, mehr oder weniger angstgeschüttelte Atheisten.
Gleichviel, der moderne Mensch ist als Folge des Verschwindens/Leugnens religiöser Erfahrung in seiner Welt einsamer geworden. Und moderne Institutionen und Gesellschaften sind auch »einsamer« geworden, das heißt, sie sind der verläßlichen Legitimationen beraubt, die von den heiligen, aus religiöser Erfahrung abgeleiteten Symbolen immer bereitgestellt worden sind. Folglich ist die Geschichte der Säkularisierung auch eine Geschichte der Verdrängung und des Wiederauflebens dieser heiligen Symbole gewesen. Weil es dem Menschen sehr schwerfällt, allein im Kosmos zu sein, ob als Individuum oder im Kollektiv, ist das Heilige vom Übernatürlichen auf irdische Bezugsgrößen verschoben worden. So ist beispielsweise der säkulare arabische Nationalismus mit einer Heiligkeit ausgestattet worden, die in ihrem ursprünglichen islamischen Kontext nicht mehr plausibel ist. Aber es hat auch in einer Vielzahl von neuen Bekräftigungen religiöser Autorität heftige Reaktionen auf die repressive Säkularität der modernen Welt gegeben. So ist die islamische Welt bis zum heutigen Tag der Schauplatz von zwanzig oder mehr Erweckungsbewegungen gewesen, die angesichts all der gegenwärtigen Herausforderungen die Autorität des Islams erneut geltend machten. In diesem Buch ist es nicht möglich, den soziologischen und sozialpsychologischen Konsequenzen der Verdrängungen oder der Wiederbelebungen religiöser Erfahrung in der modernen Welt nachzugehen, doch diese Phänomene sollte man sich zumindest immer wieder vergegenwärtigen. Auch sie gehören zum gesellschaftlichen Kontext der heutigen religiösen Denker.

Gemischte protestantische Nöte

Ob man nun Max Webers Ansicht über die entscheidende Rolle der protestantischen Reformation und ihrer Konsequenzen auf die Bildung der modernen Welt zustimmt oder nicht, man wird ganz sicher zugeben müssen, daß unabhängig von der historischen Kausalität der Protestantismus sich der Modernität stärker und über einen längeren Zeitraum hinweg als andere religiöse Traditionen gestellt hat. Wenn Weber tatsächlich recht hat, dann könnte man diese besondere Beziehung nur erwarten, denn in diesem Falle wäre der Protestantismus eine der hauptsächlichen Prägekräfte dessen gewesen, was man heute als Modernität kennt. Wenn Weber sich geirrt oder nur teilweise recht gehabt hätte, könnte man die Beziehung als merkwürdigen historischen Zufall ansehen, dank dem sich der Protestantismus in jenen Teilen der westlichen Welt entfalten konnte, in denen Kräfte der Modernität wie der Kapitalismus und die industrielle Revolution ihre tiefsten Einbrüche in Gesellschaft und Kultur vollbrachten. In dem Ausmaße, in dem der Protestantismus eine besondere Beziehung zur Modernität gehabt hat, hat er eine solche Beziehung auch zur Säkularisierung. Mithin war das ganze neunzehnte Jahrhundert hindurch ein großer Teil der protestantischen Theologie eine fortwährende Konfrontation mit den verschiedenen Formen säkularen Denkens und säkularen Bewußtseins. Um nur den spektakulärsten Aspekt dieser Konfrontation anzuführen, der Protestantismus hat die moderne biblische Gelehrsamkeit ins Leben gerufen und damit den geschichtlich bis dahin unerhörten Fall von Gelehrten geschaffen, die einerseits offiziell als Vertreter einer religiösen Tradition anerkannt waren, andererseits aber einen kognitiven Apparat von großer kritischer Schärfe gegen die heiligen Schriften ebendieser Tradition einsetzten. Darin liegt eine Qualität intellektuellen Heroismus. Mag dem so sein, wie es will, jedenfalls hat keine andere religiöse Tradition die Herausforderung der modernen Säkularität in gleichem Ausmaße erfahren. So nahm im selben neunzehnten Jahrhundert die römisch-katholische Kirche gegenüber der modernen Säkularität eine (vielleicht ebenso heroische) Widerstandshaltung ein. Erst in unserem Jahrhundert, und ganz besonders seit dem zweiten Vatikanischen Konzil, hat sich innerhalb der römisch-katholischen Gemeinschaft eine vergleichbare Konfrontation hergestellt. Keineswegs überraschend, erweckten manche der jüngsten Ereignisse den Anschein einer Art von »Protestantisierung«, das heißt, eine große Anzahl römisch-katholischer Theologen

durchlitt die kognitiven Nöte, die ihren protestantischen Mitbrüdern seit langem vertraut sind.
Daraus folgt, daß die Geschichte der protestantischen Theologie ein Paradigma für die Konfrontation einer religiösen Tradition mit der Modernität darstellt. Überflüssig zu sagen, daß dies nicht notwendig eine positive Feststellung ist. Von dem protestantischen Paradigma können andere lernen, nicht unbedingt indem sie es imitieren oder wiederholen. Der paradigmatische Charakter des Protestantismus ist der einzige Grund, warum die anschließende Erörterung theologischer Wahlmöglichkeiten in diesem Buch sich auf protestantische Beispiele konzentrieren wird. Mit anderen Worten, wenn Modernität ein kognitiver Zustand ist, dann hat der Protestantismus lange Zeit mit ihm gerungen, und das Schauspiel dieses Ringens ist für andere, die in den gleichen Zustand hineingehen, sicherlich instruktiv. In diesem Sinne, und nur in diesem Sinne, kann man Paul Tillichs Formulierung von der »protestantischen Ära« übernehmen, um damit die moderne Epoche in der Religionsgeschichte zu bezeichnen.
Aus all dem folgt nebenbei ebenfalls, daß die amerikanische Situation mit ihrem ganz besonders eigentümlichen Pluralismus ein Paradigma innerhalb des Paradigmas bildet. Talcott Parsons hat Amerika als »Führungsgesellschaft« bezeichnet.[21] Diese Bezeichnung sollte man unter keinen Umständen als patriotische Angeberei mißverstehen; sie soll ganz einfach darauf hinweisen, daß spezifische Modernisierungskräfte in Amerika weiter als anderswo gegangen sind, und der Pluralismus an erster Stelle. In Amerika hat der Zusammenfall von Pluralisierung, »Protestantisierung« und Säkularisierung zu der ausgesprochen amerikanischen Innovation der »Denomination« geführt, zu einem sozioreligiösen Gebilde, das, wie Richard Niebuhr aufgezeigt hat, die Koexistenz mit anderen in einer pluralistischen Situation mehr oder weniger elegant angenommen hat. John Murray Cuddihy hat erst kürzlich höchst überzeugend nachgewiesen, daß diese amerikanische Situation in einem Prozeß, der häufig genug den Charakter einer theologischen Feuerprobe hatte, sowohl Katholiken wie Juden »protestantisiert« hat.[22]
In diesem Zusammenhang ist es interessant, sich den Fall der östlichen Orthodoxie in Amerika anzuschauen. Die Zahl der

orthodoxen Christen in Amerika ist ungefähr genauso groß wie die der Juden. Doch die Orthodoxie ist, ganz anders als der Judaismus, für andere auf der amerikanischen Szene praktisch unsichtbar geblieben, so daß Will Herberg in seiner inzwischen klassischen Studie den religiösen »Tripel-Schmelztiegel« Amerikas schlicht unter der Rubrik »Protestanten, Katholiken, Juden« beschreiben und dabei das orthodoxe Element völlig ignorieren konnte.[23] Nach den Gründen für diesen Sachverhalt braucht man natürlich nicht lange zu suchen. Während die amerikanischen Juden entschlossen aus der ethnischen »Zurückhaltung« ausgebrochen sind, haben sich die amerikanischen Orthodoxen bis vor ganz kurzer Zeit in einer Anzahl ethnischer Enklaven (griechischer, slawischer usw.) verschanzt. Dadurch konnten sie sich bis dahin zugleich den subversiven Auswirkungen der »Protestantisierung« entziehen. Doch dies ändert sich nun. 1970 bildete sich die Orthodoxe Kirche in Amerika aus dem, was bis dahin ein Ableger der Russisch-Orthodoxen Kirche zu sein pflegte. In der orthodoxen Kirchensprache war dies überhaupt nichts Außergewöhnliches, sondern lediglich die Proklamation der »Autokephalie« eines weiteren nationalen orthodoxen Gemeindekörpers. Tatsächlich hatte die Änderung revolutionäre Folgen, denn nun existiert zum erstenmal in Amerika eine orthodoxe Kirche, die nicht mehr ethnisch definiert ist, die Englisch als die Sprache ihrer Liturgie benutzt und die auf der amerikanischen Religionsszene eine selbstbewußte, panorthodoxe Präsenz besitzt. An diesem Punkt kann man nur darüber spekulieren, was mit diesen orthodoxen Christen geschehen wird, wenn sie, mit ihren Ikonen und Gewändern, die Hauptbühne der amerikanischen Religion betreten. Man geht sicher nicht fehl, wenn man annimmt, daß ihnen dort begegnet, was bereits ihren Vorgängern begegnet ist, nämlich Pluralisierung und *ipso facto* das existentielle wie auch kognitive Dilemma des protestantischen Paradigmas.

Doch Pluralisierung, so wurde im vorausgegangenen Kapitel argumentiert, ist heutzutage ein weltweites Phänomen, eine Begleiterscheinung (wenn auch nicht immer gleichzeitig) des weitergehenden Prozesses der Modernisierung. Mithin muß sich ihr jede religiöse Tradition, ob westlich oder nicht-westlich, früher oder später stellen – und *ipso facto* den gemischten

Nöten der protestantischen Erfahrung. An dieser Stelle mag man sich mit einiger Ironie an den triumphalen Universalismus der großen protestantischen Missionsbewegung im neunzehnten Jahrhundert erinnern, als die Welt von »Grönlands Eisbergen bis zum Korallenstrand Indiens« (nach den Worten von Reginald Hebers berühmter Missionshymne) evangelisiert werden sollte. Historie ist die Aufzeichnung unbeabsichtigter Konsequenzen. In paradoxer Weise ist die Welt in der Tat »protestantisch« geworden, wenngleich die tapferen Missionare, die mit dieser Hymne auf den Lippen von Europa und Amerika hinaussegelten, sie kaum als solche erkennen würden. So konnte K. Sivaraman auf einer vom allzu protestantischen Weltrat der Kirchen organisierten Tagung über den interreligiösen Dialog in folgenden Worten für »Indiens Korallenstrand« sprechen: »Der Hindu in der Rolle eines Sprechers und Verteidigers seiner Religionstradition ... sieht sich vor zwei verschiedene Aufgaben gestellt: Er muß das Religionsmuster, das er ›repräsentiert‹ (›represents‹), definieren und verteidigen, eine Aufgabe, in der sein ›Präsent‹ (›present‹) als kaum mehr erscheint als seine geliebte, gelobte Vergangenheit; außerdem hat er an dem Prozeß der Vermittlung seiner Vergangenheit gegenüber einem anderen Prozeß teilzunehmen, einem Prozeß, in dem seine Vergangenheit unmerklich der unausweichlichen Präsenz des Präsents (presence of the present) nachgibt.«[24] Fürwahr »protestantische« Sprache! Die Situation wird noch ironischer, wenn man beobachtet, wie der Hinduismus, gemeinsam mit anderen nichtwestlichen Religionen, das Kompliment der protestantischen Missionsbewegung nachdrücklich zurückgibt und Christen und Juden, von Kaliforniens Eisbergen bis zu dem Strand von Long Island, evangelisiert. Die protestantische Krankheit hat sich zu einer planetarischen Epidemie ausgewachsen.

Drei Optionen für religiöses Denken

Für das religiöse Denken in der pluralistischen Situation bieten sich drei grundlegende Optionen an, drei Wahlmöglichkeiten. Sie sollen hier als deduktive, reduktive und induktive Option bezeichnet werden. Der größte Teil des restlichen Buches soll ihrer Erkundung gewidmet sein. Doch auf einen Punkt soll hier sogleich hingewiesen werden: Die soeben erwähnten Optionen sind typologische, und es besteht kein Grund zu der Annahme, die Typologie könne erschöpfend sein oder auf jede theologische Äußerung auf der Szene zutreffen. Nun, es spricht viel dafür, daß jeder, der noch eine andere Typologie erfindet, um Theologien darunter zusammenzufassen, summarisch von jeder netten Konversation über diese Dinge ausgeschlossen werden sollte, sonderlich wenn die Typologie dreiteilig ist und eingängige Namen hat! Es ist eine bedauerliche Tatsache, daß jeder, der versucht, einen Sinn hinter der modernen Theologie zu finden (und nebenbei hinter jedem anderen Gebiet intellektuellen Bemühens, auf dem es eine große Zahl verschiedener Äußerungen gegeben hat), *unweigerlich* zu irgendeiner Art von Typifizierung greift; sonst würde die bloße Vielfältigkeit und Komplexität des Phänomens jedes Bemühen um Verstehen frustrieren. Wenn man erst einmal anfängt, Typologien zu entwerfen, dann können sie auch dreiteilig sein und Namen verwenden, an die man sich erinnern kann. Mit all dem soll nur gesagt sein, daß Max Webers Warnung vor dem, was er »Idealtypen« nannte, auch hier gilt: In der Welt existiert keine Typologie als solche, sie ist immer ein intellektuelles Konstrukt. So trifft man sie niemals in reiner Form an, und es lassen sich immer Fälle anführen, die herausfallen. Doch das spielt keine Rolle. Die Typologie ist insoweit nützlich, als sie hilft, zwischen empirisch zu Gebote stehenden Fällen zu unterscheiden und, als Folge davon, Verständnis und Erklärung zu ermöglichen. Die Nützlichkeit einer Typologie erweist sich also nur dann, wenn sie auch tatsächlich und aktuell angewandt wird, und der Antitypologe sei hiermit aufgerufen, seine Irritation für einen Augenblick hintanzustellen.

Die deduktive Optionsmöglichkeit besteht darin, die Autorität einer Religionstradition angesichts der modernen Säkularität zu bekräftigen. Wenn die Tradition auf diese Weise wieder den Status eines Datums, eines apriori Gegebenen erhält, dann ist es anschließend möglich, die religiösen Affirmationen mehr oder weniger so, wie es in prämodernen Zeiten die Regel war, von diesem Datum zu deduzieren. Wie im folgenden Kapitel im einzelnen dargelegt werden soll, gibt es verschiedene Möglichkeiten, die traditionelle Autorität erneut zu bekräftigen. Welche Möglichkeit der einzelne auch wählt, wenn er den Weg der deduktiven Option einschlägt, erfährt er sich als jemand, der auf eine religiöse Realität reagiert, die von den Relativierungen seiner eigenen soziohistorischen Situation auf souveräne Weise unabhängig ist. In einem christlichen Kontext (das gleiche gilt für einen jüdischen oder einen islamischen) stellt er sich erneut der majestätischen Autorität, die sich herleitet aus den Worten »Deus dixit«, das heißt, Gott spricht erneut durch die heiligen Schriften und durch die wiederaufgenommene Verkündigung ihrer Botschaft, und damit spricht er zu den heutigen Menschen auf eine Weise, wie er zu den Propheten und Aposteln zu Anfang der Tradition gesprochen hat. Die deduktive Optionsmöglichkeit hat den kognitiven Vorteil, daß sie in die religiöse Reflexion wieder objektive Gültigkeitskriterien einbringt. Ihr Hauptnachteil besteht in der Schwierigkeit, in der modernen Situation die subjektive Plausibilität eines solchen Vorgehens aufrechtzuerhalten.

Von reduktiver Optionsmöglichkeit sprechen wir, wenn die Tradition uminterpretiert wird im Sinne der modernen Säkularität, die ihrerseits als zwingende Notwendigkeit der Teilhabe am modernen Bewußtsein betrachtet wird. Natürlich gibt es bei diesem Vorgehen Abstufungen oder Grade. So säkularisiert beispielsweise jeder, der sich der Methoden moderner Geschichtswissenschaft bedient, die Tradition schon aufgrund dieser Tatsache, denn diese wissenschaftlichen Verfahrensweisen sind Produkte eines modernen säkularen Bewußtseins. Die reduktive Option zeichnet sich jedoch durch etwas Radikaleres aus als durch die Verwendung dieses oder jenes intellektuellen Hilfsmittels. Es ist sozusagen ein Austausch von Autoritäten: Die Autorität des modernen Denkens oder Bewußtseins wird ersetzt durch die Autorität der Tradition, das *Deus dixit* von einst weicht dem gleichermaßen nachdrücklichen *Homo modernus dixit.* Mit anderen Worten, das moderne Bewußtsein und seine vermeintlichen Kategorien werden die einzigen Gültigkeitskriterien für die religiöse Reflexion. Diese Kriterien erhalten auch einen objektiven Status, insofern diejenigen, die diese Option wählen, zu sehr entschiedenen Vorstellungen darüber neigen, was einem modernen Menschen zu sagen »geziemt« und was nicht. Diese Optionsmöglichkeit erschließt ein kognitives Programm, durch das von der Tradition abgeleitete Bestätigungen systematisch im Sinne von »zulässig« im Rahmen der modernen Säkularität übersetzt werden. Der große Vorteil dieser Option besteht darin, daß er die kognitive Dissonanz vermindert oder zumindest den Anschein erweckt. Als großer Nachteil erweist sich, daß die Tradition mit all ihren religiösen Inhalten zu verschwinden oder sich im Prozeß der säkularisierenden Übertragung aufzulösen droht.

Die induktive Optionsmöglichkeit zielt darauf ab, die Erfahrung zur Grundlage aller religiösen Bestätigungen zu machen, die eigene Erfahrung, bis zu welchem Ausmaß dies auch immer möglich sein mag, und die in einem bestimmten Kreis von Traditionen verkörperten Erfahrungen. Dieser Kreis kann unterschiedlich weit sein, das heißt, er kann minimal auf die eigene Tradition beschränkt oder maximal so weit ausgedehnt sein, daß er das größtmöglich verfügbare Schriftenmaterial der menschlichen Religionsgeschichte umfaßt. Wie dem auch sei, Induktion meint hier, daß die religiösen Traditionen als Beweissysteme verstanden werden in bezug auf religiöse Erfahrung und die aus der Erfahrung gewonnenen Einsichten. Mit dieser Option ist eine bewußt empirische Einstellung verbunden, ein abwägender und wertender geistiger Bezugsrahmen, nicht unbedingt kühl und leidenschaftslos, jedoch nicht gewillt, die Suche nach religiöser Wahrheit gewaltsam dadurch zu beenden, daß man sich auf irgendeine Autorität beruft, welche es auch sei, mag es nun die Autorität dieses oder jenes *Deus dixit* sein, doch genauso wenig die Autorität des modernen Denkens oder Bewußtseins. Der Vorteil dieser Option liegt in der geistigen Offenheit und Frische, die sich aus einer nicht-autoritären Betrachtungsweise von Wahrheitsfragen zu ergeben pflegt. Der Nachteil besteht, wie sich von selbst versteht, in dem Umstand, daß geistige Aufgeschlossenheit nicht selten mit geistigem Leerlauf (open-endedness) einhergeht, und dies frustriert den starken religiösen Hunger nach Sicherheit. Dem religiösen Temperament widerstrebt es zutiefst, an die Stelle von Verkündigung eine Hypothese zu setzen.

Trotz dieses Nachteils (der, wie später gezeigt werden soll, nicht unbedingt tödlich sein muß) liegt diesem Buch die Überzeugung zugrunde, daß nur die dritte Option einen Weg weist, sich sowohl den Herausforderungen der modernen Situation zu stellen wie sie zu überwinden. Natürlich muß diese Behauptung im einzelnen begründet werden. Doch es sollte inzwischen klargeworden sein, warum in diesem Kapitel eine eingehende Erörterung der Beziehung zwischen religiöser Erfahrung, Tradition und Reflexion notwendig war. Die induktive Option kann man nicht einmal in Erwägung ziehen, solange diese Unterscheidungen nicht gemacht worden sind. Die Relativierungen der Modernität sind nicht aufzuhalten, wenn die Religion lediglich als ein System theoretischer Behauptungen begriffen wird. In diesem Falle muß der Ersetzung einer Plausibilitätsstruktur durch eine andere notwendigerweise der Austausch von kognitiven Autoritäten folgen. Oder, wenn man will, säkulare Dogmatiker drängen sich in den Vordergrund, sobald traditionelle religiöse Dogmen nicht mehr plausibel sind. Die in diesem Kapitel erörterten Unterscheidungen ermöglichen auf der anderen Seite einen anderen Forschungsansatz, eine Suche nach der Erfahrung, die hinter oder unter dieser oder jener religiösen Tradition, dieses oder jenes von der religiösen Reflexion hervorgebrachten Ensembles theoretischer Behauptungen liegt. Zur induktiven Option gehört, daß man gegenüber den Schilderungen menschlicher Erfahrungen auf diesem Gebiet eine bewußt naive Einstellung einnimmt und so weit wie möglich und ohne dogmatische Vorurteile den eigentlichen Inhalt dieser Erfahrungen zu fassen sucht. In diesem Sinne ist die induktive Optionsmöglichkeit phänomenologisch. Ihre Naivität ist die gleiche, die Husserl in seinem berühmten Marschbefehl für Philosophen mit den Worten ausdrückte: »Zurück zu den Sachen!«[25]

Die induktive Option hat ihre Wurzeln in der modernen Situation und in ihrem häretischen Imperativ. Sie ist in der Tat die weitestmögliche Annahme dieses Imperativs. Doch es ist kein Bestandteil dieser Option, die Modernität in den Status einer neuen Autorität zu erheben, und dieser absolut fundamentale Gesichtspunkt unterscheidet sie von der reduktiven Option. Die Erfahrungen der Modernität sind ebenfalls Bestandteil der Evidenz, nicht mehr und nicht weniger. Die Einstellung gegenüber der Modernität ist folglich weder Verdammung noch Erhöhung.

Wenn überhaupt etwas, dann ist es eine distanzierte Einstellung. Mit dieser Einstellung sind einige Sicherungen sowohl gegenüber reaktionärer Nostalgie wie gegenüber revolutionärem Überschwang verbunden. Es ist keine übermäßig leichte Einstellung. Nur zu oft endet der induktive Ansatz in Reduktionismus oder seine Frustrationen können auch dazu führen, daß man sich den alten Sicherheiten ausliefert. Doch diese Option verschafft einem eine ziemlich klare, spezifische Erfahrung innerer Befreiung (die vielleicht an den Grenzen der eigentlich religiösen Erfahrung angesiedelt ist).

Die Hinwendung von der Autorität zur Erfahrung als dem Brennpunkt religiösen Denkens ist natürlich nicht neu. Sie ist das Kennzeichen des theologischen Liberalismus protestantischer Prägung zumindest seit Friedrich Schleiermacher gewesen. Es ist nicht notwendig, jeden Aspekt des Schleiermacherschen Denkens gutzuheißen, um den Wagemut zu erkennen und zu bewundern, mit dem er diese Wendung vollzogen hat. Noch ist es notwendig, jede Windung in der langen Geschichte dieser Denkschule mitzumachen, um sich mit ihrer grundlegenden Intention identifizieren zu können. Da sich dieses Buch mit der induktiven Option identifiziert, so identifiziert es sich freilich auch mit der Grundintention des protestantischen theologischen Liberalismus, allerdings ohne jegliche Apologie. An dieser Stelle sollte jedoch erneut daran erinnert werden, was weiter oben über das protestantische Paradigma gesagt worden ist. In dem gleichen Maße, in dem Modernität zu einem allgemeinen Kontext für religiöse Reflexion geworden ist, sind auch die protestantischen Bemühungen, mit der Modernität fertig zu werden, von allgemeinem Interesse. Obwohl die induktive Methode ein Zentralmotiv des theologischen Liberalismus protestantischer Provenienz gewesen ist, so ist sie jedoch mit Sicherheit keine auf Protestanten beschränkte Option. Genauso wie die Wiederherstellung traditioneller Autorität und die Säkularisierung für Katholiken, Juden, Moslems, Buddhisten und jedwede andere Gruppen, die die moderne Welt betreten haben (oder, genauer, zu denen die moderne Welt herabgestiegen ist), Optionsmöglichkeiten darstellen, so werden sich die kognitiven Übungen des Protestantismus angesichts der Modernität für jeden, der sich mit der modernen Situation der Religion beschäftigt, von höchster Relevanz erweisen. Um Pius XI. zu paraphrasieren: »Heute sind wir alle Protestanten.« Diese Äußerung ist keine ethnozentrische Großtuerei, sie ist vielmehr eine Drohung, ein Wehklagen, jedoch auch ein zögernder Ausdruck von Hoffnung.

3. Die deduktive Möglichkeit: Wiederbestätigung der Tradition

Fünfmal täglich ist in islamischen Gemeinden vom Atlantischen Ozean bis zum Chinesischen Meer von tausend Minaretten der Aufruf der Gläubigen zum Gebet zu hören. Der Aufruf zeigt den Ablauf der Stunden an und gleichzeitig auch den Ablauf der Tage, welche die Biographie eines Menschen ausmachen. Und in der augenfälligsten Weise, die man sich denken kann, sorgt er dafür, daß die Tradition, die er verkündet, als ständiger Hintergrund der Menschenleben dient, die seinen Zuhörerkreis bilden. In einer Gemeinschaft, die den relativierenden Kräften der Modernisierung noch nicht ausgesetzt ist, besitzt die auf diese Weise verkündete Tradition, wie weiter oben ausgeführt, eine selbstverständliche Autorität. Das subjektive Korrelat dieser Autorität ist innere Sicherheit. Während der Verkündigung von Gottes Majestät und Mohammeds Prophetentum, wie sie von den Minaretten erklingt, vollzieht sich im Geist derer, die ihr zuhören, ein innerer Wechselgesang, der sich in die Worte fassen läßt: »*Ja, so ist es, es kann gar nicht anders sein!*« Tatsächlich kann man sagen, daß diese Antiphonie zwischen äußerer und innerer Bestätigung das eigentliche Wesen der Existenz in einer traditionellen Gesellschaft ist.

Modernisierung trägt in diesen Wechselgesang eine störende, zerstörende Dissonanz hinein. In den meisten Fällen setzt sich die äußere Affirmation fort, doch die innere Reaktion wird brüchig, zögernd oder unsicher. Die Reaktion läßt sich nun in die Worte kleiden: »Ja, ich habe dies schon früher gehört, doch es *könnte* auch anders sein. Ist es tatsächlich so?« Nichtsdestoweniger bleibt einer großen Zahl von Menschen in der modernisierten Situation die Erinnerung an Augenblicke erhalten, in denen bei der Begegnung mit der alten Autorität jene innere Zustimmung und die damit einhergehende Sicherheit bestanden. Typischerweise sind dies Augenblicke in der Kindheit oder frühen Jugend, eingehüllt in die Nostalgie, die solche Augenblicke auszulösen pflegen. Die Erinnerung daran dient als psychischer Nährboden für all die nachfolgenden Wiederbestätigungen der Tradition. Sie verleiht solchen Bestätigungen die subjektive Plausibilität, die mit einer Rückkehr zu eigenen biographischen Wurzeln verbunden ist. Es kommt somit zu einer Wiederherstellung der Antiphonie, die aufgrund der Zwischenzeit, in der sie unterbrochen war, als doppelt freudvoll erlebt wird: »Ja, ich kann es nun *wieder* sagen, so ist es und es kann auch gar nicht anders sein.«

Dies kann etwa der Fall sein, wenn ein Mensch, der aus einem islamischen Land stammt und viele Jahre als Student in westlichen Ländern verbracht hat, in seine Heimat zurückkehrt und dort erneut den Gebetsaufruf vom Minarett hört. Diese Erfahrung hat etwas Prototypisches, und ähnliche Fälle lassen sich ohne weiteres, freilich *mutatis mutandis*, für Christen, Juden, Hindus oder Menschen aus irgendeiner anderen Tradition aufzählen. Mehr noch, die gleiche Erfahrung kann auch kollektiv auftreten. So können ganze Menschengruppen zu einer erneuten Bestätigung der Tradition zurückkehren (oder, wenn man will, »heimkehren«). Auf der Ebene des normalen Menschen von der Straße zeigt sich dann ein Phänomen, das abwechselnd »Erweckungsbewegung«, »Nativismus« oder »Neotraditionalismus« genannt wird. Ein solches Phänomen hat sich in den letzten Jahren in der heutigen Türkei ausgebreitet, das heißt eine Massenbewegung kraftvoller islamischer Wiedererwekkung, die nach vielen Jahren des auf Kemal Atatürk zurückgehenden Säkularismus folgt. Das gleiche Phänomen mag auch auf der Ebene des intellektuellen Lebens auftauchen, und in solchen Fällen benutzt man häufig den Begriff »Neo-Orthodoxie«. Die Tradition wird dann sowohl in der Theorie wie auch in der religiösen und soziopolitischen Praxis wiederbestätigt. Die heutige islamische Welt ist auch in dieser Hinsicht reich an Beispielen. Doch ob nun für den Menschen von der Straße oder für den Intellektuellen, mit solchen Wiederbelebungen ist unlösbar ein Problem verbunden, ein Problem, das sich in den heimtückischen Bedeutungen der kleinen Vorsilbe »Neo« versteckt. Die Tradition wird *erneut* bekräftigt, das heißt nach einem Zeitraum, in dem sie *nicht* bestätigt wurde. Das Problem liegt ganz einfach darin, daß es sehr schwierig ist, diesen Zeitraum dazwischen zu vergessen. Der Mensch, der erneut erklärt, »es kann nicht anders sein«, erinnert sich an die Zeit, in der er dachte, daß es durchaus anders sein *könne.* Aus diesem Grunde treten neotraditionelle und neo-orthodoxe Bewegungen mit besonderer Vehemenz auf. Sie sind gemeinhin sehr lautstarke Gruppierungen. Kein Wunder, denn die Erinnerungen an jenen Zeitraum dazwischen, an jenes Intervall, in dem die Tradition nicht gerade gesichert war, müssen übertönt werden.

Der Fall der protestantischen Neo-Orthodoxie

Die Geschichte der protestantischen Theologie in unserem Jahrhundert ist in dieser Hinsicht sehr aufschlußreich. Um zu wiederholen, was ich bereits früher gesagt habe: Der Protestantismus hat sich stärker als jede andere Religionstradition und über einen längeren Zeitraum hinweg mit den Relativierungskräften der Modernität herumgeschlagen. Darum kann man den protestantischen Fall als paradigmatisch ansehen. Wenn die Modernisierung eine schwere Prüfung darstellt, dann haben sich die Protestanten ihr gleichsam stellvertretend für alle anderen Traditionen unterzogen; tatsächlich ist man an dieser Stelle fast geneigt, das biblische Bild des »leidgeprüften Knechtes« zu beschwören. Wie dem auch sei, Nicht-Protestanten und Nicht-Christen, die erst später an dieser besonderen Front der Auseinandersetzung eintrafen, täten gut daran, wenn sie der protestantischen Erfahrung ihre Aufmerksamkeit widmeten.

Das neunzehnte Jahrhundert in der Geschichte der protestantischen Theologie ist sehr überzeugend als das Zeitalter Schleiermachers bezeichnet worden.[1] Schleiermacher sah seine Aufgabe in der Verteidigung und Neuformulierung christlichen Glaubens im Angesicht der bedrohlichen Heraufkunft des modernen Skeptizismus. Er war der eigentliche Vater des theologischen Liberalismus, und als solcher ist er sowohl von seinen Befürwortern wie seinen Kritikern anerkannt worden. Gleichzeitig war er der Vater des in diesem Buch als induktiv bezeichneten Betrachtungsansatzes, jedenfalls in der zeitgenössischen Form.

Kernstück, ja Grundlage seines theologischen Unternehmens war die Verankerung des christlichen Glaubens in einem allgemeineren menschlichen Phänomen religiöser Erfahrung, von der das Christentum ein einschlägiges und nach seiner Meinung natürlich das erhabenste war. Alles, was auf Schleiermacher folgte, war entweder eine Weiterentwicklung oder eine Widerlegung seiner Position, die auf eine Kopernikanische Wende im theologischen Denken hinauslief. In einem späteren Teil dieses Buches soll auf dieses theoretische Unternehmen näher eingegangen werden. Für den Augenblick soll nur noch einmal betont werden, daß Schleiermachers Hinwendung zur Erfahrung nicht exzentrisch oder willkürlich war, sondern eine fast notwendige Konsequenz aus der modernen Infragestellung der traditionellen Autorität, und dies wird man kaum bestreiten wollen, wenn man dem soziologischen Argument in den beiden vorausgegangenen Kapiteln zustimmt. Die Wendung der religiösen Reflexion nach innen muß im Zusammenhang mit der sozialen und *ipso facto* psychologischen Schwächung der äußeren Autorität gesehen werden. Um es anders zu formulieren, die Suche nach Sicherheit auf der Grundlage subjektiver Einsichten ist das Ergebnis der Frustration dieser Suche durch das, was gesellschaftlich als objektive Realitätsdefinitionen greifbar ist.

Selbst der Beobachter ohne Heimstätte im Protestantismus wird die intellektuelle Integrität einiger Teilnehmer an diesem Drama bewundern müssen. Die Geschichte der biblischen Gelehrsamkeit, in ihrer modernen historisch-kritischen Form eine ausnehmend protestantische Schöpfung, kennt viele Beispiele dafür.[2] Ein Beispiel von wirklich heroischen Ausmaßen ist Julius Wellhausen, der die Anwendung moderner Methoden der Geschichtswissenschaft auf den Pentateuch einführte. In seinem Leben findet sich eine bewegende Episode. Er hatte viele Jahre lang an der theologischen Fakultät der Ernst-Moritz-Arndt-Universität von Greifswald gelehrt und empfand dies als immer schwieriger in einer Situation, in der es seine Aufgabe war, Studenten auf das protestantische Pfarreramt vorzubereiten. Es scheint, die Früchte seiner Gelehrsamkeit waren nicht dazu angetan, Inbrunst auf der Kanzel anzufachen. In eine Gewissenskrise gestürzt, schrieb Wellhausen einen Brief an den preußischen Kulturminister; er schilderte darin sein Dilemma und bat um Versetzung an die philosophische Fakultät. Seine Bitte wurde abschlägig beschieden, und Wellhausen mußte an eine andere Universität gehen, um die Angelegenheit nach seinen Vorstellungen zu regeln.[3] Andere blieben im theologischen Bereich und widmeten sich weiterhin einer akademischen Disziplin, die die Grundfesten ihres Glaubens wie den ihrer Studenten erschütterte; mit allen möglichen theoretischen Mitteln, deren sie habhaft werden konnten, suchten sie diesen Konflikt ehrenhaft und ohne intellektuelles Opfer zu versöhnen. Nicht-Protestanten, vor allem Katholiken, sind seit jener Zeit ihrem Beispiel gefolgt. Doch in der Religionsgeschichte gibt es keinen vergleichbaren Fall vor dem protestantischen, in dem Menschen innerhalb einer Tradition, der sie sich persönlich verpflichtet fühlten, auf diese Tradition das gesamte Arsenal ihrer kritischen Gelehrsamkeit anwandten und sich nicht darum scherten, wohin die theologischen Spielmarken flogen.

Das neunzehnte Jahrhundert in der protestantischen Theologie ging nicht im Jahre 1900 zu Ende, sondern 1918.[4] Der Erste Weltkrieg sorgte für den Schock, der dieses Ende herbeiführte, so wie er vielen anderen Dingen in der europäischen Kultur ein Ende bereitete. Kurzum, die Art dieses Schocks ist nicht schwer zu beschreiben: Die Modernität, so empfand man nun, hatte ihre Versprechen nicht eingelöst, war vielleicht sogar eine große Illusion gewesen. Was immer sie auch sonst gewesen sein mag, die liberale Theologie des neunzehnten Jahrhunderts war optimistisch, fortschrittsgläubig, von Wohlwollen erfüllt gegenüber der Welt, die sie umgab. In dieser Hinsicht unterschied sie sich natürlich nicht von anderen Denkäußerungen. In das Zeitalter fiel schließlich der Höhepunkt der bürgerlichen Zivilisation, die sich augenscheinlich sicher fühlte, davon überzeugt war, daß sie immer besseren Zeiten entgegenging, und zwar nicht nur in Europa, sondern auf der ganzen Welt. Es gab Dissidenten, die mit diesem bürgerlichen Triumphalismus nicht übereinstimmten (in diesem Zusammenhang kann man Kierkegard, Nietzsche und Dostojewskij erwähnen, die allesamt bezeichnenderweise erst dann zur Geltung kamen, als die Ära, gegen die sie protestierten, bereits ihr Ende gefunden hatte), doch sie blieben in den Randzonen der kulturellen und intellektuellen Szene. Man kann schlicht und einfach sagen, daß das liberale theologische

Unternehmen seine Plausibilität zum großen Teil von der heilen bürgerlichen Welt bezog, die seinen gesellschaftlichen Kontext bildete. Gerade weil diese Welt so heil war, konnten einzelne wie die zuvor erwähnten Bibelgelehrten sich ihre wagemutigen intellektuellen Abenteuer sozusagen überhaupt leisten. Diese heile Welt brach ein für allemal zusammen in jenem Krieg, den man durchaus als kollektiven Selbstmord der europäischen Zivilisation bezeichnen kann. Mehr noch, es währte nicht lange, bis die Tatsache dieses Zusammenbruchs sich allenthalben zeigte. Sie wurde sogleich sichtbar, unerbittlich und erschreckend, genau wie ihre moralischen und intellektuellen Folgen. Nicht überraschend war dies besonders in Mitteleuropa der Fall, in einem Gebiet, das von der deutschen Kultur beherrscht war, und die war nunmehr mit einer Nation verknüpft, die eine katastrophale Niederlage erlitten hatte.

Genau in diesem Gebiet entstand fast unmittelbar nach dem Krieg jene Bewegung, die später vor allem in Amerika »Neo-Orthodoxie« genannt werden sollte.[5] Soziologisch ist es vielleicht signifikant, daß sie an den Grenzen von Deutschland, doch nicht in Deutschland selbst einsetzen sollte. Jedenfalls ist es unbestritten, daß ihre zentrale, ja geradezu übermächtige Figur der Schweizer Theologe Karl Barth war. Wenn die 1918 zu Ende gegangene Epoche in der protestantischen Theologie das Zeitalter Schleiermachers bildete, dann ist zweifellos die Zeit zwischen den Kriegen (und vielleicht die ersten Jahre nach dem Zweiten Weltkrieg) das Zeitalter Barths. In jeder Hinsicht, theoretisch wie praktisch, und selbst in ihren emotionalen Stimmungslagen, stellte Barths Theologie eine heftige Abfuhr all dessen dar, was ihr vorausgegangen war. Sie war in ihrem Kern ein lautes, donnerndes *Nein* an all die Annahmen und Leistungen des protestantischen theologischen Liberalismus. Der Donner erschallte betäubend mit der Veröffentlichung eines Buches, mit Barths Kommentar zur Epistel Pauli an die Römer. Er erschien zuerst 1918 und dann in einer umfassend überarbeiteten Fassung im Jahre 1921, und diese Schrift löste sofort einen stürmischen Meinungsstreit aus. In einem späteren Kommentar zu diesem Vorgang benutzte Barth ein höchst eindringliches, beziehungsreiches Bild: Es war, meinte er, als wenn ein Mann einen Kirchturm von innen her im Dunkeln hinaufklettert. Wie er die Treppenstufen hinaufstolpert, suchte er sich irgendwo festzuhalten, nur um zu entdecken, daß er das Glockenseil in der Hand hält, und ehe er sich klarmachen kann, was geschieht, hat er schon einen mächtigen Glockenschlag ausgelöst.

Die protestantische Neo-Orthodoxie (oder »dialektische Theologie«, wie sie anfangs in den deutschsprachigen Ländern genannt wurde) entfaltete sich sehr bald zu einer Bewegung.[6] Um Barth scharte sich ein Kreis von Anhängern, der sich vor allem in der neuen Zeitschrift *Zwischen den Zeiten* zu Wort meldete. Einige dieser Anhänger blieben Barth eng verbunden, andere gingen späterhin eigene Wege. Als Barth in Deutschland einen Lehrauftrag an einer Universität annahm, verlagerte sich das Zentrum der Bewegung dorthin. Dies wurde in den dreißiger Jahren mit der Machtergreifung des Nazismus von allergrößter Bedeutung. Im Sinne der Plausibilität verschiedener theologischer Positionen sind in diesem Zusammenhang zwei Daten von vorrangiger Wichtigkeit: 1914, als eine Gruppe, unter ihnen die größten Namen der deutschen liberalen Theologie, ein »Manifest der Intellektuellen« unterzeichneten, in dem sie die deutschen Kriegsanstrengungen enthusiastisch begrüßten – ein Ereignis, das, wie Barth erklärte, sein Vertrauen in die einstigen Lehrer endgültig erschütterte und ihn dazu veranlaßte, radikal neue Denkwege einzuschlagen. 1934, als eine Gruppe protestantischer Theologen und Geistlichen, von denen viele unter Barths Einfluß standen, die »Barmer Theologische Erklärung« veröffentlichte, die den damals weitverbreiteten Gedanken zurückwies, die nationalsozialistische Machtübernahme habe für Christen Offenbarungscharakter. Für viele blieb dieses letztere Ereignis entscheidend für ihre Einschätzung, daß die Barthsche Theologie ihre Fähigkeit unter Beweis gestellt hatte, sich gegen die Anmaßungen des modernen Zeitalters zu erheben. Mit anderen Worten, das *Nein* der Neo-Orthodoxie zur Anpassung an die säkulare Welt wurde plausibler als je zuvor, als diese Welt die Gestalt des Nazismus annahm, und selbst Menschen, die sonst womöglich überhaupt nicht von der Barthschen Theologie angezogen worden wären, fühlten sich als Folge ihrer Opposition gegen den Nazismus zu ihr hingezogen. Insofern sich im deutschen Protestantismus Widerstand gegen den Nazismus erhob, war die Neo-Orthodoxie (nicht unbedingt in ihrer rein Barthschen Form; es gab beispielsweise auch Lutherische Formen) die Ideologie dieses Widerstandes. Dies gab ihr, und zu Recht, eine Aura von Heroismus, die für ihre Plausibilität nicht unerheblich war. Umgekehrt kann man sagen, daß der Niedergang der Neo-Orthodoxie nach dem Zweiten Weltkrieg viel mit dem unvermeidlichen Verblassen dieser Aura zu tun hatte.[7]

Wie auf der Hand liegt, kann die äußerst verschlungene Geschichte dieser Entwicklung hier nicht nachgezeichnet werden. Gleichermaßen lächerlich und absurd wäre jeder Versuch, das majestätische Werk Karl Barths darzustellen oder zu erörtern. Zu leisten ist nur dies: Die grundlegenden methodologischen Annahmen der Theologie Barths sollen analysiert werden als Angebot eines Modells für die von der protestantischen Neo-Orthodoxie eingesetzten kognitiven Strategien – und, sofern das vorhergehende Argument Bestand hat, für die kognitiven Strategien, die im Prinzip nicht-protestantischen oder nebenbei auch nicht-christlichen Neo-Orthodoxien zugänglich sind. Barth war ein brillanter, hochdynamischer Denker, und seine Theologie veränderte sich im Verlauf seines Lebens auf einer Anzahl wichtiger Gebiete. Es ist jedoch wahrscheinlich fair zu sagen, daß sein grundlegender methodologischer Ansatz der gleiche blieb. Wie dem auch sei, für die Absicht, die wir im Augenblick verfolgen, halten wir uns an diesen Ansatz, wie er sich in den beiden ersten Halbbänden von Barths monumentaler *Kirchlicher Dogmatik* findet. In welchem Ausmaß Barth seine Gedanken über diese Behauptungen zu einem späteren Zeitpunkt änderte, mag den Experten überlassen bleiben, genauso wie die Frage, in welchem Maße sein Werk diesen methodologischen Postulaten treu war oder treu geblieben ist. Hier ist nur von Bedeutung, daß die Anfangspassagen der *Kirchlichen Dogmatik* eine methodologische Feststellung von ungewöhnlicher Klarheit enthalten; in diesem Zusammenhang soll uns das Argument beschäftigen, daß diese Feststellung in der modernen Situation als Modell für einen viel größeren Kreis theologischer Möglichkeiten gelten kann.

Barths gesamtes Werk ist geprägt von einem überwältigenden Gefühl der Auseinandersetzung mit Gottes Wort: Der Gott des christlichen Glaubens ist ein Gott, der spricht, und die einzig angemessene Weise auf seiten des Menschen, darauf zu reagieren, ist Zuhören in Demut. Dieses Wort Gottes, am Anfang zu den Propheten und den Zeugen der Vergangenheit gesprochen, ist enthalten in den heiligen Schriften und wird in den kirchlichen Predigten immer wieder lebendig. Theologie oder jede andere Form spezifisch christlichen Denkens kann keinen anderen Ausgangspunkt haben als eben dieses Wort Gottes. Sie kann ein intellektuelles Unterfangen sein, ja selbst ein gelehrtes, doch es ist letzten Endes nichts anderes als die kollektive Reflexion der Kirche über dieses Wort Gottes, das der Kirche anvertraut worden ist. Mithin kann die Theologie an dieses Wort kein äußeres Kriterium legen (wie es aus der Philosophie oder den empirischen Wissenschaften abgeleitet sein mag). Das Wort liefert das Kriterium für seine Interpretation. Das Wort ist dem christlichen Denker gegeben, in dem doppelten Sinne von, das *datum* sein, das aller Reflexion vorausgeht, und die *Gabe* Gottes sein.[8]

Theologische Reflexion setzt den Glauben voraus, der seinerseits Gehorsam gegenüber Gottes Ruf ist. Folglich ist Theologie, wenngleich sie eine intellektuelle Aktivität ist, ein verlängerter Akt des Glaubens. Solcher Glaube ist freilich nicht begründet in einer freien Entscheidung des Menschen, sondern ist vielmehr die Folge von Gottes Gnade.[9] Daraus ergibt sich, daß alle Versuche, wie etwa die für die liberale Theologie charakteristischen, Zugangswege zu Gottes Wort von seiten des Menschen zu finden, von vornherein zum Scheitern verurteilt sind: Es findet sich kein Weg vom Menschen zu Gott, es gibt nur einen Weg, nämlich den, den Gott bereits gegangen ist, als er zum Menschen sprach.[10] Anders gesagt, der Mensch kann nichts über Gott wissen, ausgenommen was Gott selbst über sich offenbart hat. Der Grundfehler der liberalen Theologie bestand darin, daß sie Zweifel und Unglauben allzu ernst genommen hat. Die eigentliche Aufgabe theologischer Reflexion liegt nicht darin, den Argumenten des Unglaubens zu begegnen oder von sich aus Argumente zugunsten des Glaubens zu produzieren, sondern die Inhalte der Offenbarung zu erhellen, die dem Glauben bereits gegeben worden ist.[11]

Somit ist es ganz und gar falsch zu fragen: »Wie kann der Mensch Gottes Wort erkennen?« Auf diese Frage ist keine Antwort möglich. Vielmehr muß man fragen: »Wie erkennen diese Menschen, die den Glauben haben, Gott?« Die Realität von Gottes Wort – in der anfänglichen Offenbarung, in den Schriften und in der Verkündigung *(kerygma)* durch die Kirche – ist in nichts als in sich selbst begründet, postuliert sich selbst und kann nicht durch irgendeine »Methode« gleich welcher Art erreicht werden. Die das Wort Gottes in der Kirche hören, stehen bereits in dieser Realität. Gott weiß, wer sie sind. Wir haben auch keine Antwort auf die Frage, wie sich irgend jemand in die Lage versetzen kann, daß er Gottes Wort zu hören und sich seiner Realität zu stellen vermag. Natürlich ist dieses Vernehmen des Wortes Gottes ebenfalls ein in der Zeit sich abspielendes Ereignis, eine menschliche Erfahrung, die als solche von dem Historiker oder anderen empirischen Beobachtern untersucht werden kann. Doch nichts, was durch solche Untersuchungen entdeckt werden kann, bringt irgend jemanden auch nur ein Stück näher an die geoffenbarte Realität. Der Irrtum der liberalen Theologie seit Schleiermacher und der Irrtum allen modernen Denkens von Descartes an war der Gedanke, der Mensch habe eine angeborene Fähigkeit, das Göttliche zu erfahren. Es gibt keine solche Fähigkeit. Nur das Wort selbst verleiht die Fähigkeit, es zu bestätigen.[12]

Die hier dargestellte theologische Revolution wird deutlich sichtbar in diesem Verständnis vom Ort der Erfahrung. Die liberale Einstellung zur menschlichen Erfahrung, vor allem zur religiösen Erfahrung, als dem Ausgangspunkt theologischer Reflexion wird damit aufs entschiedenste zurückgewiesen. Die Erfahrung von Gottes Wort ist in der Tat möglich, jedoch nur mit Hilfe eben dieses Wortes. Jede menschliche Reaktion auf dieses Wort ist ausschließlich durch Gottes Gnade determiniert. Keine dieser Reaktionen beruht auf der Selbstbestimmung des Menschen. Folglich kann die Erfahrung von Gottes Wort nicht in irgendeiner anthropologisch gegebenen Qualität wurzeln, weder im Willen, im Gewissen, in der Emotionalität noch in der

Vernunft. Diese Aufzählung verwirft entschlossen alle großen »Methoden«, die als Zugang zum Glauben vorgeschlagen worden sind. Die Erfahrung kann nur durch den Glauben herbeigeführt werden. Nichtsdestoweniger kann die Erfahrung ein Gefühl von Gewißheit einschließen. Doch auch diese Gewißheit ist ein Geschenk der Gnade, und sie wird immer eine »zitternde Gewißheit« sein.[13] Der Mensch ist mit keiner seiner natürlichen Gaben fähig, das Wort Gottes zu hören oder zu erfahren; seine »Befähigung«, zu hören und zu erfahren, ist der Kern dessen, worum es beim Glauben geht.[14] Anders gesagt, Glaube ist keine menschliche »Möglichkeit«.[15] Er ereignet sich, wenn und wann Gott es will. Die vollkommene Metapher dafür ist die biblische Geschichte von Gott, der Manna vom Himmel fallen läßt: Auch dies hatte seine Wurzeln nicht in irgendeiner angeborenen Fähigkeit des Volkes von Israel, es konnte auch nicht durch irgendeine »Methode« der Manna-Beschaffung ausgelöst werden, noch könnte man das Ereignis als eine der vielen »Möglichkeiten« beschreiben, die dem Volke Israels offenstanden.[16] Tatsächlich stellt der biblische Bericht fest, daß die Israeliten nicht einmal wußten, was Manna war, bis Moses es ihnen erklärte: »Und am Abend kamen Wachteln herauf und bedeckten das Heer. Und am Morgen lag der Tau um das Heer her. Und als der Tau weg war, siehe, da lag es in der Wüste rund und klein, wie der Reif auf dem Lande. Und da es die Kinder Israel sahen, sprachen sie untereinander: Was ist das? denn sie wußten nicht, was es war. Moses aber sprach zu ihnen: Es ist das Brot, das euch der Herr zu essen gegeben hat« (2. Mose 16, 13–16). Diese Geschichte enthält nach Barths Auffassung geradezu alles, was man über den Glauben und über all die vermeintlichen Zugangswege zum Glauben sagen kann.

Die Ereignisse, in denen sich Gott offenbart, sind von ganz besonderer Art. Und für den christlichen Glauben ist natürlich das entscheidende Ereignis, ein hoch spezifisches dazu, die Selbstoffenbarung Gottes in Jesus Christus. Der zweite Halbband der *Kirchlichen Dogmatik* beginnt mit dem lapidaren Satz: »Gottes Offenbarung ereignete sich der heiligen Schrift nach darin, daß Gottes Wort ein Mensch wurde, dieser Mensch also Gottes Wort gewesen ist. Die Fleischwerdung des ewigen Wortes, Jesus Christus, ist Gottes Offenbarung.«[17] Der partikularistische Charakter des christlichen Glaubens hätte nicht entschiedener bekräftigt werden können. So trägt der gesamte Abschnitt, der diesem Satz folgt, die Überschrift »Jesus Christus – die objektive Realität der Offenbarung«. Der entschlossene Partikularismus (oder Christozentrismus, was in diesem Zusammenhang auf das gleiche hinausläuft) ist für Barths Position von zentraler Bedeutung, und es ist sehr wichtig, sich ihn immer zu vergegenwärtigen. Er bestimmt Barths Verständnis sowohl von der menschlichen Religion allgemein wie von den verschiedenen nicht-christlichen Religionen.

Barth gestattet es, daß man vom Standpunkt des Historikers aus gesehen den christlichen Glauben als eins von vielen Beispielen menschlicher Religion ansieht. Doch dies kann nicht der Standpunkt des christlichen Theologen sein. Der mag in der Tat vom Christentum als der »wahren Religion« sprechen, doch dieser Sprachgebrauch führt letztlich in die Irre. Der christliche Glaube ist aufgrund des oben erwähnten Charakters etwas ganz anderes als jede Form menschlicher Religion. Da Gottes Offenbarung die Tilgung und Aufhebung der Religion ist, kann man aus dem Blickwinkel des Glaubens jegliche menschliche Religion geradezu als Unglaube und Ungehorsam ansehen.[18] Wegen dieses radikalen Gegensatzes zwischen Glaube und Religion ist Barth der Auffassung, daß der christliche Theologe tatsächlich ziemlich gelassen bleiben kann angesichts der verschiedenen Relativierungen von Religion, wie sie von der historischen Gelehrsamkeit und anderen modernen empirischen Wissenschaftszweigen in die Wege geleitet worden sind: Keine dieser Relativierungen kann den Glauben an Jesus Christus berühren; sie berühren nur die Spielarten der Religion, die der Glaube bereits lange vor Heraufkunft der Modernität relativiert (und aufgehoben) hat. So kann Barth sogar eine sehr wohlwollende, im Grunde zustimmende kleine Studie über das Denken von Feuerbach, dem Vater des Marxschen und Freudschen Atheismus, schreiben, über das Denken jenes Feuerbach, der in der Religion nichts als eine »Projektion« menschlicher Realitäten gesehen hat.[19]

Die vielleicht faszinierendste Passage in der *Kirchlichen Dogmatik* ist eine lange Anmerkung, in der Barth die Ähnlichkeiten zwischen dem protestantischen Christentum und den sogenannten Reine-Land-Schulen des japanischen Buddhismus erörtert.[20] Sie sind eine Weiterentwicklung des Mahajana-Buddhismus zu einer »Gnadenreligion«, wie sie von einer Anzahl von Gelehrten bezeichnet worden ist, zu einer Religion, in der alle persönlichen Anstrengungen um Erlösung (so etwa durch asketische Übungen, wie sie dem buddhistischen Mönchstum eigen sind) aufgegeben werden zugunsten des Glaubens an die heilende Kraft von Amida, einem der größten Bodhisattwas (das heißt jemand, der die Buddhaschaft erlangt hat, aber aus Mitleid mit der leidenden Menschheit den Eintritt ins Nirwana hinausschiebt, um die Erlösung anderer Lebewesen zu erwirken). Die Ähnlichkeiten zwischen dieser »Gnadenreligion« und dem Protestantismus sind in der Tat verblüffend, und zwar dermaßen, daß katholische Missionare, die im siebzehnten Jahrhundert nach Japan kamen, darüber berichteten, sie hätten dort eine seltsame Abart der Lutherischen Häresie entdeckt! Nach Barth sind diese Ähnlichkeiten keineswegs störend, sondern tatsächlich »schicksalhaft«: Denn der Fall des Reine-Land-Buddhismus zeige klarer als irgend etwas sonst, daß die Wahrheit des Christentums nicht auf irgendeiner seiner Eigenschaften begründet werden, das heißt durch keine »Methode« der rationalen oder empirischen Erklärung glaubhaft gemacht werden könne. Mehr noch, der Unterschied zwischen Christentum und anderen Religionen (genauer, jeder Religion) liege ganz einfach und ausschließlich in dem *Namen* von Jesus Christus. Mit dieser Ärgernis erregenden Besonderheit geht Barth natürlich unmittelbar auf das Neue Testament zurück: »Und ist in keinem anderen Heil, ist auch kein andrer Name den Menschen gegeben, darinnen wir sollen selig werden« (Apostelgeschichte, 4:12).

Kritik des Sprunges

Barth war ein Denker von enormer Kraft und Brillanz, und als solchen muß man ihn bei seinen eigenen Worten nehmen und nicht als Vertreter einer Denkrichtung, wenn man seinem Denken Gerechtigkeit widerfahren lassen will. Doch das ist hier nicht die Absicht. Ganz unabhängig von seinen einzigartigen Fähigkeiten steht Barth auch für eine erheblich größere intellektuelle Möglichkeit, für jene, die zutreffend als Neo-Orthodoxie bezeichnet worden ist. Sein Denken ist in der Tat das wichtigste Beispiel für diese Möglichkeit im christlichen Kontext des zwanzigsten Jahrhunderts. Und als solches ist es sehr aufschlußreich.

Neo-Orthodoxie ist die erneute Bekräftigung der objektiven Autorität einer religiösen Tradition nach einer Periode, in der diese Autorität relativiert und geschwächt worden war. Gerade weil der objektive Status der Tradition in Frage gestellt worden war, muß er nun mit großer Kraft erneut bekräftigt werden. Die Periode zwischen der ursprünglichen Verkündigung der Tradition und ihrer Wiederverkündigung in der Gegenwart (in der Tat »zwischen den Zeiten«) muß sozusagen »vergessen« werden. Einmal mehr muß sich der einzelne der donnernden Selbstbeglaubigung der Offenbarungsbotschaft stellen. Wenn diese Tat tatsächlich vollbracht ist, liegt der kognitive Gewinn auf der Hand: Nach einer Zeitspanne voller Zweifel und Kompromisse herrscht wieder Sicherheit. Mehr noch, wenn die Objektivität der Tradition wirklich wiederhergestellt ist, kann die alte kognitive Formel, daraus Glaubenssätze abzuleiten, erneut zur Anwendung kommen. Aus diesem Grunde wird die Neo-Orthodoxie hier als eine deduktive Möglichkeit apostrophiert. Es sei nachdrücklich betont, daß dies keineswegs einen leblosen Scholastizismus oder eine unreflektive intellektuelle Haltung zur Folge haben muß; wenn wir dieser Meinung wären, hätten wir Barth nicht als Beispiel gewählt. Mit deduktiver Möglichkeit ist vielmehr genau das gemeint, was Barth so beredt zu bezeugen weiß: Die Theologie kehrt erneut zu ihren Quellen zurück und leitet alle ihre Glaubenssätze von der Offenbarung ab, von der man annimmt, daß sie im »Wort Gottes« enthalten ist.

Jede Kritik an der Neo-Orthodoxie muß mit der sich anbietenden Frage einsetzen, wie ein Mensch es fertigbringt, sich in eine solche Lage zu versetzen, daß heißt in die Lage, in dieser Art und Weise unter dem »Wort Gottes« zu stehen. Wie bereits weiter oben festgestellt, verwirft Barth diese Frage. Glaube, so betont er, kann nicht durch irgendeine menschliche »Methode«, welche es auch immer sein möge, erlangt werden; er ist gegeben; er kann nicht durch eine menschliche Erfahrung oder Handlung »vermittelt« werden. Diese Antwort hat etwas Grandioses an sich. Man kann sie tief bewundern, man kann sie aber auch mit allem Respekt bezweifeln.

Der Historiker wie der Soziologe werden, wenn mit solchen Behauptungen konfrontiert, stets die unhöfliche Frage stellen: »Wer sagt das?« Die Antworten sind für gewöhnlich verwirrend wie auch erhellend. Niemand wird als Theoretiker geboren, nicht einmal ein so großer Denker wie Barth. In seinem Falle ist es völlig klar, wie es ihm gelang, sich in die Lage zu versetzen, sagen zu können, was er von 1918 an sagte – da hatte es all die »Vermittlungen« seiner Situation in Zeit und Ort gegeben, beginnend mit der großen Enttäuschung von 1914, als die Elite der liberalen Theologie in Deutschland sich der nationalistischen Kriegsorgie hingab. Schlicht und einfach gesagt, Barth vertritt die Auffassung, daß sich die Position, Glauben zu besitzen, nicht vermitteln läßt; gegen diese Behauptung läßt sich eine ganze Reihe von vermittelnden Umständen ins Feld führen. Doch das ist nicht alles. Er behauptet ferner, daß es keine Methode gibt, mit der sich der Glaube erzwingen läßt; gegen diese Behauptung und damit gegen seine Selbstdefinition kann man eine Methode anführen und beschreiben.

Die Methode ist die von Kierkegaard; es ist die Methode, die Kierkegaard als »Glaubenssprung« bezeichnete. Mehr noch, diese Methode ist in besonderem Maße durch die Situation der Modernität festgelegt.[21] Man kann sie ziemlich einfach beschreiben: In der Situation des Zweifelns und Verzweifelns steht der einzelne erneut vor der in der Tradition verkörperten Botschaft und springt mit einer ungestümen existentiellen Anstrengung in die Position, die ihn sagen läßt: »Ja, ich glaube.« Kierkegaard hat denjenigen, der dies tut, als »Glaubensritter« bezeichnet. Und Kierkegaard ist natürlich höchst beeindruckt durch den subjektiven Charakter dieser Tat, und zwar in einem solchen Maße, daß er die Darstellung seiner theoretischen Methode in der Behauptung gipfeln läßt: »Wahrheit ist Subjektivität.«[22] Die »Dialektik« in Kierkegaards Denken liegt zwischen dieser völlig ungeschützten Subjektivität und der objektiven Realität, die der Glaube bekräftigt. Es ist höchst interessant zu beobachten, was mit dieser Dialektik in Barths Denken geschieht. Wie er selbst

häufig eingesteht, ist sein frühes Denken durch Kierkegaard stark beeinflußt worden. Doch im Zuge der Entwicklung des Barthschen Werkes verliert der Kierkegaardsche und allgemein der »existentialistische« Ausgangspunkt mehr und mehr an Bedeutung. Trotz der Tatsache, daß die Barthsche Lehre in der deutschsprachigen Welt weiterhin »dialektische Theologie« genannt wurde, wird man diese Dialektik in ihren späteren Entwicklungsstadien schwerlich entdecken. Kein Wunder, denn je mehr der *gegebene* Charakter des »Wortes Gottes« – und das heißt genau seine Objektivität – geltend gemacht wird, desto mehr muß die subjektive Geschichte der *Art und Weise, wie es einem offenbar wurde*, verdrängt werden. Kierkegaard ist das Gespenst, von dem das Barthsche Werk heimgesucht wird. Es ist kein Mangel an Respekt, wenn man sagt, daß Barth dieses sein Gespenst verdrängen mußte, denn solche Verdrängung war ein kognitiver Imperativ seiner Methode. Einfach gesagt, die Neo-Orthodoxie versichert, daß ihr Glaube etwas Gegebenes sei; im Gegensatz dazu muß die Kritik an der Neo-Orthodoxie zu der Feststellung kommen, daß dieser Glaube von bestimmten Menschen als Folge von empirisch zu Gebote stehenden Anstrengungen entdeckt wird. Bei all den von Barth zurückgewiesenen Vermittlungsformen kann seine eigene erstaunlich klar und genau bestimmt werden: Sie ist eine Willensanstrengung. Anders gesagt, die Neo-Orthodoxie ist das Ergebnis einer Entscheidung – der Entscheidung, wieder zu glauben. Aus Gründen, die in den vorausgegangenen Kapiteln eingehender erörtert wurden, ist solch ein »Dezisionismus« ein besonderes Merkmal reflektiven Denkens in der modernen Situation.[23]
Wenn erst einmal die subjektiven Wurzeln der Neo-Orthodoxie, ihre methodologischen Vorbedingungen, zutage liegen, ist auch ihr Anspruch auf Objektivität in Frage gestellt. Doch dann muß man auch eine weitere Frage stellen, eine sehr einfache: Angenommen, diese Ansprüche und Behauptungen lassen sich nach einem »Glaubenssprung« erheben, *warum sollte man dann überhaupt zuerst springen*?
Kierkegaard hat diese Frage mit unbestreitbarer Freimütigkeit und in großer Ausführlichkeit beantwortet. Tatsächlich hat seine Antwort (obwohl ursprünglich in Dänisch formuliert) ein deutsches Wort in die Sprache der akademisch gebildeten Ame-

rikaner eingebürgert: Man springt aus *Angst*. Die menschliche Existenz wird als ein brodelndes Durcheinander von Ängsten und Nöten gesehen. Der »Glaubenssprung« ist ein Weg, der aus der Verzweiflung führt. Diese Auffassung von der menschlichen Conditio ist natürlich die Grundauffassung jeglicher Form von Existentialismus im Gefolge von Kierkegaard. Wenn man sich diese Auffassung zu eigen macht, ist es in der Tat plausibel zu springen. Wird sie nicht akzeptiert oder auch nur durch optimistischere Erwägungen abgemildert, verliert die Plausibilität an Überzeugung. Die Menschen haben sich wahrscheinlich immer in ihrer Empfänglichkeit für *Angst* unterschieden. Was für den einen Menschen Anlaß zur Verzweiflung ist, kann für den anderen eine durchaus annehmbare Situation darstellen. Doch wichtiger noch, die Plausibilität des Sprungs in den Glauben hat *soziale* Determinanten. Mit der weiter oben benutzten Sprachgebung können wir sowohl für die Kierkegaardsche Weltauffassung wie für die von dieser Auffassung nahegelegte Kierkegaardsche Problemlösung eine soziologisch analysierbare Plausibilitätsstruktur angeben. Ohne Frage müssen biographische und historische Faktoren berücksichtigt werden. So wird ein Mensch aus den »dunkelsten Winkeln der Großstadt« (auf Kierkegaard trifft diese Wendung aus einem Buchtitel Dostojewskijs gewiß zu) wahrscheinlich eher in Verzweiflung geraten und anschließend springen als ein wohlangepaßtes, innerlich ausgeglichenes Mitglied der Bourgeoisie von Kopenhagen. Und im Deutschland der dreißiger Jahre war es plausibler als in den fünfzigern, in die Neo-Orthodoxie zu springen. Doch nach der hier vertretenen Grundthese ist die allgemeine Plausibilitätsstruktur für diese Art von »Dezisionismus« die moderne Situation als solche. Selbst für wohlangepaßte Menschen, die in einigermaßen glücklichen Zeiten leben, geht mit der Modernität an sich *Angst* einher, Angst davor, in einer Welt ohne alle Sicherheiten zu leben. Das allein reicht schon völlig aus, um die verschiedensten Formen von Glaubenssprüngen plausibel zu machen.

Sobald man die Behauptung des neo-orthodoxen Gläubigen, ihn treffe kein Verschulden dafür, daß er sich in der Situation befinde, in der er nun einmal sei, erst einmal in Zweifel zieht, erhebt sich freilich eine weitere Frage: Angenommen, es gibt einen Grund dafür, zu springen, *wohin soll man springen*? Oder um dieselbe Frage in religiöse Begriffe zu kleiden: Angenommen, es gibt einen Beweggrund dafür, die Autorität der religiösen Tradition zu bekräftigen, *welche Tradition will man bekräftigen*?

Diese Frage ruft natürlich die weiter oben angestellte Erörterung über den Pluralismus als einem Grundbestandteil der modernen Situation wieder auf den Plan. Es ist keineswegs ausgemacht, daß Kierkegaard sich jemals mit der Möglichkeit auseinandergesetzt hat, in einen anderen als den christlichen Glauben zu springen. Man darf annehmen, daß in dem Kopenhagen seiner Zeit jede Möglichkeit dieser Art ziemlich abstrakt gewesen wäre. Wie dem auch sei, Barth machte diese Frage ganz eindeutig zu schaffen, wie die oben zitierte Passage über den Reine-Land-Buddhismus erkennen läßt. Der neo-orthodoxe Anspruch muß notwendig auf der Annahme beruhen, daß das »Wort Gottes« in der bestimmten, erneut bestätigten Offenbarungssituation etwas *einzigartig* Gegebenes darstellt. Seit Schleiermacher ist die liberale protestantische Theologie natürlich durch das sogenannte »Problem der anderen Religionen« aufs höchste beunruhigt. Auf verschiedene Weist ist versucht worden nachzuweisen, daß das Christentum aufgrund seiner vermeintlichen kognitiven oder moralischen Überlegenheit die wahre oder zumindest die der Wahrheit am nächsten kommende Religion ist. Im Rückblick sind viele dieser Versuche alles andere als überzeugend. So hat beispielsweise die jüngere Forschung die liberalen Auffassungen über die Einzigartigkeit der ethischen Grundsätze Jesu doch ganz erheblich erschüttert.[24] Gleichviel, die liberale Theologie hat sich mit dem Problem gründlich auseinandergesetzt. Die Einzigartigkeit des christlichen Glaubens ist wie alle seine anderen Behauptungen etwas *Gegebenes*. Die Offenbarung selbst verkündet ihre Einzigartigkeit (»kein anderer Name unter dem Himmel«), und diese Einzigartigkeit wird Teil und Bestandteil des Glaubens, der von den traditionellen Glaubensgehalten wieder Besitz ergreift.

In Barths Fall führt dieser Standpunkt zu einer häufig heftigen und arrogant klingenden Einstellung gegenüber den nichtchristlichen Religionen. D. T. Niles, ein christlicher Theologe aus Sri Lanka, der (verständlicherweise) von dem »Problem der anderen Religionen« zutiefst betroffen war, berichtet über ein Gespräch, in dem Barth erklärte (wie er es in der *Kirchlichen Dogmatik* in aller Ausführlichkeit tat): »Andere Religionen sind nichts als Unglaube.« Niles fragte Barth, wie vielen Hindus er jemals begegnet sei. Keinem, antwortete Barth. »Woher wissen Sie dann, daß der Hinduismus Unglaube ist?« fragte Niles ihn daraufhin. Barth antwortete: »A priori.«[25] Es ist ganz sicherlich ungerechtfertigt, die augenscheinliche Arroganz dieser Antwort für bare Münze zu nehmen. Sie muß vielmehr im Zusammenhang mit dem Barthschen Denken gesehen werden, demzufolge das Christentum qua Religion ebenfalls Unglaube ist – ja, wegen seiner Nähe und engen Verbindung zum »Wort Gottes« ist das Christentum als menschliches Religionsphänomen in der Tat sogar der gefährlichste Unglaube von allen. Wie weiter oben bemerkt, ist für Barth *jede* menschliche Religion Unglaube, und der christliche Glaube ist nicht unter die Religionskategorie zu fassen. Die Heftigkeit jedoch, mit der Barth das von den nicht-christlichen Religionen gestellte Problem von sich wies, ist eine notwendige Konsequenz seiner Methode. Sobald das Problem Einlaß in der theologischen Gesprächswelt findet, beginnt die Apriori-Objektivität der neo-orthodoxen Position ins Wanken zu geraten. Denn genau in diesem Augenblick ist nicht mehr klar, in welche Richtung – das heißt in welche Tradition – man springen soll.

Diesen Gedankengang kann man sich ziemlich eindringlich und niederschmetternd vergegenwärtigen, wenn man sich der Mühe unterzöge, Schlüsselstellen der *Kirchlichen Dogmatik* in islamische Begriffe zu übertragen; man könnte diese Übung auch mit anderen Religionen veranstalten, den Hinduismus einbegriffen, doch der islamische Fall ist aufgrund des Verkündigungscharakters (»Kerygma«) des islamischen Offenbarungsverständnisses besonders aufschlußreich. Die grundlegenden methodologischen Ansätze Barths brauchten nur ganz geringfügig geändert zu werden. Auch hier steht »Gottes Wort«, wie es im Koran gegeben ist, dem einzelnen mit unerschütterlicher, majestätischer Sicherheit gegenüber. Auch hier werden alle menschlichen Einwände und Bedenken, alle »Vermittlungen« als ungehörig entlarvt. Tatsächlich ist nach islamischer Auffassung jeder Versuch, zwischen Gott und dem Menschen zu »vermitteln«, eine der schlimmsten Sünden; es gibt keinen »Vermittler« außer der von Gott selbst initiierten Offenbarung. Wer etwas anderes behauptet, macht sich des *Schirks* schuldig, einer Häresie, die Gott mit anderen in Verbindung bringt und somit seine radikale Einzigartigkeit leugnet. Nebenbei sei bemerkt, daß der Islam das Christentum genau als eine solche Häresie ansieht; deshalb ist im Koran immer und immer wieder zu lesen, daß Gott niemanden neben oder unter sich hat, der ihm gleicht, daß er keine »Gefährten« hat und niemanden erschaffen hat. Gottes Offenbarung, wie sie der Koran enthält, stellt sich dem Menschen als unerschütterlich objektives Faktum dar. Vor diesem Faktum kann der einzelne nichts anderes tun, als sich demütig zu unterwerfen, und auf diese Unterwerfung geht der Name Islam ('aslama in Arabisch) zurück. Wie im Falle des Kalvinismus vertritt auch der Islam die Auffassung, Gott habe in seiner grenzenlosen Weisheit vorherbestimmt, wer diese Unterwerfung vollbringt und wer nicht. Mit den Worten des Korans: »Wenn es dein Herr nur gewollt hätte, so hätten alle, welche auf der Erde gelebt haben, geglaubt ... Keine Seele kann ohne den Willen Allahs glauben.«[26]

Barths Paradigma für sein Glaubensverständnis, die Vorstellung, daß Gottes Manna vom Himmel auf die unwürdigen Menschen des Volkes Israel herabgefallen ist, dieses Paradigma gilt gleichermaßen für das Herabkommen des Korans vom Himmel in jener heiligen Nacht des Qadr. Der Mensch, der sich dieser Offenbarung unterwirft und sie im islamischen Kredo bekräftigt, vollführt damit einen Glaubensakt, der sich in jeder Hinsicht mit dem Barthschen vergleichen läßt. Der Mensch, der diesen Akt nach einer Zeit des Zweifelns und der Unsicherheit – sprich: der islamische neo-orthodoxe Theologe – vollbringt, vermag dann auch ein ebenfalls vergleichbares Gefühl von Heimkehr nach einer ungewissen Sicherheit zu verspüren. Mit den Worten eines zeitgenössischen islamischen Autors (am Ende eines höchst aufschlußreichen Buches, in dem der Autor sich mit einem atheistischen Freund auseinandersetzt, der all die Zweifel des modernen Menschen verkörpert): »Dann las ich den Koran ... Ich las über das Leben dieses Mannes (Mohammed) und seine Taten, und ich sagte mir: Ja, er ist ein Prophet! Er kann unmöglich etwas anderes sein! Dieses wunderbare

Universum kann keinen anderen Schöpfer haben als den allmächtigen Gott, von dem der Koran spricht.«[27] *Deus dixit*, in leicht veränderter Fassung: »Es ist kein Gott außer Allah, und Mohammed ist sein Prophet!«

Für einen Menschen, der zu diesen miteinander in Konflikt liegenden Ansprüchen auf absolute Autorität subjektiv Zugang hat (und heutzutage begegnet man vielen solchen Menschen), stellt sich zwangsläufig die ganz einfache Frage: Warum soll man *diesen* Glauben haben und nicht *jenen*, warum soll man Christ sein und nicht Moslem, oder umgekehrt. Da hilft nicht, auf die wahre Autorität einer von beiden Traditionen hinzuweisen, denn jede erhebt den gleichen Anspruch (der den Anspruch auf Einzigartigkeit mit einschließt – »kein anderer Name«). Mit anderen Worten, jede Tradition versichert, sie sei auf einem – oder besser dem – »Wort Gottes« begründet, mit dem kein Mensch rechten könne. Auch hilft es nicht zu erklären, Glaube sei ein »Sprung«, denn die Frage ist ja gerade, *wohin* man springen soll. Es gibt einen Weg nach Mekka, wie es einen Weg zum Kalvarienberg gibt, und der erste Schritt auf einem der beiden Wege ist (jedenfalls für den modernen Menschen) seinem Wesen nach ein »Glaubenssprung«. Man mag zu bedenken geben, dies sei für Barth niemals eine subjektiv reale Möglichkeit gewesen, doch andere sind nicht so glücklich – oder, aus dem Blickwinkel dieses Buches, glücklicher.

Die Neo-Orthodoxie leugnet den Weg und stellt die Endstation als Ausgangspunkt hin. Sowohl Leugnung wie Anspruch müssen zurückgewiesen werden. Aus einer solchen Zurückweisung ergibt sich eine Ablehnung der Barthschen Gegenposition von Religion und Glaube (oder genauer: christlichem Glauben). Diese Gegenposition ist eine falsche, eine Scheinposition. Das Christentum ist eine Religion unter vielen, und christlicher Glaube (ob »Sprung« oder was immer) ist eine menschliche Möglichkeit unter anderen. Wer dies erklärt, kehrt zu der Frage zurück, die Barth von der Tagesordnung entfernen wollte: Welche sind die Gründe dafür, ein Christ zu sein? Man stellt sich diese Frage in einer bestimmten historischen und biographischen Situation. Wenn es sich bei dieser Situation um die moderne handelt, ist die Frage belastet mit all den Relativierungen der Modernität. Die Neo-Orthodoxie sucht diese Relativierungen in einem heroischen Willensakt zu durchbrechen und als Folge davon eine Art Immunität gegen den häretischen Imperativ zu gewinnen. Heroisch mag dieser Akt durchaus sein, doch er ist auch illusionär. Und das ist auch die Immunität, die sie behauptet zu erzeugen. Die Neo-Orthodoxie beschwört Figuren herauf, die sich dem »Wort Gottes« in einem empirisch unzugänglichen Bereich stellen. Doch in einem solchen Bereich existieren keine konkreten Menschenwesen. Sie existieren vielmehr als geplagte Schweizer Pfarrer, französischsprechende Araber, die auch Moslems sein möchten, amerikanische Universitätsstudenten, die sich die Paperbackausgabe des tibetanischen Totenbuches beschaffen können, Ex-Juden und Neo-Hindus und all die übrigen, die wir dem Zugriff des Pluralismus ausgesetzt sind. *Das* ist der Bereich, in dem sich religiöse Erfahrung und religiöse Reflexion empirisch abspielen. Dies zu leugnen heißt, die Realität unserer Welt zu leugnen. Realitätsleugnung ist stets ein schlechter Ausgangsort.

Reflexion über den Donner

Im Zusammenhang mit einer Kritik an dem neo-orthodoxen Modell muß nun ein wichtiger Gesichtspunkt herausgearbeitet werden: Das Modell beruht auf einem bestimmten Prozeß der *Reflexion* über Religion. So geschieht es, daß, wie im Falle von Barth, das Modell häufig die Auffassung in Abrede stellt, daß seine Reflexion sich auf einer spezifischen Erfahrung gründet. Das heißt, das Modell neigt dazu, anti-empirisch und anti-induktiv zu sein. Eine Kritik an dem Modell braucht natürlich auch diesen seinen Aspekt nicht zu akzeptieren. Im Rahmen einer solchen Kritik ist es folglich ganz und gar logisch, präzise nach der Art von *Erfahrung* zu fragen, die dem neo-orthodoxen Reflexionsprozeß zugrunde liegt. Und die folgende Implikation sollte sorgsam beachtet werden: *Die Weigerung, dem neo-orthodoxen Theologen in seinem Reflexionsprozeß zu folgen, schließt nicht notwendig die Weigerung ein, die Erfahrung, die der Reflexion zugrunde liegt, ernst zu nehmen.*[28]

Anders gesagt, das neo-orthodoxe Modell theoretisch abzulehnen heißt nicht unbedingt, seine praktische (das heißt Erfahrungs-)Grundlage abzulehnen. So kann ein Verständnis der empirischen Grundlage der Neo-Orthodoxie durchaus zu einer teilweisen Rechtfertigung dieses Religionszuganges führen – und dies *trotz* der Tatsache, daß der neo-orthodoxe Denker vielleicht bestritten hat, daß eine solche empirische Grundlage überhaupt existiert! Um es positiver zu formulieren: *Innerhalb einer bestimmten Erfahrung bringt die Neo-Orthodoxie in der Tat eine gültige Einsicht zum Ausdruck.*

Was ist das für eine Erfahrung?

Mircea Eliade spricht von den »Hierophanien« oder Manifestationen des Heiligen, die den großen Wendepunkt in der Religionsgeschichte bilden. Diese Hierophanien erleben lebendige Menschen, auch wenn manche dieser Erfahrungen späteren Generationen nicht leicht zugänglich sind. Man kann es sogar noch schärfer formulieren: Zumindest im Rahmen einer diesseitigen Perspektive (des Historikers, des Sozialwissenschaftlers oder des Mannes auf der Straße) *sind* Hierophanien menschliche Erfahrungen. Wie schwierig es auch sein mag, die Kluft von Zeit und Raum zu überbrücken, im Prinzip ist jede menschliche Erfahrung verstehbar. So kann ein Zeitgenosse die Erfahrungen des Rigveda, des Zoroaster, des Jesaia oder der Menschen, die die großen Tempel der Maya-Kultur errichtet haben, zu verstehen suchen – oder übrigens auch die in der Religion der sogenannten primitiven Kulturen verkörperten Erfahrungen. Grundsätzlich ist keine menschliche Erfahrung etwas unumstößlich Fremdartiges.

Eine Hierophanie wird als Einbruch einer anderen Realität in die Realität des normalen Menschenlebens erfahren. Überflüssig zu betonen, daß die Art dieses Einbruchs sich von Kultur zu Kultur und von einer Religionstradition zur anderen erheblich unterscheidet. So zeichnete sich Vorderasien (vor allem Syrien-Palästina, die Arabische Halbinsel und der Iran) durch einen besonders ausgeprägten Typ von Hierophanie aus, den man verschiedentlich als »kerygmatisch«, »revelatorisch« oder »prophetisch« beschrieben hat. Dagegen sind die vom indischen Subkontinent herstammenden Religionstraditionen von ganz anderem Charakter; sie versuchen eher zu überzeugen als zu verkünden, sind weniger dogmatisch, beharren weniger streng auf bestimmten Offenbarungsmomenten. In beiden Fällen jedoch besitzt die Hierophanie in sich selbst eine Gewähr für Sicherheit. Das heißt, jeder Mensch, der inmitten einer solchen Erfahrung steht, fühlt sich dadurch gedrängt auszurufen: »Ja, ja, dies ist die Wahrheit, es kann gar nicht anders sein.« *Jede Hierophanie ist wie ein Donner, und die Menschen, die ihn hören, müssen das Gefühl haben, daß dieser Donner jedes andere Geräusch im Weltall übertönt.* Das kann gar nicht anders sein. Um es mit christlichen Worten zu formulieren, es ist völlig verständlich, daß die Gemeinschaft der Jünger, die sich aufgrund der Erfahrungen von Golgatha, Ostern und Pfingsten in Jerusalem und Galiläa zusammenfand, genötigt war zu fühlen und auch auszusprechen, daß »kein anderer Name unter dem Himmel« denn der von Jesus Christus das Heil bringen könne, das ihr Leben verwandelt habe. Es hätte nicht anders sein können. Die jedem Hierophanie-Erlebnis innewohnende Exklusivität wird fernerhin durch den oben erwähnten vorderasiatischen Kulturkreis mit seiner jahrhundertealten Tradition kerygmatischer Bewegungen und prophetischer Gestalten hervorgehoben. Der Islam ist wahrscheinlich der klarste Ausdruck dieses kerygmatisch-prophetischen Impulses. Obwohl der Islam in der Anerkennung von Propheten vor Mohammed (einschließlich Abraham, Moses und Jesus) eine gewisse Großmütigkeit an den Tag legte, sah er sich doch gezwungen, auf der exklusiven Endgültigkeit der mit dem Koran einhergehenden Offenbarung zu beharren: »Wir haben den Koran in der Nacht Al-Kadr offenbart. Was lehrt dich begreifen, was die Nacht Al-Kadr ist? Die Nacht Al-Kadr ist weit besser als tausend Monate. In ihr stiegen die Engel und der Geist, mit Erlaubnis ihres Herrn, mit den Anordnungen Allahs über alle Dinge herab. Friede und Heil bringt diese Nacht bis zum Erglühen der Morgenröte.«[29] Der »Friede«, von dem die Koran-Stelle spricht, ist genau der Friede äußerst möglicher Sicherheit. Dennoch erglüht die Morgenröte, sogar für Mohammed. Und das ist der Punkt, wo die Reflexion einsetzen muß. Um zum Christentum zurückzukehren: Es besteht keinerlei Notwendigkeit, der urkirchlichen Erfahrung die Gültigkeit abzusprechen, um die Form in Frage zu stellen, in der diese Erfahrung durch die Predigten und Lehren ebendieser Kirche zum Ausdruck gebracht wurde. Die Erfahrungsumwandlung durch Reflexion ist natürlich ein allgemeines menschliches Phänomen. Reflexion vollzieht sich seinem eigentlichen Wesen nach in der Kühle des Tageslichtes, am Morgen darauf sozusagen. In dieser Hinsicht ist die Reflexion über religiöse Erfahrung keine Ausnahme – nicht für jene, die in ihrem eigenen Leben die Ruhmesnächte, in denen das Heilige sich manifestierte, erlebt haben, und noch weniger für jene, die niemals eine solche Nacht durchlebt haben und ihr mit Hilfe überlieferter Berichte und durch Vergleich mit eigenen Erfahrungen, die jener besonderen Erfahrung nahekommen, einen Sinn verleihen müssen.

Schilderungen von Hierophanie-Erfahrungen müssen, wenn man über sie reflektiert, mit äußerstem Ernst angegangen werden. Wie im nächsten Kapitel dargelegt werden soll, verträgt sich dies nicht mit dem Reduktionismus, der bei modernen Betrachtungsweisen über Religion seit der Aufklärung so häufig anzutreffen ist. Freilich darf kein Hierophanie-Erlebnis isoliert gesehen werden, so als habe es nie ein anderes gegeben. Auch dürfen die Äußerungen jener, die eine solche Erfahrung durchlebt haben, nicht als einzig mögliche oder maßgebliche Interpretationen gewertet werden. Ein Hierophanie-Erlebnis ist seinem Wesen nach ein Zustand der Intoxikation mit dem Göttlichen. In einem solchen Zustand neigt man dazu, Dinge zu sagen, die später anders formuliert werden müssen. Algazel, der große muslimische Denker, der im Islam dem Mystizismus Geltung verschaffte, hat bei der Erörterung einiger ausgefallenerer Auffassungen der Mystiker diesen Aspekt ziemlich gut erfaßt: »Sie werden trunken durch eine Trunkenheit, die ihren Verstand in sich zusammenfallen läßt.« Doch dann, fährt er fort, muß die nüchterne Reflexion einsetzen: »Die Worte der Liebenden im Zustand der Trunkenheit dürfen nicht verbreitet, sondern müssen verheimlicht werden ... sobald ihre Trunkenheit abgeklungen und die Souveränität ihres Verstandes wiederhergestellt ist – und Verstand ist Gottes Waagschale auf Erden.«[30] *Mutatis mutandis* kann, was Algazel über die Sufis gesagt hat, auch für die Apostel gelten. Und man kann sich schwerlich ein wichtigeres Prinzip für das theologische Denken des Christentums vorstellen als das Festhalten daran, daß »der Verstand Gottes Waagschale auf Erden ist«.

Doch es ist an der Zeit, noch einmal zu dem neo-orthodoxen Modell zurückzukehren. Um es zu wiederholen, es handelt sich um ein theoretisches Modell, das jedoch, wie alles menschliche Theoretisieren, in der Erfahrung begründet liegt. Es ist *nicht* die Erfahrung einer neuen Hierophanie; tatsächlich gibt es zwar solche Erfahrungen, doch der Begriff »Neo-Orthodoxie« ist für sie nicht angebracht. Es ist vielmehr die Erfahrung einer neuen gestärkten Traditionskraft, die diese oder jene Hierophanie in sich aufgenommen hat. Diese Erfahrung von der Flut ursprünglicher Hierophanien unterscheiden heißt nicht, sie zu entwerten oder ihre Kraft zu übersehen. Barth als paradigmatisches Beispiel anzugeben, sollte eigentlich ausreichen, um diesen Punkt hinreichend klarzumachen. Auch muß die Neo-Orthodoxie nicht die Form einer intellektuellen Bewegung annehmen. Sie kann sehr ungebildeten Leuten widerfahren, und selbst dort, wo sie einen intellektuellen Ausdruck findet, kann sie durchaus ganz unintellektuelle Leute berühren.

Welche Form die Neo-Orthodoxie auch immer annimmt, sie ist im wesentlichen Erfahrung einer Rückkehr zur Lebenskraft einer Tradition – mehr noch, ein Wiedererwecken und Wiedererwachen dieser Lebenskraft, sowohl existentiell wie in der Reflexion. Die alten Worte werden wieder lebendig. Die alte Kraft, die längst vergessene, manifestiert sich erneut als Realität. Durch diese Erfahrung wird das Leben des einzelnen dramatisch verwandelt, genau wie Gedanken und Theorien. Eines der dramatischen Beispiele für diese Erfahrung unter den religiösen Denkern des zwanzigsten Jahrhunderts ist das von Franz Rosenzweig, des deutschen jüdischen Philosophen, der an einem Punkt in seinem Leben nahe daran war, Christ zu werden. Dann nahm er an Jom Kippur im Jahre 1913 an einem Gottesdienst in einer kleinen orthodoxen Synagoge in Berlin teil – und verließ sie am Ende des Tages als veränderter Mensch und als Jude.[31] Rosenzweig war ein Intellektueller von außerordentlichen Gaben, und das Erlebnis seiner Rekonversion gab ihm den Anstoß zu einem theoretischen Werk von eindrucksvoller gedanklicher Weite. Doch die Grunderfahrung einer solchen »Heimkehr« zum Judaismus machen im heutigen Amerika auch viele Menschen mit bescheideneren Verstandesgaben.[32] *Mutatis mutandis* haben die gleiche Erfahrung sowohl Christen gemacht wie auch Menschen aus jedem anderen religiösen Umfeld. Wer diese Erfahrung der »Heimkehr« macht, verspürt in jedem Fall das Bedürfnis, sich mit der Gemeinschaft zu identifizieren, welche die von dem Betreffenden nunmehr bekräftigte Tradition verkörpert, und da die Rekonversion noch neu und *ipso facto* fragil ist, ist die Identifizierung mit der Gemeinschaft für gewöhnlich sehr stark.

Aus diesem Grunde betont die Neo-Orthodoxie im allgemeinen starke Gemeinschaftsbande. Religionssoziologisch formuliert, neigt die Neo-Orthodoxie zum Sektierertum. Im Falle von Barth äußert sich dies in der Abwendung von seinem früheren »existentialistischen« Individualismus hin zu einer Betonung der Glaubensgemeinschaft; aus diesem Grunde hat er natürlich sein großes systematisches Werk *Kirchliche Dogmatik* genannt. Bei den Rekonvertiten zum Judaismus stößt man auf eine starke gedankliche Beschäftigung mit einer kollektiven und gemeinschaftlichen »jüdischen Identität«. Diese quasi-sektiererische Stoßkraft der neo-orthodoxen Bewegungen läßt sich soziologisch erklären. Obwohl daran einige komplexe Mechanismen beteiligt sind, ist das Grundfaktum ziemlich simpel. Jede Konversion ist etwas Fragiles; daher müssen sich Konvertiten zur wechselseitigen Unterstützung gegenüber einer Außenwelt, die sie nicht verstehen will, zusammendrängen, und die Sekte ist die Sozialform par excellence zum Zusammenhocken.[33]

Mit den neo-orthodoxen Erfahrungen – das heißt mit Erfahrungen der Rekonversion – wird die Traditionsautorität wiedergewonnen. Für den einzelnen wird sie subjektiv real und kann dann wieder als objektive Realität erlebt werden. Das gilt sowohl für den Mann von der Straße wie für den Theoretiker. Aufgrund der enormen Erfahrungsstärke fühlen sich beide, der gewöhnliche Mensch wie der Intellektuelle, genötigt, diese Erfahrung zu verabsolutieren. Auf der Ebene des »kleinen Mannes« äußert sich dieser Impuls als intensive, verpflichtende Bindung an die Gemeinschaft oder die Gemeinde. So führte die protestantische Neo-Orthodoxie zu einer sogenannten »Wiederentdeckung der Kirche«. Auf der Ebene des Theoretikers kommt es zu einer Art der Verabsolutierung, wie wir sie beim Barthschen Modell analysiert haben. Auf beiden Ebenen erzeugt dies eine Inbrunst und einen *élan* ohnegleichen.

Vor allem Vertreter einer liberalen Einstellung zum religiösen Denken tun sich mit dieser Leidenschaft schwer. Verglichen mit den leicht erregbaren, aufdringlichen Menschentypen, welche die Neo-Orthodoxie hervorbringt, müssen Liberale lau und langweilig erscheinen, müssen es zwangsläufig. Doch dies ist ein Handikap jeder abwägenden Haltung in intellektuellen Fragen. Der Mensch, der apodiktisch erklärt, er sei im Besitz der Wahrheit, hat einen psychologischen Vorteil gegenüber dem Menschen, der zu bedenken gibt: »Halt, warte einen Augenblick, laß uns die Sache auch mal von der anderen Seite betrachten.« Das Bemühen um eine ausgewogene Ansicht ist der kerygmatischen Haltung nicht zuträglich. Das mag zwar so sein, doch als Argument ist es ebenfalls irrelevant. Es wäre freilich ein Fehler, die Kritik an der Neo-Orthodoxie nur in Begriffe einer nüchternen und ernüchternden Rationalität zu kleiden. Das wäre eine Wiederholung des Fehlers der Religionskritik im Zeichen der Aufklärung. Nicht allein intellektuelle Stärke oder gar Starrheit können hier zur Debatte stehen, wenn es um Tugenden geht. Es gibt noch etwas anderes, auf das weiter oben, im Zusammenhang mit den methodologischen Voraussetzungen der Phänomenologie, Bezug genommen worden ist: *die Entschlossenheit, seiner eigenen Erfahrung treu zu bleiben.*

Viele Zeitgenossen kennen sowohl die Erfahrung, einmal in einer Tradition zu Hause gewesen zu sein, wie auch die Erfahrung, sie aufgegeben zu haben. Beide Erfahrungen muß man ernst nehmen, und keine von beiden muß notwendigerweise als Abweichung oder Abirrung umgedeutet werden. Das gleiche gilt auch für die Erfahrung der Heimkehr, das heißt für jene Menschen, die sie gemacht haben. Sie darf *weder* abgelehnt *noch* verabsolutiert werden. Sie ist eine Erfahrung unter anderen, gleichermaßen in der Biographie des einzelnen wie in dem größeren Bereich menschlicher Möglichkeiten. Man muß sich ihr stellen, muß sie erkunden, vergleichen, ihre Gültigkeit herausfinden. Wenn diese Erfahrung tatsächlich an etwas rührt, das man die Wahrheit nennen kann, wird diese Wahrheit sich immer und immer wieder bestätigen, gleichgültig wie viele ernüchternde Fragen auch an sie gerichtet werden mögen. Mit diesen Worten wiederholt man nur die jahrhundertealte Einsicht religiöser Denker aller großen Traditionen: Religiöse Wahrheit hat vom Verstand nichts zu befürchten. Unter diesem Blickwinkel sollte man einräumen, daß »Glaubenssprünge« als Akt vorzeitiger Beendigung der Diskussion erscheinen – und vielleicht von weniger heroischem Glauben zeugen, als man zunächst gedacht hat. Manchmal ist es leichter zu springen als zu zögern.

4. Die reduktive Möglichkeit: Modernisierung der Tradition

Menschen wählen sich ihre Situation nicht aus. Im besten Falle können sie wählen, wie sie mit der Situation, in die sie durch die Zufälle von Geburt und Biographie geworfen sind, fertig werden. Dies gilt gleichermaßen für die praktischen wie die kognitiven Aspekte jeder Situation. Ein Mensch hat nicht die Wahl, Mann oder Frau, weiß oder schwarz, reich oder arm, gesund oder krank zu sein. Sicher, es gibt Unterschiede hinsichtlich der Art und Weise und des Ausmaßes, wie Menschen in ihrem späteren Leben die Sorglosigkeit, mit der sie sich ihre Eltern ausgewählt haben, wieder wettmachen. So machen es manche Gesellschaften für eine Frau leichter als andere, den Zwängen ihrer »Geschlechtsrolle« zu entfliehen, oder auch für das Mitglied einer unterdrückten Minderheit, gegen das Unterdrükkungssystem zu rebellieren, oder schließlich für einen armen Menschen, seinen ökonomischen Status aufzubessern. Kein Zweifel, es gibt auch Unterschiede zwischen Menschen, genau wie zwischen Gesellschaften, und ein »starker« Mensch überwindet unter Umständen Krankheiten und körperliche Behinderungen, die einen »schwachen« vernichten. All dies ändert jedoch nichts an der grundlegenden Tatsache der menschlichen Conditio, die von der Existenzphilosophie zutreffend als »Situiertheit« oder »Geworfensein« bezeichnet worden ist: Menschen sind in der Tat in eine Welt geworfen, die nicht von ihnen geschaffen wurde. Diese Grundtatsache ist Ausgangspunkt wie Begrenzung aller von Geltungsbedürfnis, Rebellion oder Veränderung getragenen Handlungen. Das gleiche gilt für die kognitiven Aspekte jeder Situation. Der Mensch kann sich seine Muttersprache mit all ihren Folgen für seine Wahrnehmung der Welt und sein Denken über die Welt nicht auswählen. Auch kann der Mensch, selbst wenn er ein großer Philosoph sein sollte, sich das kognitive Milieu, in dem er sich als Erwachsener bewegen muß, nicht aussuchen, auch wenn er es (sofern er überzeugend oder sehr mächtig oder beides ist) vor seinem Abtritt von der Bühne unter Umständen ein wenig modifizieren kann.

In der Menschengeschichte hat es Situationen gegeben, in denen die Götter so nah und vertraut zu sein schienen wie die Mitmenschen oder die natürliche Umwelt. Vielleicht lassen sich auch heute noch solche Situationen antreffen. Geläufiger heutzutage ist jedoch eine Situation, in der sich die Götter zurückgezogen haben. Gelegentlich hat es sogar den Anschein, als wenn sie völlig verschwunden wären. Auch dieses ist eine Situation, die sich der einzelne nicht ausgewählt hat. Mit anderen Worten, die Welt, in die Menschen geworfen werden, kann von Göttern bevölkert oder leer sein, und jeder dieser Umstände wird zuallermindest den Ausgangspunkt für Erfahrung und Reflexion festlegen. Den ersteren Fall kann man im Rückblick als verlorengegangenen Stand der Gnade oder als glücklich überwundene Unwissenheit bezeichnen, den letzteren kann man betrauern oder begrüßen. Doch unabhängig davon, es ist wichtig, daß zunächst einmal der Charakter jeder dieser Situationen erkannt und anerkannt wird. Welche Reise man auch unternehmen möchte, vorher ist es notwendig, den Ausgangspunkt festzulegen.

Aus Gründen, die wir in früheren Kapiteln angedeutet haben, ist die moderne Situation durch ein hohes Maß an Modernisierung gekennzeichnet. Analytiker der Modernität sind unterschiedlicher Auffassung darüber, in welch hohem Maße. Doch man geht sicher nicht fehl mit der Annahme, daß das moderne Bewußtsein für einen engen Kontakt mit den Göttern nicht gerade förderlich ist. Auch diese Säkularität des modernen Bewußtseins mag man wiederum betrauern oder begrüßen, je nach dem jeweiligen Standpunkt. In jedem Fall sollte sie anerkannt werden. Sie ist etwas Gegebenes, ein Datum der heutigen Situation, vor allem in westlichen Ländern. Niemand hat sie sich ausgesucht. Zur Wahl steht jedoch bis zu einem nicht geringen Ausmaß die Reaktion des einzelnen auf diese Situation. Und Einsicht in die verschiedenen Wahlmöglichkeiten für diese Reaktion ist natürlich das Hauptthema dieses Buches.

Die orthodoxe Geistesverfassung hat bis jetzt das Wesen der

modernen Situation noch nicht wahrgenommen (oder vielleicht wäre es richtiger zu sagen, daß die orthodoxe Einstellung sich eigentlich überhaupt nicht in dieser Situation befindet). Die neo-orthodoxe Geistesverfassung leugnet durch einen Willensakt die moderne Situation, zumindest insoweit, als sie die Tragweite ihrer kognitiven Herausforderungen in Abrede stellt. Anders gesagt, für den Orthodoxen ist bisher noch nichts geschehen, wohingegen der Neo-Orthodoxe so tut, *als ob* nichts geschehen wäre. Oder noch anders gesagt, der Orthodoxe hält an der Tradition weiterhin »unschuldig« fest, während der Neo-Orthodoxe diese »Unschuld« verloren hat und somit gezwungen ist, die Tradition in einem den Geist nicht selten überstrapazierenden Bemühen zu bekräftigen. Auf der anderen Seite des Spektrums möglicher Reaktionen steht eine Geistesverfassung, welche die Tradition für nicht länger vertretbar hält, es sei denn, daß sie in aller Gründlichkeit in die Kategorien des modernen Bewußtseins übersetzt wird. Diese Auffassung ist das genaue Gegenteil der orthodoxen oder neo-orthodoxen Einstellung: *Alles* ist geschehen.
Die radikalste Form dieser Auffassung ist die klassische Äußerung von Nietzsche, daß Gott tot sei. Im Zusammenhang mit der seinerzeit als »Tod der Gottesbewegung« (»death of God movement«) bekannt gewordenen Strömung in der protestantischen Theologie Amerikas kleidete Thomas Altizer das Nietzsche-Wort in den sechziger Jahren in die folgenden Worte: »Eine Theologie, die sich zum Ziel gesetzt hat, mit unserer Zeit zu gehen, eine Theologie, die das Schicksal der Geschichte anerkennt, muß als erstes die theologische Bedeutung von Gottes Tod betonen. Wir müssen uns klarmachen, daß der Tod Gottes ein historisches Ereignis ist, daß Gott in unserem Kosmos, in unserer Geschichte, in unserer *Existenz* gestorben ist.«[1] Nun, hier ist von Interesse, daß Altizer den Tod Gottes als Ausgangspunkt für ein Unterfangen der *Christlichen Theologie* nahm. Im Gegensatz dazu haben natürlich die meisten anderen (einschließlich Nietzsche, das sei hier besonders betont), die ebenfalls zu dem Schluß kamen, daß Gott tot sei, *ipso facto* angenommen, daß weiteres Theologisieren so wenig Sinn hat wie weitere Affirmationen christlichen Glaubens. Altizer und sein Kreis wollten als Christen andererseits mit Hilfe von Kate-

gorien, die (so behaupteten sie jedenfalls) *nicht tot* waren, weiterhin glauben und reflektieren. Ohne Frage, die Kennzeichnung dieser Uminterpretierung als »radikal« ist überzeugend. Ihre Einzelheiten sollen hier nicht weiter verfolgt werden, doch es ist nützlich, sich diese neue Interpretation ins Gedächtnis zu rufen, um so die extremen Auffassungsformen zu zeigen, die möglich waren im Gefolge der Erkenntnis, daß die moderne Situation für die religiöse Erfahrung und für das religiöse Denken eine völlige Änderung herbeiführte.

Handel mit der Modernität

Um es zu wiederholen, die Perspektive der Wissenssoziologie ist hilfreich, wenn man sich die Dynamik der reduktiven Möglichkeit vergegenwärtigen und sie verstehen will. Denn nicht mehr und nicht weniger als jede andere Option in der heutigen Situation liegt diese Möglichkeit nicht in irgendeiner Art von platonischem Himmel oder in einem von den Realitäten des Alltagslebens abgespaltenen theoretischen Bereich. Sie beruht vielmehr auf Erfahrung, und zwar vortheoretischer Erfahrung, und hat spezifische Plausibilitätsstrukturen, die sich soziologisch analysieren lassen. Hier handelt es sich spezifisch um die Erfahrung eines modernen Bewußtseins, in dem religiöse Traditionen, einschließlich der eigenen, verschwommen und unklar geworden sind, und dieses Bewußtsein hat seinerseits einen gesellschaftlichen Kontext. Im Prinzip teilen diese Erfahrung der säkularisierenden Kraft von Modernität sowohl Intellektuelle wie Nichtintellektuelle. Die Religionssoziologie hat nachgewiesen, wie ganz gewöhnliche Leute, die selten ein Buch lesen und niemals eines schreiben, davon betroffen worden sind. Man kann in diesem Zusammenhang beispielsweise die Pionierarbeit von Gabriel LeBras erwähnen, dem französischen Soziologen, der in den dreißiger Jahren unseres Jahrhunderts den Einfluß des urbanen Lebens auf die Religion zu untersuchen begann. So beschäftigte sich LeBras mit der Frage, was mit dem Religionsleben der Bretonen, die nach Paris abwanderten, im einzelnen geschah. Zu jener Zeit (und das mag sogar heute noch so sein) war die Bretagne eines der vom Katholizismus am stärksten beeinflußten Gebiete Frankreichs, und die Bretonen erzielten bei jedem Indikator für religiöse Bindung und Verpflichtung die höchsten Werte. All dies änderte sich drastisch und plötzlich, sobald die bretonischen Abwanderer in Paris eintrafen, und zwar in einem solchen Maße, daß LeBras bemerkte, im Gare du Nord (der Bahnstation, auf der die meisten Bretonen nach Paris anreisten) müsse es ein magisches Pflaster geben, das gute Katholiken in Agnostiker oder zumindest in nichtpraktizierende Gläubige verwandele. In Wahrheit ist natürlich (wie LeBras sehr wohl wußte) bei dieser Art von Verwandlung keinerlei Magie im Spiel. Der Wissenssoziologe kann durchaus beschreiben, was in solchen Fällen geschieht, das heißt, er kann erklären, daß die Plausibilitätsstruktur des traditionellen Glaubens und der Glaubenspraxis durch die Abwanderung geschwächt worden ist, und sobald man dies erst einmal verstanden hat, ist an der veränderten Beziehung zur religiösen Tradition nichts Geheimnisvolles mehr. Aus dieser Perspektive wäre es in der Tat sogar ein Geheimnis, wenn eine solche Beziehung sich *nicht änderte.* Doch Abwanderer aus der Arbeiterschicht schreiben keine Bücher oder denken sich Theorien aus (oder wahrscheinlich genauer, wenn sie solche Theorien entwickeln, werden sie nicht festgehalten). Um so wichtiger ist es, sich klarzumachen, daß der Intellektuelle (hier der Theologe), der theoretisiert und sein Theoretisieren in Büchern festhält, im Grunde genau der gleichen Dynamik von Plausibilität und Inplausibilität unterworfen ist.

Die moderne Situation bringt folglich ein Gegensatzverhältnis zwischen gesellschaftlich dominierender Säkularität und dem religiösen Bewußtsein mit sich. Anders gesagt, die dominierende Säkularität übt *kognitiven Druck* auf das religiöse Bewußtsein aus. In der kursiv gesetzten Wendung sollte man besonders auf das Adjektiv achten. Denn es handelt sich nicht notwendigerweise um offenkundige Sozialprozesse, sagen wir um Mißbilligung, Lächerlichmachen, geschweige denn Verfolgung. Weit wichtiger, es handelt sich um eine Kluft zwischen den kognitiven Voraussetzungen des religiösen Bewußtseins und den kognitiven Voraussetzungen des den einzelnen umgebenden sozialen Milieus. Wenn dieses Milieu mächtiger ist (wie die Glitzerwelt der

Metropole Paris mächtiger und eindrucksvoller ist als die Subkultur der bretonischen Abwanderer mit ihrem niedrigen Status), dann geht von ihm in gleichem Maße kognitiver Druck aus. Manche Leute, Intellektuelle wie auch andere, lösen dieses Problem, indem sie dem Druck nachgeben. Das heißt ganz einfach, daß sie die kognitiv devianten Glaubensvorstellungen und Praktiken ihres religiösen Lebenshintergrundes aufgeben. Sie mögen dies laut und nachdrücklich tun und jeden davon informieren, daß sie keine Katholiken mehr sind (oder was immer sie ursprünglich gewesen sind). Wahrscheinlicher wird ihre Säkularisierung unauffälliger und eher stillschweigend sein. In jedem Fall haben sie mit diesem besonderen Problem nicht mehr zu tun.

Andere Leute sind freilich nicht so schnell bereit, ihre Tradition aufzugeben. Ob einfach aufgrund von Gewohnheit oder sentimentaler Bindung oder weil sie einer Sache treu bleiben möchten, die für sie eine Wahrheitserfahrung gewesen ist, jedenfalls suchen sie in der veränderten Situation zumindest den Kern der Tradition zu retten und zu bewahren. Was sich dann auf den verschiedenen Ebenen gedanklicher Verarbeitung vollzieht, angefangen von der Ebene theologischer Seminare bis hin zu Unterhaltungen in der Betriebskantine, kann man als *Prozeß kognitiven Handelns* (oder Feilschens) bezeichnen. Gerade weil der Säkularitätsdruck so stark ist, kann man nicht alles bewahren, sobald dieser Prozeß erst einmal eingesetzt hat. (Es sei an dieser Stelle daran erinnert, daß die neo-orthodoxe Option in erster Linie genau in der Weigerung besteht, in diesen Handelsprozeß einzutreten.) Mithin wird es also Kompromisse geben. Gewisse äußere Bekundungen von Frömmigkeit werden unter Umständen fallengelassen, in der Hoffnung, daß man an einem nicht weiter reduzierbaren Glaubenskern festhalten kann. Auf der kognitiven Ebene werden manche traditionellen Glaubenssätze aufgegeben, andere weiterhin vertreten. So wird beispielsweise auf Jesu Wunder der Speisung verzichtet (oder es wird in naturalistischen Begriffen erklärt, was auf das gleiche hinausläuft), jedoch nicht auf das Wunder der Wiederauferstehung. Oder es wird eingeräumt, daß Paulus mit seinen Ansichten über Frauen oder über die Sklaverei völlig falsch lag, doch nicht mit seiner Auffassung über die Rechtfertigung von Sündern. Und so weiter und so weiter. (Es ist bereits darauf hingewiesen worden, daß in diesem Prozeß des Handelns und Verhandelns ein Problem angelegt ist, nämlich das Problem, daß die Säkularität, wie übrigens alle dominierenden Weltanschauungen, einen großen Appetit hat, so daß es schwierig ist, das Aufgeben anzuhalten.)

Die Geschichte der protestantischen Theologie seit Schleiermacher läßt sich ziemlich zutreffend als großes Drama kognitiven Handels beschreiben. Und natürlich hat sich die liberale protestantische Theologie in dieser Hinsicht am stärksten betätigt. Ein gehässiger Beobachter könnte dieses Handeln auch als Strategie des geordneten Rückzugs bezeichnen. Das bisher an verschiedenen Stellen Gesagte sollte genügen, um klarzustellen, daß man diesem Buch keinen Mangel an Sympathie für das liberale Unternehmen der Theologie unterstellen kann, mag es auch anderweitig Fehler die Menge aufweisen. Das heißt, um es ganz kraß zu formulieren, ein gewisses Maß an kognitivem Handel mit dem modernen Bewußtsein wird hier als unvermeidlich angesehen. Das heißt jedoch weiter, daß es gelegentlich schwierig ist, zwischen Kompromiß und Verzicht eine scharfe Trennungslinie zu ziehen. Was bei einem Menschen Reduktionismus ist, kann bei einem anderen vernünftige Anpassung sein. Dennoch *kann* man eine Linie ziehen, nämlich an dem Punkt, wo das moderne Bewußtsein das letzte Kriterium aller religiösen Bestätigungen wird. Anders gesagt, es läßt sich von Reduktion sprechen, wenn die Grundmethode religiösen Denkens in der Aufgabe aller Traditionselemente besteht, die als unvereinbar mit den kognitiven Annahmen der Modernität gelten. Dies ist auf unterschiedliche Art und Weise getan worden. Wie es im vorausgegangenen Kapitel bei der Option der wiederhergestellten Deduktion versucht wurde, so wird auch hier das Verfahren erneut darin bestehen, einen wichtigen Fall aus der jüngsten Geschichte der protestantischen Theologie in Augenschein zu nehmen und sich anschließend die Frage zu stellen, bis zu welchem Maße dieser Fall für ein umfassenderes Strategiemodell steht.

Weghandeln der »Mythologie«

Der Fall, der hier betrachtet werden soll, ist das Programm der sogenannten »Entmythologisierung«, das der deutsche protestantische Theologe Rudolf Bultmann während des Zweiten Weltkrieges angeregt hat und das zumindest während des folgenden Jahrzehnts heftig umstritten war.[2] Bultmann legte sein Programm zuerst in einem Essay dar, der jedoch zu jener Zeit, das heißt während der letzten Kriegsjahre, in denen die Nazis praktisch die Veröffentlichung aller theologischen Schriften unterbanden, nicht erscheinen konnte. Der Essay mit dem Titel »Neues Testament und Mythologie« kursierte in hektographierter Form in einem ganz kleinen Kreis von Theologen und tauchte erst nach Kriegsende aus dem Untergrunddasein ans Licht.[3] Er erzeugte beinahe sofort heftige Auseinandersetzungen, zuerst in der deutschsprachigen Welt und dann international. So aufregend die Abhandlung auch an sich schon war, ihre Wirkung ist ohne Zweifel durch das geistige Format ihres Verfassers noch verstärkt worden. Bultmann hatte in den zwanziger Jahren seinen Ruf als Gelehrter in Fragen des Neuen Testaments begründet, und viele hielten ihn, zumindest eine Generation lang, für den hervorragendsten Vertreter auf diesem Gebiet. Er stand der Bewegung der »Dialektischen Theologie« nahe, war zeit seines Lebens nicht nur Universitätsprofessor (die meiste Zeit in Marburg), sondern auch ein aktiv engagierter, tätiger lutherischer Kirchenmann und hatte der sogenannten Bekennenden Kirche während ihres Widerstandes gegen den Nazismus angehört. Die Radikalität seiner Vorschläge, die auf viele wie eine seltsame Wiedergeburt der liberalen Theologie wirkte, die von Karl Barth ein für allemal begraben schien, kam mit dem Schock einer völligen Überraschung daher. Sie hatte tatsächlich ein wenig von dem Charakter einer Mann-beißt-Hund-Geschichte. Bultmann selbst trug seine Äußerungen mit großer Dringlichkeit vor, denn er hatte das Gefühl, daß irgendwelche Dinge in Richtung seines Programms geschehen müßten, wenn die protestantische Kirche die Nachkriegszeit überleben sollte.

Bultmanns Programm der Entmythologisierung beruht auf einem besonderen Verständnis von Mythologie und dem mythologischen Charakter des Neuen Testaments. Bultmann versteht Mythologie als eine Denkform, in der das Außerirdische so dargestellt wird, als sei es in der Welt wirksam, oder, anders gesagt, in der die empirische Welt fortwährend von jenseitigen Kräften durchdrungen wird. Diese übernatürlichen Kräfte brechen oder wirken nicht nur in Naturereignisse ein, auch die menschliche Persönlichkeit ist dem ständigen Einfluß einer anderen Welt zugänglich – durch Götter und Dämonen, Wunder oder Magie –, und in extremer Form nimmt diese Einstellung den Glauben an, daß Menschen von heiligen oder satanischen Geistern besessen werden können (wie etwa bei der frühen christlichen Erfahrung des Besessenseins vom Heiligen Geist oder in den verschiedenen Berichten über Teufelsaustreibungen durch Jesus und die Apostel). All dies basiert auf einer Kosmologie, in der die Welt des Menschenlebens Teil und Bestandteil einer Ordnung ist, die sowohl das Natürliche wie das Übernatürliche umfaßt. Für dieses Element der Bibel hat Bultmann den Begriff des »dreistöckigen Universums« geprägt; danach bildet die Erde eine mittlere Etage, auf der Wesen »von oben« (vom Himmel, aus dem neben anderen Christus herabgestiegen ist, um Mensch zu werden, und zu dem er nach seiner Auferstehung wieder zurückgekehrt ist) und »von unten« (aus der Unterwelt, dem Herrschaftsbereich des Todes und der Höllenmächte) miteinander in einem kosmischen Kampf liegen. Diese ganze mythologische Realitätsauffassung steht in scharfem Gegensatz zur modernen Weltanschauung, die von der Wissenschaft geprägt ist und die den Kosmos als ein in sich geschlossenes System empirischer Kausalitäten begreift. Die mythologische Weltsicht steht auch im Widerspruch zur modernen Auffassung von der menschlichen Persönlichkeit, die ebenfalls, ganz unabhängig von ihrem Verhältnis zu den natürlichen Kausalitäten, als ein geschlossener Bereich gilt, auf den fremde Kräfte aus einer jenseitigen Welt nicht einwirken (geschweige denn ihn durchdringen) können.

Die mythologische Weltsicht hat sich in allen Teilen des Neuen Testaments niedergeschlagen, in den Evangelien, den Paulus-Briefen, im gesamten Feld des christlichen Kerygmas. Um zu dieser Feststellung zu gelangen, konnte Bultmann natürlich seine reiche Kenntnis an historisch-kritischer Gelehrsamkeit einsetzen, eine Wissensfülle, deren Frucht eine lange Liste von Veröffentlichungen war. Wenn also Bultmann die Weltauffassung des Neuen Testaments als mythologisch bezeichnete, so hatte das ein ganz anderes Gewicht, als wenn dieser oder jener rationalistische Kritiker des Christentums die gleiche Erklärung abgegeben hätte. Niemand konnte behaupten, Bultmann habe nicht gewußt, wovon er sprach! Doch er sagte noch mehr. Er bestand darauf, der mythologische Charakter des Neuen Testaments liege nicht nur in bestimmten mythologischen Annahmen, die man als unerheblich für die Botschaft des Evangeliums abtun könne, wie es die Praxis des klassischen theologischen Liberalismus gewesen war. Vielmehr sei der eigentliche Gehalt der christlichen Heilsbotschaft, das Kerygma selbst, in eine mythologische Sprache eingebettet. Sie setze eine lange Reihe von unzweifelhaft mythologischen Realitätsvorstellungen voraus: seine Präexistenz im Himmel, seine Menschwerdung, seine Kreuzigung als Sühneopfer zugunsten von Sündern, seine Wiederauferstehung als Sieg in einem kosmischen Kampf, Erlösung durch Christus in Form der Aufhebung eines durch Adam über die Menschheit gekommenen Sündenfluches, Christi Aufstieg zum Himmel und seine Erhebung zur Rechten Gottes, seine Wiederkehr auf Wolken am Ende der Geschichte, die Auferstehung und Richtung der Toten, die Anwesenheit des wiedererstandenen Christus in der Kirche durch den Heiligen Geist und die Sakramente. All dies seien mythologische Konzepte, mythologische Gedankenmuster, Teil und Bestandteil einer mythologischen Ansicht vom Kosmos. Und als solche bildeten sie eine Weltanschauung, die der moderne Mensch nicht nur nicht akzeptieren, sondern nicht einmal begreifen könne. Sie sind nach Bultmanns Worten »erledigt«. Wenn das Christentum auf sie angewiesen sei, um weiterbestehen zu können, dann sei es selbst »erledigt«.

Wenn Bultmanns Programm nicht zu denken ist ohne ein spezifisches Verständnis von Mythologie und vom mythologischen Charakter des Neuen Testaments, so ist es gleichermaßen auch nicht zu denken ohne ein spezifisches Verständnis vom modernen Menschen und von seinen kognitiven Fähigkeiten. Obwohl Bultmann in seiner ursprünglichen Abhandlung der Erläuterung seines Verständnisses vom modernen Menschen nur bemerkenswert wenig Raum widmet, so ist dieser Teil seiner Arbeit doch von zentraler Bedeutung. Daher kann es auch nicht überraschen, daß er später mit im Mittelpunkt der Kontroverse um Bultmann stand. Wie dem auch sei, der moderne Mensch ist für Bultmann vor allem negativ definiert: Er ist jemand, von dem man *nicht* erwarten darf, daß er an all diese Mythologie glaubt.

Dem Menschen ist es nicht gegeben, seine Weltanschauung frei zu wählen, sie ist vielmehr durch seine historische Situation bedingt. Der moderne Mensch ist, selbst wenn er in mythologischen Begriffen denken wollte, an die Weltauffassung gebunden, die ihm von der Wissenschaft vermittelt wurde. Er kann zwar versuchen, sich davon zu überzeugen, daß er die Mythologie des Neuen Testaments tatsächlich akzeptieren kann, doch dies ist eine Übung in Selbsttäuschung. Es sind in moderner Zeit tatsächlich Bemühungen unternommen worden, mythologisches Denken wiederzubeleben, wie etwa mit dem »Mythos des 20. Jahrhunderts« der Nazis oder in den verschiedenen okkulten Bewegungen. Interessant daran ist jedoch, daß selbst diese neuen Mythologisierungen vorgaben, auf »wissenschaftlichen« Einsichten zu beruhen. Diese Unfähigkeit des modernen Menschen zum mythologischen Denken faßt Bultmann in einem Satz zusammen, der wahrscheinlich zu den am meisten zitierten seines Aufsatzes gehört: »Man kann nicht elektrisches Licht und Radioapparat benutzen, in Krankheitsfällen moderne medizinische und klinische Mittel in Anspruch nehmen und gleichzeitig an die Geister- und Wunderwelt des Neuen Testaments glauben.«[4] Es lohnt der Mühe, einen Augenblick bei den Eingangsworten »Man kann nicht« zu verweilen. In ihrem lapidaren Charakter erinnern sie an Luthers klassische Äußerung: »Hier stehe ich, ich kann nicht anders.« Auch hier der gleiche Unterton von rückhaltloser Ehrlichkeit, des mutigen Einstehens für die Einsichten des eigenen Bewußtseins. Doch jetzt (welch ein Wandel!) hat sich der *Inhalt* dieser Haltung von der biblischen Tradition zu der vermeintlichen Weltanschauung des modernen Menschen verschoben. Das Pathos dieser Verschiebung wird durch die offenkundige Tatsache, daß Bultmann sie nicht beabsichtigte, nur noch unterstrichen.

Aus all dem ergibt sich: Wenn das Christentum für den modernen Menschen einen Sinn haben soll, muß es radikal entmythologisiert werden, in seinem Kern sowohl wie an der Schale. Man kann nicht hier und dort ein wenig nachgeben, oder mit den Worten, die in früheren Passagen dieses Kapitels benutzt worden sind, man kann sich nicht auf einen kognitiven Handel einlassen. Man muß vielmehr die mythologische Weltsicht in ihrer Gesamtheit zurückweisen oder akzeptieren. Wer dies erst einmal verstanden hat, der hat wirklich keine echte Wahlmöglichkeit mehr. Die Frage ist dann nicht mehr, *ob* die christliche Botschaft entmythologisiert werden muß, sondern *wie* dies zu geschehen hat. In diesem Punkt grenzt sich Bultmann ganz klar ab von älteren liberalen Bemühungen, die man ebenfalls als Entmythologisierungsprogramme bezeichnen kann. Der klassische Liberalismus entmythologisiert das Neue Testament durch Übersetzung entweder in die Ethik oder in irgendeine Form mystischer Erfahrung. Worum es also beim Christentum »wirklich« geht, sind die ethischen Grundsätze von Jesus oder aber die Erfahrung einer Kommunion, einer Vereinigung mit Gott, für die Jesus oder die frühen Christen als Beispiel dienen mögen. An diesem Punkt kann Bultmann mit der ganzen Autorität des Gelehrten in Fragen des Neuen Testaments verkünden: Christentum nach der Lehre des Neuen Testaments ist *weder* ein System ethischer Grundsätze *noch* eine mystische Glaubenslehre. Eins von beiden beizubehalten hieße, zusammen mit der Mythologie auch das Kerygma aufzugeben, und das wäre das wirkliche Ende des Christentums. Das Kerygma muß erhalten bleiben, doch es muß dem modernen Menschen in einer nichtmythologischen Form vermittelt werden.

Diese Form der Vermittlung ist für Bultmann *existentiell*, und um sie zu erläutern, verwendet er den Begriffsapparat der Existenzphilosophie (vor allem Martin Heideggers). Bultmann ist empfindlich gegenüber dem Vorwurf, er projiziere in das Neue Testament ein Verständnis menschlichen Lebens hinein, das zum erstenmal im Denken des modernen Existentialismus aufgetaucht ist. Dies genau tue er nicht, versichert er. Die modernen philosophischen Kategorien dienten lediglich dazu, die menschliche Conditio als solche zu erhellen, und es sei zu begrüßen, daß sie dem Theologen von Nutzen sein könnten. Mehr noch, das Neue Testament selbst verlange nach Entmythologisierung, denn nur auf diese Weise ließen sich seine inneren Widersprüche versöhnen. So erkläre beispielsweise das Neue Testament auf der einen Seite, der Mensch sei unter die Knechtschaft dämonischer Kräfte gefallen, und fordere ihn auf der anderen Seite zur Entscheidung auf. Man entmythologisiere das Neue Testament und löse *ipso facto* seine Widersprüche auf, indem man die ihm zugrunde liegende existentielle Frage aufdecke und aufwerfe, im genannten Falle die Erkenntnis, daß der Mensch sich aus der Qual seines Seinszustandes nicht aus eigenem Antrieb befreien könne, sondern sich darauf verlassen müsse, daß Gott dies für ihn tun werde. Das Kerygma spreche genau diese existentielle Grundaussage an, heutzutage wie in den Zeiten des Neuen Testaments, und Heideggers philosophische Kategorien dienten lediglich dazu, dies verständlich zu machen.

Die Probleme, die der Historiker mit dem Neuen Testament hat, sind auf elegante Weise (Kritiker würden sicherlich sagen, zu elegante Weise) gelöst worden. Dem Neuen Testament geht es nicht um die abstrakte und unpersönliche Geschichte vergangener Ereignisse (der Ereignisse um den historischen Jesus), sondern um die Bedeutung dieser Ereignisse für den einzelnen selbst. Mit anderen Worten, das Neue Testament ist nicht an Historiographie interessiert, sondern an der Geschichte des auferstandenen Christus im Dasein derer, die an ihn glauben.[5] Somit wird der Osterglaube des Christen auf souveräne Weise unabhängig davon, welche Tatsachen dem Mythos des leeren Grabes zugrunde liegen mögen oder nicht. Anders gesagt, das Neue Testament wird als ein Werk interpretiert, das eine bestimmte Auffassung menschlicher Existenz in dieser Welt anbietet. Es ist eine ziemlich düstere Auffassung, welche die Übereinstimmung mit den niederdrückenden Kategorien des modernen Existentialismus glaubhaft macht. In dieser Welt lebt der Mensch in Unbeständigkeit und im Angesicht des Todes (Heidegger nannte dies »Leben auf den Tod hin«). Daher ist die menschliche Existenz gekennzeichnet durch permanente Angst (Kierkegaards *Angst*, Heideggers *Sorge*). Der Mensch ist verloren in dieser Welt von Angst, gefangen in Knechtschaft, leidet unter dem Bedürfnis nach Freiheit. Seine Bemühungen, sich zu befreien, sind zum Scheitern verurteilt (die Schauspiele von

Jean-Paul Sartre sind vielleicht der beredteste Ausdruck für die Auffassung, daß alle Menschen bestrebt sind, einen »Ausgang« zu finden – wo es keinen gibt, erklärt Sartre unentwegt). Dieses Scheitern gründet in der eigentlichen Natur des Menschen, in dem, was Luther das »auf sich selbst zurückgebogene Herz« des Menschen nannte (*cor incurvatus in se ipsum*). Leben im Geist und im Glauben ist die Erfahrung einer von außen, von Christus kommenden Befreiung. Glaube an die Verkündigung befreit den Menschen aus Knechtschaft und macht ihn offen für Gott und für die Welt. Eben dieser Glaube mildert die Angst dieser Welt bis hin zu Bedeutungslosigkeit, wischt die Last der Vergangenheit beiseite und ermöglicht es dem Menschen, frei für eine nicht endende Zukunft zu werden. Doch diese Erfahrung ist nicht mystisch, ja nicht einmal psychisch. Sie ist stets das Ergebnis einer Handlung, einer Entscheidung (hier taucht wieder Kierkegaards »Glaubenssprung« auf). Zugleich wird diese Handlung/Entscheidung als frei gewährte Gnadengabe Gottes verstanden; der Gläubige weiß, daß er sich ihrer niemals sicher sein oder daß er sie logisch oder empirisch verifizieren kann.

All diese existentiellen Aussagen sind (wie Bultmann argumentiert) nicht auf eine mythologische Weltsicht angewiesen. Im Gegenteil, sie sind für den modernen Menschen in seiner spezifischen historischen Situation zutiefst und zwangsläufig bedeutsam. Das Christenleben darf nicht so verstanden werden, als beziehe es sich auf übernatürliche Prozesse oder Ereignisse, ob in Vergangenheit oder Gegenwart. Es vollzieht sich vielmehr vollständig in dieser Welt. Es läßt sich niemals im Sinne von Wunder erklären oder fassen, läßt sich niemals aus dem natürlichen Rahmen menschlicher Existenz herauslösen. Etwas anderes versuchen oder tun hieße, sich erneut der Wahlmöglichkeit stellen, die Jesus zurückwies, als Satan ihn drängte, von der Tempelzinne zu springen, um sein Messiasamt zu beweisen. Obwohl Bultmann in seiner ersten Abhandlung den Begriff nicht benutzte, ist es doch gerechtfertigt zu sagen, daß Entmythologisierung die Säkularisierung einschließt.

Bultmann war sehr beunruhigt von der Frage, ob dieses Verständnis menschlicher Existenz ohne Christus, christlichen Glauben oder christliche Verkündigung möglich sei. Er räumte

ein, der moderne Existentialismus habe gezeigt, daß zumindest die anthropologischen Voraussetzungen dieses Verständnisses für den Nicht-Christen denk- und annehmbar seien. Doch er betonte auch, daß der moderne Existentialismus ohne das Neue Testament, ohne Luther, Kierkegaard und Dostojewskij in der Geschichte (in der Geschichte *westlichen* Denkens) nicht aufgetaucht wäre. Unabhängig davon hält das Christentum gegenüber dem Existentialismus an der Auffassung fest, daß ein Verständnis menschlicher Conditio als Angst, Verlorenheit und so weiter nicht ausreicht. Der Mensch kann sich aus dieser Conditio nicht befreien. Er kann nur durch einen Akt des transzendenten Gottes befreit werden. Die Grenzlinie zwischen christlich-existentieller und säkular-existentieller Anthropologie erscheint an dieser Stelle gefährlich schmal, und Bultmann war sich dessen vollauf bewußt. Er war sich auch im klaren über den Einwand (von dem seine Kritiker späterhin viel Gebrauch machten), daß von einem transzendenten Gott zu sprechen, der in die Welt hineinwirke, als mythologische Sprache, wie er sie selbst definierte, bezeichnet werden könnte. Das Problem bleibt ungelöst, doch Bultmann erklärt wiederholt, daß es gelöst werden könne durch den Akt des Glaubens selbst; der Barthsche Beigeschmack dieser Haltung ist nicht zufällig.
Dieser Akt Gottes in Christus wird ebenfalls entmythologisiert. Im Grunde wird dieser Akt als etwas verstanden, das hier und jetzt stattfindet, in der Begegnung von Kerygma und Glaube. Der Osterglaube an die Wiederauferstehung wird nicht mehr als Glaube an ein historisches Ereignis vor rund zweitausend Jahren verstanden, ist nicht mehr Glaube an ein Ereignis, das sich im Mythos des leeren Grabes und geisterhafter Erscheinungen des gekreuzigten Jesus niedergeschlagen hat, sondern ist vielmehr Glaube an Gott, der dem heutigen Menschen begegnet, wie es ihm die christliche Botschaft verkündet. Dieser Gedanke wird beredt in folgenden Sätzen zusammengefaßt: »Christus, der Gekreuzigte und Auferstandene, begegnet uns in der Welt der Verkündigung, und nirgends sonst. Nur der Glaube an dieses Wort ist in Wahrheit der Osterglaube.«[6] Hier haben wir eine klassische protestantische Auffassung von der ungeheuren Bedeutung der Predigt vor uns, und nebenbei sei hier angemerkt, daß Bultmann zeit seines Lebens ein Prediger war, und

augenscheinlich ein sehr guter.[7] Die Eschatologie wird gleichfalls entmythologisiert und von einem kosmischen in einen existentiellen Bezugsrahmen gestellt. Sie bezieht sich am Ende nicht mehr auf irgendwelche obskuren, historisch nicht zu rekonstruierenden Ereignisse in Palästina, die eine bestimmte Bedeutung haben, sondern sie ereignet sich jeden Sonntag in dieser oder jener Kirche im Deutschland der Mitte des zwanzigsten Jahrhunderts. Kreuz und Auferstehung sind nicht mehr kosmische Ereignisse in einem mythologischen Universum, sondern Ereignisse, die Gott sich in der Existenz heutiger Menschen vollziehen läßt.

Wenn die Entmythologisierung den einzelnen Christen davor bewahrt, sich bei der Bibellektüre in geistiger Akrobatik zu üben, dann hat sie auch eine befreiende Wirkung auf die christliche Theologie. Der Theologe braucht nicht mehr bei jedem Fortschritt in biblischer Gelehrsamkeit oder in der Wissenschaft eine Verteidigungsstellung einzunehmen. Die christliche Botschaft ist damit auf eine Ebene gehoben, wo sie von solchen Dingen nicht länger behelligt wird. Man kann sich einen extremen Fall vorstellen. Angenommen, am Ostermontag sei eine Batterie von Filmkameras (ein wenig verfrüht) auf den für Jesus vorgesehenen Bestattungsplatz gerichtet worden. Weiter angenommen, ein Archäologe habe die Filme entdeckt, Filme, die nichts erkennen ließen oder vielleicht nur einige der Jünger, die im Schutze der Dunkelheit den Stein beiseite rollten und sich mit dem Leichnam davonmachten. All dies würde Bultmanns Osterglaube nicht beeinträchtigen und vermutlich auch nicht Gottes Akt in diesem Glauben. Mithin mündet Bultmanns Glaubensbegriff merkwürdigerweise (oder gar nicht so merkwürdigerweise) in eine Haltung, die empirisch nicht zu falsifizieren ist und der Barths ziemlich nahekommt.

Ein Übersetzungsmodell

Bultmanns Anregung, das Neue Testament und die christliche Botschaft als Ganzes zu entmythologisieren, ist das Werk eines kühnen Denkers von großer Gelehrsamkeit und Geistesschärfe.

Was immer man über die Verdienste dieser Anregung denken mag, man muß sie sowohl auf der Ebene ihrer intellektuellen Kraft wie der Integrität des Autors bewundern. Nichtsdestoweniger ist es wichtig, sich klarzumachen, daß sie als Versuch, mit dem kognitiven Mißvergnügen fertig zu werden, nicht für sich allein steht. Sie ist ein Versuch von bestimmter Art. Tatsächlich kann man Bultmanns Vorgehen als Modell einer spezifischen Form kognitiver Strategie ansehen. Wenn man es so betrachtet, muß man natürlich die wesentliche Struktur der Argumentation von den Inhalten des besonderen Falles abstrahieren. Wenn man dies tut, erweist sich das Modell als Möglichkeit nicht nur für christliche Theologen, sondern für jede andere Religionstradition auch.

Das Modell beginnt stets mit einer vermeintlich stichhaltigen Analyse der modernen Situation oder, genauer, des Bewußtseins moderner Menschen. Dieses Bewußtsein, so nimmt man an, ist säkularisiert und *ipso facto* nicht in der Lage, traditionellen Realitätsdefinitionen zuzustimmen. Soweit könnte natürlich auch ein orthodoxer oder neo-orthodoxer Denker folgen, doch er würde dann etwa sinngemäß fortfahren: »Genau, so ist der moderne Mensch. Wie schrecklich! Und dabei hat er völlig unrecht! Machen wir uns also an die Aufgabe, ihn in seiner Einstellung zu ändern.« Aber genau dies tut das hier in Frage stehende Modell *nicht*. Es springt von der empirischen Diagnose, daß das moderne Bewußtsein in der Tat säkularisiert ist, zu der erkenntnistheoretischen Annahme, daß diese Säkularisierung allen Weltanschauungen (mythologischen oder welchen auch immer), die ihm vorausgegangen sind, überlegen ist. Vielleicht ist dies der eigentliche »Sprung« dieses Modells! Gelegentlich wird dieser Übergang von empirischer Diagnose zur Erkenntnistheorie deutlich angezeigt. Das geschieht dann, wenn *Gründe* angegeben werden, warum der moderne Mensch in so vielen Punkten, in denen seine Vorfahren sich irrten, recht hat. Je nach dem philosophischen Standpunkt desjenigen, der sich dieses Modells bedient, sind die Gründe natürlich unterschiedlich, doch sie gehen stets von der Annahme aus, daß die Menschen in jüngster Vergangenheit Methoden der Wahrheitsfindung entdeckt haben, die zuvor unbekannt oder unvollkommen waren. Mit anderen Worten, wir haben es hier mit der

Annahme eines kognitiv überlegenen Status des modernen Menschen zu tun. Interessanterweise werden jedoch häufig für die Annahme keinerlei Gründe gegeben. In Bultmanns Fall ist dies sehr stark der Fall. Die kognitive Überlegenheit all der Elektrizitäts- und Rundfunkbenutzer über die Verfasser des Neuen Testaments wird apodiktisch als aus sich heraus evidentes Faktum hingestellt. Bultmann scheint der Gedanke nicht gekommen zu sein, daß der moderne Mensch in bestimmter Hinsicht Menschen in früheren Geschichtsepochen kognitiv *unterlegen* ist. Mehr darüber gleich.

Innerhalb dieses Modells ist es ferner ganz klar, welche Aspekte der religiösen Tradition sich angesichts des modernen Bewußtseins nicht länger halten und verteidigen lassen. Diese Aspekte mögen unterschiedlich bezeichnet und beschrieben werden, als mythologische, übernatürliche, außerweltliche usw. Doch damit ist stets die Realitätssicht gemeint, die Bultmann als Mythologie identifizierte: die Ansicht, daß die empirische Welt der Menschen von Kräften und Wesen aus einer anderen Welt durchdrungen wird oder zumindest in dieser Weise durchdringbar ist. Säkularität hingegen betont den geschlossenen Charakter des Universums; danach gibt es keine Wunder, keine Dämonen, keine übernatürlichen Bereiche irgendwelcher Art. Insofern das Modell an einem vermeintlichen Kerngehalt religiöser Tradition (der im Falle des Christentums minimal irgendeinen Gottesbegriff wie auch die Erlöserfunktion Christi umfaßt) festhalten möchte, muß er in Worten artikulierbar sein, welche die Realitätsdefinitionen des »Nicht mehr möglich« ausschließen. Mit anderen Worten, die Tradition muß entmythologisiert werden, muß ihrer übernatürlichen Fallen entledigt, muß in der Tat kognitiv säkularisiert werden.

Daher bildet die Grundlage des Modells ein *Übersetzungsverfahren.* Die Grundregel dafür ist einfach: Begriffe mit transzendenter Bedeutung innerhalb der Tradition müssen entweder eliminiert (bei solchen, die als marginal angesehen werden) oder in Begriffe immanenter Bedeutung (bei solchen, die für Teile des zu erhaltenden Kernstücks betrachtet werden) übertragen werden. Anders gesagt, Hinweise und Bezüge auf *andere* Welten sind in Begriffe zu übersetzen, die sich auf *diese* Welt beziehen, das Übernatürliche ist in Empirisches zu übertragen, das Mehr-als-Menschliche in das Menschliche. Solche Übersetzungen, so wird argumentiert, werden die Tradition für den modernen Menschen wieder akzeptierbar machen, weil damit nicht mehr von ihm gefordert wird, seine (vermeintlich überlegene) Weltanschauung aufzugeben. Doch es wäre ungerecht, den Eindruck zu hinterlassen, als sei das Motiv jener, die sich dieses Modells bedienen, schlicht und einfach taktischer Art, etwa im Sinne von: »Was können wir sagen, damit die Leute weiterhin in unsere Kirchen kommen?« Die kognitive Kraft der modernen Säkularität und der Druck, den sie auf den Geist religiöser Denker ausübt, sind von weit grundlegenderer Bedeutung. Anders gesagt, unabhängig davon, was mit all jenen Leuten geschieht, die letztlich bedrängende Frage für den religiösen Denker lautet: »Wie kann ich in der Kirche bleiben – und weiterhin ehrlich und redlich denken?« Das setzt natürlich voraus, daß ein bestimmter Denker in der Kirche (oder Synagoge oder Moslem-Gemeinschaft) bleiben *möchte.* Denn sofern er dies nicht möchte, brauchte er dieses Modell des Theoretisierens über Religion überhaupt nicht!

Mithin muß es zu irgendeiner Form von Übersetzung kommen. Die von den Übersetzern benutzten Sprachen werden große Unterschiede aufweisen. Im Prinzip tut es jede Sprache, vorausgesetzt, sie genügt dem Kriterium inhaltlicher Säkularität und säkularisierender Auswirkung auf die Tradition. Bultmann verwandte, wie bereits gezeigt, die Sprache der Existenzphilosophie für seinen Übersetzungsversuch. Aber es besteht keinerlei zwingende Notwendigkeit dafür, daß diese Philosophie statt jener herangezogen werden sollte oder daß die Sprache überhaupt philosophisch sein müßte.[8]

Es lohnte sich der Mühe, eine sozusagen »vergleichende Grammatik« der verschiedenen Sprachen zusammenzustellen, die zur Säkularisierung religiösen Denkens und damit zu seiner Reduzierung auf Kategorien eines vermeintlich modernen Bewußtseins benutzt worden sind. Dieses Buch ist nicht der Ort für ein solches Vorhaben. Doch es dürfte hilfreich sein, in ganz großen Zügen anzudeuten, welche typischen Möglichkeiten sich anbieten.

Die von Bultmann abgelehnte Möglichkeit, nämlich die von Teilen des klassischen liberalen Protestantismus, besteht in der

Übersetzung der Religionstradition in Begriffe der Ethik. In einer christlichen Umwelt bedeutet dies gemeinhin, Jesus als großen Lehrer und Erzieher in Fragen der Ethik und als moralisches Vorbild zu interpretieren, doch es ist wichtig zu betonen, daß nicht nur Christen eine solche Übersetzung vornehmen können. *Mutatis mutandis* können Juden, Moslems, Buddhisten und andere das gleiche tun. Auch hat die Kritik an der christlichen liberalen Theologie in dieser Hinsicht, eine Kritik, welche die Fehldeutung des Neuen Testaments aufzeigt, die in die ethische Übersetzung hineinspielt, dieser Möglichkeit innerhalb der christlichen Sphäre keineswegs ein Ende gesetzt. So kann es durchaus geschehen, daß man einräumt, Jesus und die frühen Christen seien in erster Linie nicht an ethischen Fragen interessiert gewesen, und daß man dennoch weiterhin darauf besteht, diese Fragen seien *für den modernen Menschen* von vorrangigem Interesse. Mit anderen Worten, selbst wenn Jesus sich selbst nicht als Lehrer in Sachen Moral ansah, steht es uns trotzdem frei, ihn als solchen zu betrachten. Es ist auch wichtig, darauf hinzuweisen, daß ganz abgesehen von Theologen auch gewöhnliche Menschen in vielen Ländern über ihre religiösen Traditionen in genau diesen Begriffen und Vorstellungen denken. So werden viele Menschen christlichen und jüdischen Glaubens im heutigen Amerika erklären, sie hätten zwar für den eigentlich religiösen Gehalt ihrer jeweiligen Tradition nicht sonderlich viel Verwendung, doch schätzten sie die ethischen Lehren und Anleitungen hoch ein – und dies sei der Grund, warum sie ihre Kinder in Kirchen und Synagogen unterrichten lassen.

Die Übertragung einer Religionstradition in Begriffe der Ethik tut dem oben erwähnten Kriterium vollauf Genüge. Ethik kann, muß sogar, in säkularen Begriffen formuliert werden, das heißt in Begriffen, die sich auf die empirische Welt beziehen, in der die Menschen miteinander Umgang pflegen. Nach Gerechtigkeit streben, Mitleid und Mitgefühl haben, sich für die Armen oder Unterdrückten einsetzen – oder noch spezifischere ethische Belange, angefangen von Sexualnormen bis zur Abschaffung von Gewalt –, all dies muß nicht unbedingt etwas mit übernatürlichen Realitätsdefinitionen zu tun haben. Wenn man sich dazu verstehen kann zu erklären, was es mit dem Christentum (oder dem Judaismus, dem Islam usw.) »wirklich auf sich hat«, sei eine bestimmte Haltung hinsichtlich dieser Moralprobleme, ist eine Übertragung in die Säkularität bereits vollzogen. Überflüssig zu sagen, daß man höchst unterschiedliche ethische Gehalte dazu verwenden kann, dieses Modell »aufzufüllen«. Folglich können die vermeintlichen Morallehren des Christentums völlig Gegensätzliches zum Inhalt haben: Abstinenz von außerehelicher Sexualität oder universelle Toleranz gegenüber allen Äußerungsformen der Sexualität, totaler Pazifismus oder Selbstaufopferung in gerechten Kriegen, Rassentoleranz oder Glaube an den »Auftrag des weißen Menschen«, und so fort fast ad infinitum. Das Wichtige daran ist, daß man jede dieser moralischen Positionen aufrechterhalten und sie durch eine ethische Theorie rechtfertigen kann, ohne sich von »Mythologie« einfangen zu lassen.

Eine andere Sprache hält die Psychologie bereit. Danach geht es bei der Frage, was es mit der religiösen Tradition »wirklich auf sich hat«, nicht um Ethik, sondern um psychische Gesundheit oder Ganzheit des Individuums. In gewisser Hinsicht ähnelt diese Modellvariante jenen Versionen, welche die Sprachen der modernen Philosophie verwenden. Und natürlich gibt es davon so viele Unterspielarten, wie wir unterschiedliche Formen von moderner Psychologie und Psychotherapie haben. Wie bei allen Übersetzungen kann das Vorgehen intellektuell höchst raffiniert oder sehr krude ausfallen. Die Übersetzung der Religion in die Sprache der Psychologie ist in Amerika sehr populär gewesen; ihr Höhepunkt liegt möglicherweise in den fünfziger Jahren, als Propheten des psycho-religiösen Heils wie Norman Vincent Peale auftraten. Das setzt sich bis heute fort, angefangen von den komplizierten Vorstellungen der Jung-Schüler oder der Anhänger von Abraham Maslow bis hin zu den jüngsten Produkten der Psychotherapie-Industrie. Unbeschadet der Unterschiede in der psychologischen Theorie und der therapeutischen Praxis ist die grundlegende kognitive Strategie in allen Fällen die gleiche.

Zur Zeit ist bei der Übersetzung religiöser Traditionen in säkulare Begriffe der Gebrauch der politischen Sprache im Schwange. Diese Form der Übersetzung kommt natürlich der ethischen sehr nahe, mit Ausnahme ihrer Betonung von kollektiven Problemen und von Aktivismus. Im Augenblick steht die vorherrschende Form ideologisch »auf der Linken«; von der theoretischen Eingebung ist sie mehr oder weniger marxistisch, sie ist antikapitalistisch und anti-»bourgeois« in ihrer Einstellung und äußert sich in politischen Programmen, die diese oder jene Vision von Sozialismus zu verwirklichen trachten. Um so wichtiger ist, sich klarzumachen, daß es zu dieser besonderen ideologischen Kolorierung nichts bedarf. Genau die gleiche kognitive Prozedur kann auch einen rechtsgerichteten Charakter haben, und häufig genug hat sie das auch. So hat Amerika im Verlauf seiner Geschichte viele Menschen gesehen, die das Christentum mit dem amerikanischen »way of life« identifizierten, mit liberaler Demokratie, ja sogar mit Kapitalismus. Bei den Schwankungen der Politik ist es durchaus möglich, daß diese alte Version der politisch-religiösen Ideologie wieder in den Vordergrund rückt. Am Ende ist Jesus als früher Che Guevara eigentlich nicht plausibler denn Jesus als Prototyp des erfolgreichen Geschäftsmanns (als der er in dem notorischen Bestseller der zwanziger Jahre *The Man Nobody Knows* dargestellt wird). Und in Lateinamerika gibt es auf jeden jungen Priester, der glaubt, es sei *die* Aufgabe von Christen, den Sozialismus aufzubauen, einen jungen Armeeoffizier, der denkt, Kampf gegen Kommunismus und Minirock sei, was es mit dem Christentum »wirklich auf sich hat«.

Ganz unabhängig von der Frage, ob dieses Modell mit seiner Auffassung des modernen Menschen und seines Bewußtseins recht hat, es hat eine bereits erwähnte, in ihm angelegte Schwierigkeit. Sie besteht darin, daß es den Säkularisierungsprozeß nicht aufhalten kann und nach einem bestimmten Punkt sich selbst aufhebt. Auf der theoretischen Ebene beleuchtet eine der Hauptschwierigkeiten Bultmanns dieses Problem ganz hell: Warum soll man das Handeln Gottes in Christus (oder übrigens den Begriff des handelnden Gottes) vom Entmythologisierungsprogramm aussparen? Und wenn man auch dies in das Programm einbezieht, was bleibt dann noch vom Christentum zu bewahren? Auf der praktischen Ebene ist das Problem ziemlich einfach: All die säkularen Vorteile, um die es, wie man jetzt annimmt, bei der Tradition »wirklich geht«, kann man auch ohne sie haben. Schließlich kann man moralisch ein guter

Mensch sein, ohne sich als Christ oder als Jude zu verstehen, und in großen Teilen der Welt fordern gleichermaßen Psychotherapie wie Politik keinerlei religiöse Etiketten mehr. Warum soll man sich also mit den alten Etiketten herumplagen? Aus soziologischer Sicht legt dies die Hypothese nahe, daß Menschen, die sich noch damit herumplagen, dies tun, weil sie weiterhin an einer Tradition festhalten, die wahrscheinlich abstirbt, und manche Daten der Religionssoziologie (zumindest in Amerika) scheinen diese Hypothese zu stützen.

Kritik des Modells

Die Schwierigkeit der reduktiven Option, die sich in der Aussage zusammenfassen läßt, daß sie dazu neigt, sich selbst aufzuheben, ist im Grunde eine soziologische Schwierigkeit und als solche nicht kritisch genug. Man kann sich zu guter Letzt davon überzeugen lassen, daß die Übersetzung einer Religionstradition in säkulare Begriffe tatsächlich dazu führt, daß diese Tradition obsolet wird – und dennoch damit fortfahren, nicht weil man glaubt, daß dies eine gute Überlebensstrategie ist, sondern weil man glaubt, daß es richtig ist. Doch das ist nicht der einzige Grund zur Kritik. Es lassen sich weit gewichtigere Einwände erheben. Sie sind in aller Ausführlichkeit gegen Bultmanns Entmythologisierungsprogramm erhoben worden; *mutatis mutandis* gelten sie auch für das allgemeine Übersetzungsmodell, wie es hier genannt wurde. Was uns beschäftigen soll, ist natürlich diese Gültigkeit und nicht Einzelheiten der Kontroverse um Bultmann.

Bultmann ist wegen seines Mythenkonzepts scharf angegriffen worden, und zwar sowohl von Kritikern der theologischen Rechte, die das Gefühl hatten, er sei zu weit gegangen, wie auch von Kritikern der Linken, die meinten, er sei nicht weit genug gegangen.[9] Eine der gründlichsten Kritiken kam, höchst interessanterweise, von außerhalb der Theologie, nämlich von dem Philosophen Karl Jaspers, der argumentierte, mythologische Sprache sei, in modernen Zeiten wie in jeder früheren Geschichtsperiode, notwendig, wenn Menschen sich über die tran-

szendenten Dimensionen ihrer Existenz verständigen wollen. Daraus folgt, daß jedes Programm zur Entmythologisierung einer Religionstradition wohl oder übel zu einer tiefgehenden Verarmung des Denkens führen muß, das heißt zur Verarmung durch Verlust an Transzendenz.[10] Jaspers war nicht sonderlich interessiert an der Verteidigung des Christentums; er gehörte nicht zu jenen, die immer und immer wieder betonten, es sei, auch nach Bultmanns eigener Definition von Mythologie, nicht logisch, einerseits das Neue Testament zu entmythologisieren, andererseits den Akt Gottes in Christus davon unberührt zu lassen, denn auch dies müsse als Mythos bezeichnet werden, und wenn erst *dieser* Mythos mit all den anderen Mythen beseitigt sei, dann bliebe vom christlichen Kerygma nicht mehr übrig als ein wenig existentialistische Anthropologie.
Nicht von ungefähr ähnelt Bultmanns Definition von *Mythologie* auffallend der im zweiten Kapitel dieses Buches entwickelten Definition von *Religion.* Die Grunderfahrung jeglicher menschlichen Religion besteht, so wurde dort argumentiert, ganz genau in der Erfahrung einer wechselseitigen Durchdringung, wobei eine andere Realität in die Realität des Alltagslebens einbricht oder sie durchdringt. Überflüssig zu sagen, daß diese gegenseitige Durchdringung von Welten nicht unbedingt irgendeine bestimmte Form annehmen muß, wie etwa die judaistischen oder hellenistischen Kosmologien, von denen das Leben der Autoren des Neuen Testaments zunächst geprägt war. Doch die Gültigkeit *jeder* Weltanschauung im Sinne einer solchen Durchdringung zu leugnen hieße *ipso facto*, alle religiösen Erfahrungen als solche für ungültig zu erklären. Das moderne säkulare Denken hat natürlich genau das getan. Die Säkularität der Moderne redet in der Tat einem Kosmos das Wort, in dem es nichts Übernatürliches gibt, keine jenseitige Welt, keine Besuche aus einer solchen Welt. Doch wenn man diesem Kosmos Glauben schenkt, dann sollte man daraus auch die richtigen Konsequenzen ziehen, wie es eine Vielzahl säkularer Denker seit der Aufklärung getan hat. Eine dieser richtigen Konsequenzen besteht darin, den Gebrauch von Metaphern aufzugeben, die aus einem ganz anderen Kosmos stammen. Mit anderen Worten, wenn die Weltanschauung der modernen Säkularität recht hat, dann gebietet es der Anstand, die Verwendung reli-

giöser Sprache einzustellen. Die historische Tatsache, daß diese oder jene moderne Philosophie, moralische Einsicht, psychotherapeutische Technik oder politische Fragestellung christlichen *Ursprungs* ist, reicht als Motiv nicht aus, sich weiterhin als Christen zu bezeichnen. Historische Dankbarkeit ist sozusagen kein Glaubensmotiv.

Bultmann ist auch für sein Verständnis des modernen Menschen und des modernen Bewußtseins schwer gescholten worden. Von der theologischen Rechten wird mit dieser Kritik natürlich auch der Vorwurf der Idolatrie erhoben. Wie zu erwarten, wurde dieser Vorwurf mit der ihm eigenen Vehemenz von Karl Barth vorgetragen.[11] Doch Bultmanns Versuch, eine moderne Weltanschauung für absolut zu setzen, kann man auch von Positionen kritisieren, die von der Neo-Orthodoxie ganz weit entfernt liegen. So kritisierte Jaspers an Bultmann eine falsche Konzeption von moderner Wissenschaft und ihrer Beziehung zur Philosophie; Bultmanns Voraussetzungen, so Jaspers' Vorwurf, hätten nichts mit Wissenschaft zu tun, sondern vielmehr mit einem kruden »Szientismus«, der dem neunzehnten und nicht dem zwanzigsten Jahrhundert angehöre. Mehr noch, der moderne Mensch sei überhaupt nicht das fade positivistische Wesen, wie es Bultmann glauben machen wolle.

Der Mangel an kritischer Distanz gegenüber dem modernen Bewußtsein kann nicht Bultmann allein angelastet werden. Er ist vielmehr allen Versionen des Übersetzungsmodells gemeinsam. Alle teilen die Überzeugung (gelegentlich explizit, häufiger jedoch implizit), daß der moderne Mensch auf einer Art kognitivem Gipfel steht, von dem aus er die Fehler und Mängel all seiner Vorfahren überschauen und überwinden kann. Bei näherer Betrachtung ist diese Überzeugung nur schwerlich aufrechtzuerhalten. So kann man zwar einräumen, daß die Dominanz der modernen Technologie (Bultmanns Elektrizität, Rundfunk und Medizin) die Weltanschauung des modernen Menschen geprägt hat. Man kann sogar zugestehen, daß in manchen Bereichen kognitive Gewinne in dieser Hinsicht erzielt wurden. Doch ist dies tatsächlich auf *allen* Bereichen so gewesen? Ist es nicht möglich, daß der moderne Mensch zwar einige gültige Einsichten in die Wirklichkeit gewonnen, aber andererseits auch einige gleichermaßen gültige Einsichten *verloren* hat? Und ist unter diesen verlorenen Einsichten nicht die geschwächte Beziehung des modernen Menschen zum Transzendenzbereich ganz hoch einzustufen? Selbst wenn man einräumt (was man nicht sollte), daß in dem Augenblick, in dem man eine elektrische Zahnbürste in Gang setzt oder die Fernsehnachrichten hört, die Welt der Götter in die Inplausibilität zurückweicht, ist dies etwa notwendigerweise ein Vorteil gegenüber dem Verfasser des Johannes-Evangeliums (gar nicht zu reden von Sokrates, Äschylus und Buddha)? Wer sich diese Fragen stellt, beginnt sie bereits zu beantworten. Die Antworten stützen weder Bultmanns Voraussetzungen noch die irgendeiner anderen Form säkularisierender Theologie.

Tatsächlich ist das moderne Bewußtsein ein weit komplizierteres Phänomen. Es enthält sehr wohl eine säkularisierende Komponente, wie weiter oben in diesem Buch angedeutet wurde, doch die Gründe dafür lassen sich soziologisch analysieren und haben wenig, wenn überhaupt etwas, mit irgendeiner Art erkenntnistheoretischer Überlegenheit des modernen Menschen zu tun. Wer die soziologischen Determinanten des modernen Bewußtseins (einschließlich der Hauptdeterminanten des Pluralismus) verstanden hat, dem dürfte es schwerfallen, dieses Bewußtsein zu verabsolutieren oder radikal zu verdammen. Die Geschichte bringt eine Bewußtseinsstruktur nach der anderen hervor und löst sie auch wieder auf. Jede sollte ernst genommen und hinsichtlich ihrer möglichen Einsichten geprüft werden. Unter diesem Blickpunkt ist das moderne Bewußtsein eine von vielen historisch vorhandenen Strukturen, nicht mehr und nicht weniger. Wenn man die Sache auf diese Art und Weise ansieht, dann kann man unmöglich weiterhin apodiktische Feststellungen darüber treffen, was der moderne Mensch »nicht mehr« glauben »kann«. In dieser wie in vielen anderen Fragen verbünden sich Geschichtswissen und Wissenssoziologie, um eine heilsame Skepsis zu erzeugen gegenüber Sicherheiten, die ein Zeitalter, das eigene eingeschlossen, für selbstverständlich hinnehmen mag.

Schließlich ist Bultmann (und wiederum am gründlichsten von Jaspers) wegen seiner höchst einseitigen, das heißt höchst pessimistischen Auffassung von der menschlichen Conditio kritisiert worden. In seinem Fall dienten die düsteren Kategorien des

Heideggerschen Existentialismus zur Erläuterung dieser Auffassung. Doch ist die menschliche Verfassung wirklich so übel wie all diese Vorstellungen? Nicht wenige Menschen, darunter nicht wenige Philosophen, würden dies bestreiten. Außerdem läßt sich die Plausibilität einer Weltauffassung, die auf Angst und ähnlichem begründet ist, von wissenssoziologischen Erkenntnissen her verstehen (darauf ist im vorausgegangenen Kapitel bei der Erörterung der Neo-Orthodoxie des längeren eingegangen worden). Andere Versionen des Übersetzungsmodells verwenden natürlich andere Kategorien. Doch es ist interessant zu beobachten, daß viele von ihnen einer allumfassenden pessimistischen Neigung anhängen: Die Dinge, so heißt es, sind in der Tat sehr schlimm, und *daher* ist eine besondere Gruppe von Heilssymbolen plausibel. Dieser pessimistische Hang ist sowohl in den heutzutage geläufigen psychotherapeutischen wie politischen Modellversionen vorherrschend. Die Menschen werden von all diesen störenden Neurosen heimgesucht, und daher sind sie verzweifelt auf Therapie angewiesen. Oder sie werden durch ein bestimmtes sozio-ökonomisches System unterdrückt und sich entfremdet, und daher rufen sie nach revolutionärer Erlösung. Nun trifft es sich freilich so, daß ein großer Teil der Menschen sich weder psychisch gestört noch gesellschaftlich unterdrückt fühlt. Die typische Art, mit diesem ärgerlichen Faktum umzugehen, besteht darin, es dazu zu benutzen, um zu zeigen, *wie schlimm* die Dinge in Wirklichkeit sind: Sie sind *so* schlimm, daß die Menschen nicht einmal wissen, daß sie gestört, verrückt, ausgebeutet usw. sind! Die Freudsche Theorie der Verdrängung und die Marxsche Theorie des falschen Bewußtseins sind so zugeschnitten, daß sie sich gut dazu verwenden lassen, den Trick, alle gegenteiligen Anhaltspunkte umzukehren, für viele überzeugend durchzuführen. Doch das ist eine andere Geschichte. An dieser Stelle genügt es, darauf hinzuweisen, daß die Plausibilität vieler Versionen des Übersetzungsmodells in sich zusammenfällt, wenn man optimistischere Vorstellungen vom Menschenleben hat.

Ludwig Feuerbachs Konzept der Projektion war zwar nicht die erste, allerdings die klassische Beschreibung des grundlegenden Übersetzungsverfahrens. Feuerbach sah in der Religion eine gigantische Projektion menschlicher Angelegenheiten in den Kosmos: Worum es bei der Religion »wirklich geht«, sind das menschliche Leben, menschliche Realität, menschliche Ängste und Hoffnungen. Folgerichtig bestand Feuerbachs Programm in der Übersetzung von Theologie in Anthropologie: Behauptungen, die sich auf übernatürliche, übermenschliche Realitäten beziehen, sind auf Behauptungen mit ausschließlich menschlichem Bezug zu reduzieren. Dies war in der Tat eine kopernikanische Wende in der Reflexion des Menschen über Religion; und sie hat weitreichende Auswirkungen auf die Ideengeschichte gehabt. Sie war fast unmittelbar Grundlage für die Marxsche Neuinterpretation der menschlichen Conditio (nach seinen Worten muß jeder durch den »Feuerbach« dieser kognitiven Revolution gehen, ehe er in der Lage ist, überhaupt etwas über den Menschen, die Geschichte oder die Gesellschaft zu verstehen). Doch sie hat entscheidend sowohl Nietzsche wie Freud geprägt, und sie schwebt über jedem anderen Programm, das sich die Säkularisierung der religiösen Realitätssicht zum Ziel setzt (einschließlich der Programme von Denkern, die Feuerbach nicht kennen). Sie ist sozusagen die Urform oder das Grundkonzept jeglichen Reduktionismus.

Auch kann Feuerbach nicht leicht abgetan werden. Die historischen, sozialen und psychologischen Wissenschaften der letzten zwei Jahrhunderte haben in der Tat über jeden Schatten des Zweifels hinaus nachgewiesen, daß jede religiöse Tradition voll ist von Projektionen einer Vielzahl sehr diesseitiger menschlicher Interessen. So hat jede Textstelle im Neuen Testament ihren von Bibelgelehrten so genannten *Sitz im Leben*, das heißt ihren soziohistorischen »Platz«. So läßt sich der Platz einer religiösen Tradition durchaus im Sinne ökonomischer Verhältnisse (Marx), seelischer Frustrationen (Freud) oder kollektiven Unwillens (Nietzsche) angeben. Ohne diesen Nachweis weltlicher Determinanten dessen, was außerweltlich zu sein vorgibt, wäre die moderne Religionsforschung nicht denkbar. Mag man sich grundsätzlich auch darüber einig sein, daß diese Nachweise gültig sind (über bestimmte Interpretationen kann man sich natürlich streiten), der Punkt ist jedoch ganz einfach der, daß dies nicht die ganze Geschichte ist. An dieser Stelle kann eine Analogie von Nutzen sein. Nehmen wir den Fall, daß Reisende mit Berichten über ferne Länder heimkehren. Gehen wir davon aus, es kann über jeden Schatten des Zweifels hinaus nachgewiesen werden, daß jeder dieser Berichte durch die historischen, sozio-ökonomischen und psychologischen Merkmale des in Frage stehenden Reisenden determiniert ist. So sieht ein Reisender das ferne Land als Widerspiegelung der zurückliegenden Geschichte seines eigenen Landes, ein anderer beschreibt es als die Lösung der sozialen Probleme, unter denen er in seinem Leben zu leiden hat, und wieder ein anderer sieht darin die Verkörperung seiner schlimmsten Ängste oder höchsten Hoffnungen. Und so weiter, und so weiter. Wenn der kritische Beobachter all diese Berichte analysiert, ist es für ihn vollkommen plausibel, das ferne Land als gigantische Projektion des Landes der Reisenden anzusehen. Tatsächlich werden die Schilderungen der Reisenden dabei behilflich sein, ein besseres Verständnis des eigenen Landes zu gewinnen. Kein Bericht jedoch kann die Behauptung erschüttern, daß dieses ferne Land wirklich existiert und daß sich aus den Berichten der Reisenden etwas über dieses Land ablesen läßt. Der entscheidende Punkt ist nicht, daß Marco Polo ein Italiener war – und, wer weiß, vielleicht ein Italiener mit allen möglichen Arten von Klassenressentiments und mit einem ungelösten Ödipuskomplex –, *sondern daß er China besucht hat.*

Moderne Wissenschaft und Philosophie im Gefolge von Feuerbach sehen ganz richtig Religion als Symbolisierung der menschlichen Welt an. Die Götter sind in der Tat Symbole menschlicher Realitäten. Diese Einsicht, so wichtig sie ist, bedeutet jedoch nicht notwendig, daß die Götter *nicht mehr* als das sind. Religiöse Erfahrung besteht darauf, daß die Götter, über und jenseits ihrer Fähigkeit, menschliche Symbole zu werden, eine Realität bewohnen, die *sui generis* ist, die von dem, was Menschen in sie hineinprojizieren, auf souveräne Art unabhängig ist. Mehr noch, religiöse Erfahrung legt den Schluß nahe, daß das gegenteilige Verständnis der Angelegenheit letztendlich das wichtigere ist: Die menschliche Welt in ihrer Gesamtheit (einschließlich der verschiedenen Symbolsysteme) ist selbst ein Symbol, das heißt ein Symbol des Göttlichen. Die Welt *steht* im wortwörtlichen Sinne von »Symbol« für etwas anderes jenseits von ihr. Sie ist eine Widerspiegelung, ein Zeichen, ein Wink aus einer anderen Welt. Wenn die Menschen ihre eigenen Bedeutungen und Sinngehalte in den Himmel projizieren, so geht ihre Fähigkeit dazu auf das Faktum zurück, daß sie eine himmlische Wahlverwandtschaft haben. Feuerbach und all seine Nachfolger sehen nur eine Seite dieser Dialektik von Mensch als Symbolisierer/Mensch als Symbol, Mensch als Projizierer/Mensch als Projekt. Die Dialektik in ihrem ganzen Ausmaß zu begreifen heißt *ipso facto*, die Grenzen des modernen säkularen Bewußtseins zu transzendieren beginnen. Es heißt freilich auch, die reduktive Option für das heutige religiöse Denken abzulehnen.

5. Die induktive Möglichkeit: Von der Tradition zur Erfahrung

Jede Tradition besteht aus eingefrorenen Erinnerungen, und jedes Infragestellen der Tradition führt mit einiger Wahrscheinlichkeit zu dem Versuch, die Erinnerungen aufzutauen. Das gilt auch für einzelne Menschen. Auch der Einzelmensch entwickelt Minitraditionen. An erster Stelle handelt es sich dabei um Traditionen der Jugend, die irgendwann im Laufe der Zeit einfrieren und dann in diesem erstarrten Zustand bis in spätere Lebensjahre mitgetragen werden. Beispielsweise wird eine lange zurückliegende Liebesaffäre in eine begrenzte Zahl von Vorstellungen, gleichsam geistige Bilder, eingefroren. Wann immer der betreffende Mensch über diese vergangenen Ereignisse nachdenkt oder über sie spricht, werden in ritueller Manier diese wenigen Bilder wachgerufen, herausbeschworen. Dann ereignet sich etwas, das diese Konstruktion in Frage zieht –: sie paßt nicht mehr zu einer neuen Selbstdefinition des Menschen, jemand bietet eine andere Version an oder (am allerschlimmsten) die längst verlorengegangene Liebe taucht leibhaftig wieder auf und zwingt einen zu der schrecklichen Frage: »Wie habe ich *diesen Menschen* nur jemals lieben können?« An diesem Punkt überkommt den Menschen der Wunsch, die Tradition zu durchleuchten, nach beweiskräftigen Anhaltspunkten zu suchen, sagen wir nach alten Briefen oder anderen schriftlichen Zeugnissen, oder er bedient sich auch der Erinnerungen noch lebender Zeugen. Mit anderen Worten, der Mensch hat sich nun auf ein Unternehmen eingelassen, mit dem er die Erfahrungen aufzudecken sucht, die sich vor langer Zeit in einer Tradition von Jugendliebe niedergeschlagen haben.

Es erübrigt sich zu sagen, daß der Prozeß des Zurückverfolgens einer Tradition bis hin zu den Erfahrungen, mit denen sie einsetzte, erheblich komplizierter wird, wenn es sich bei den fraglichen Erinnerungen nicht um individuelle, sondern um kollektive handelt. Doch das Unterfangen ist im Grunde das gleiche. Es drängt sich in erster Linie die Notwendigkeit auf, herauszufinden, »wie es wirklich gewesen ist«, um mit dem deutschen Historiker Ranke zu reden. An früherer Stelle in diesem Buch ist bereits darauf hingewiesen worden, daß die moderne Situation die Tradition unausweichlich in Frage stellen muß, und überdies muß sie eine immense Neugier auslösen, Neugier darauf zu klären, »wie es wirklich gewesen ist«. Der sogenannte Subjektivismus und Empirismus modernen Denkens, seine Faszination durch Bewußtsein und Erfahrung, haben somit notwendigerweise eine Geschichtsdimension. Es ist kein Zufall, daß die moderne Zeit das Zeitalter des »Historismus« genannt worden ist; Hegel ist aller Wahrscheinlichkeit nach der Philosoph, der für das »historisierte« Denken in seiner ausgeklügeltsten Form steht, doch er ist auf gar keinen Fall der einzige Vertreter dieser Denkrichtung. Wie dem auch sei, die Wurzeln des modernen »Historismus« sind existentieller und nicht theoretischer Natur. Die Wurzeln liegen in den kognitiven Erfordernissen einer Situation, in der alle Erinnerungen als unzuverlässig erscheinen und in der Menschen, selbst ziemlich unphilosophische, ein persönliches Interesse daran nehmen zu erkennen, »wie es wirklich gewesen ist«. Subjektivierung und Historisierung der Religion im modernen Denken haben die gleichen Wurzeln.

Weiter oben ist auch argumentiert worden, daß der Protestantismus sich diesem Prozeß früher und gründlicher denn irgendeine andere Religionstradition unterzogen hat, aus Gründen, die nichts mit irgendeiner kognitiven Überlegenheit oder irgendeinem kognitiven Defekt des Protestantismus zu tun haben, sondern ganz schlicht mit dem besonders innigen Verhältnis des Protestantismus zu dem Ursprung der modernen Welt. So liefert der Protestantismus erneut das beste Anschauungsmaterial für die dritte Möglichkeit, mit dem häretischen Imperativ der modernen Situation fertig zu werden – für die induktive Möglichkeit. Der Begriff »induktiv« wird hier im allgemeinsten Sinne verwandt, das heißt im Sinne empirischer Beweiskraft. Das heißt zweierlei: die menschliche Erfahrung als Ausgangspunkt religiöser Reflexion nehmen und historische Methoden einsetzen, um jene Erfahrungen aufzudecken, die sich in den verschiedensten Religionstraditionen niedergeschlagen haben. Die Theologie des liberalen Protestantismus ist vornehmlich durch diese beiden methodischen Prinzipien gekennzeichnet, und aus diesem Grunde sollte sie auch für jene Menschen von großem Interesse sein, die sich nicht das geringste aus den wichtigen Fragen machen, mit denen sich die Theologen dieser Richtung herumgeschlagen haben. Auch die Frage, um die es hier geht, ist in erster Linie eine methodologische. Mit anderen Worten, der induktive Denkansatz, wie er vom liberalen Protestantismus exemplifiziert wird, soll als *mögliches Modell für das Nachdenken über Religion* angesehen werden, nicht nur als Denkmodell für das Christentum in seiner Modifizierung durch die protestantische Reformation, sondern für *jede* Religion.

Zurück zu Schleiermacher

Es bedarf einer paradigmatischen Gestalt, um eine andere auszumachen. Karl Barth, der im dritten Kapitel als das anschaulichste Beispiel der neo-orthodoxen Option im modernen Protestantismus hingestellt wurde, hat Friedrich Schleiermacher als die paradigmatische Gestalt des liberalen Protestantismus bezeichnet. Tatsächlich führt Barth in seinem gesamten Werk einen fortwährenden Dialog mit Schleiermacher, einen Dialog nebenbei, in dem Barth seinen unsichtbaren Opponenten mit großer Ehrerbietung und Empathie behandelt. Wenige Historiker würden sich heute mit Barth über diese Frage streiten. Schleiermacher ist in der Tat eine überwältigende Gestalt; er hat das ganze neunzehnte Jahrhundert hindurch seinen Riesenschatten über die protestantische Theologie geworfen. Und, wie bereits erwähnt – und wie Barth auch richtig sah –, endete das neunzehnte Jahrhundert für den Protestantismus (wie für viele andere Komponenten der westlichen Kultur) nicht mit dem Jahr 1900, sondern mit dem Ersten Weltkrieg. Der nachfolgende Gedankengang folgt Barths Einschätzung in dieser Hinsicht. Wenn man das kognitive Induktionsmodell in seiner protestantischen Form verstehen will, sollte man sich am besten an Schleiermacher wenden.[1]

Schleiermacher war ein großer Revisionist. Revisionismus ist in allen Traditionen möglich, doch der Protestantismus hat sozusagen eine eingebaute revisionistische Tendenz.[2] Die protestantische Reformation spielte ihre Kraft gegen die Autorität Roms aus, indem sie die damalige Tradition im Namen der Heiligen Schrift revidierte. Die Reformer waren mithin gezwungen, zu den Quellen jeglicher christlichen Tradition zurückzukehren, das heißt herauszufinden, »wie es wirklich gewesen ist«. Die Reformer (Luther am dramatischsten) bestanden bei ihrer Ablehnung der traditionellen Autorität auch auf ihrem Gewissensrecht. Mit anderen Worten, der moderne »Historismus« wie auch der moderne Subjektivismus haben, gelinde gesagt, enge Beziehungen zum Protestantismus. Unter jedem dieser beiden Aspekte war Schleiermacher ein Protestant, wie er im Buche steht. Entsprechend seinem lebensgeschichtlichen Hintergrund, dem achtzehnten Jahrhundert, mobilisierte Schleiermacher diese urprotestantischen Impulse, um sich gegen die beiden vorherrschenden Formen religiösen Denkens seiner Zeit zu erheben, gegen eine rigide protestantische Orthodoxie auf der einen Seite und gegen den Rationalismus der Aufklärung auf der anderen Seite. Schleiermacher hielt beide für schal und unbefriedigend. Überflüssig zu sagen, daß auch Schleiermachers Werk zeitgenössischen Einflüssen ausgesetzt war (und gleichfalls überflüssig zu betonen, daß die Gelehrten sich weiterhin darüber streiten, welcher dieser Einflüsse am bedeutsamsten war), so dem Pietismus mit seinem Schwergewicht auf persönlicher religiöser Erfahrung (Schleiermacher kam aus einem kalvinistischen Haus, doch er wurde auf pietistischen Schulen erzogen), der romantischen Bewegung mit ihrer Hervorhebung des »Gefühls«, eines letztlich nur anderen Begriffs für Erfahrung (Schleiermacher war ein enger Freund des Romantikers Schelling), und der Kantschen Philosophie mit ihrer Betonung der Vernunftgrenzen und ihrer Suche nach einem apriori gegebenen Wesen der Dinge (es ist gesagt worden, Schleiermacher habe Kants Werk mit der Abfassung einer »Religionskritik« vervollständigen und korrigieren wollen).

Doch Schleiermacher verschmolz alle diese Einflüsse zu einer theoretischen Konstruktion von beeindruckender Originalität und weitreichender intellektueller Kraft. Das Unternehmen, das er zeit seines Lebens verfolgte, war eine Neuformulierung christlicher Theologie im Sinne menschlicher Glaubenserfahrung.[3] Solch eine Theologie wäre empirisch (vor allem als historische Rekonstruktion religiöser Erfahrung) und anthropologisch (als ausgehend von allgemein zugänglichen menschlichen Daten). Überdies könnte man eine solche Theologie auch als induktiv bezeichnen.[4] Barth charakterisierte dieses Unternehmen ziemlich zutreffend als Theologie des Bewußtseins, und als solche ist sie für alle neo-orthodoxen Theologen dieses Jahrhunderts zu einem negativen Paradigma geworden.[5] In diesem Punkt haben sie allesamt recht (wenn man von Details der Interpretation oder Fehlinterpretation absieht). Wenn Neo-Orthodoxie bedeutet, die göttliche Offenbarung und nicht die menschliche Erfahrung als Ausgangspunkt für die religiöse Reflexion zu nehmen, dann ist Schleiermachers induktiver Denkansatz in der Tat die diametral entgegengesetzte Alternative.

Es liegt auf der Hand, daß hier kein Überblick über Schleiermachers komplexes, gedankenreiches Werk gegeben werden kann. Nur zwei seiner Arbeiten sollen hier kurz gestreift werden, seine Vorlesungen *Über die Religion* (1799), die ihn fast über Nacht berühmt gemacht haben, und das systematische Werk seiner Reifezeit *Glaubenslehre* (1821). Es bedarf keiner weiteren Erwähnung, daß auch so nur einige wenige Glanzlichter dieser beiden Arbeiten hervorgehoben werden können.

Die Vorlesungen *Über die Religion* (mit dem Untertitel *Reden an die Gebildeten unter ihren Verächtern*) hielt Schleiermacher in Berlin vor seiner akademischen Berufung (er war damals Krankenhausgeistlicher). Selbst heute noch ist man bei der Lektüre durch die Kraft und Eleganz der Reden beeindruckt.[6] Von Anfang an widmen sie sich der Kernfrage: Was ist das Wesen der Religion? Schleiermacher definiert dieses Wesen als Gefühl des Unendlichen oder Gottes, auch gekennzeichnet als Gefühl absoluter Abhängigkeit.[7] *Darum* geht es im Grunde bei der Religion, und *nicht* um theoretische Spekulation und *auch nicht* um Moralpredigten. Lehrmeinungen und moralische Maximen sind das Ergebnis der Reflexion über religiöse Erfahrung und der praktischen Anwendung solcher Erfahrung, das heißt, sie sind nur die Außenhaut der Religion. Die grundlegende Erfahrung jeglicher Religion, ihr Wesen, ist die Begegnung mit

dem Unendlichen im Rahmen der endlichen Phänomene des Menschenlebens. Diese Begegnung hinterläßt beim Menschen das Gefühl absoluter Abhängigkeit oder Ungewißheit, und das macht auch die Ehrfurcht aus, die der religiösen Haltung zugrunde liegt. Hat man erst dieses für die Religion zentrale Faktum verstanden, begibt man sich der »kindischen Operationen der Metaphysiker und Moralisten in der Religion«.[8]
Eine der Grundkritiken an Schleiermacher sucht den Nachweis zu führen, daß seine Methode eine Vorgängerin der von Feuerbach entwickelten sei. Genauer wäre es zu sagen, daß Schleiermachers Methode das gerade Gegenteil der von Feuerbach ist. Wie weiter oben ausgeführt, suchte Feuerbach die Unendlichkeit auf die Endlichkeit zu verkürzen, suchte die Theologie in Anthropologie zu überführen. Im Gegensatz dazu verwendet Schleiermacher lediglich einen anthropologischen Ausgangspunkt für sein Nachdenken in theologischen Fragen, und seiner Ansicht nach ist das Endliche von Manifestationen des Unendlichen gleichsam durchschossen. Bei seiner Erörterung von Wundern (ein heikles Thema in einem vom Rationalismus der Aufklärung durchtränkten Milieu) trägt er das Argument vor, die Welt sei selbst in ihren natürlichsten und gewöhnlichsten Ereignissen voll von Wundern im Sinne von *Zeichen und Andeutungen des Unendlichen.*[9] Übertragen in jüngere Terminologie, ließe sich sagen, das empirische Universum sei ein Symbol des Unendlichen, und es sei »wunderbar« insofern, als es fortwährend von Signalen der transzendenten Realität des Unendlichen durchdrungen werde. Schleiermachers Verständnis von Offenbarung (das natürlich alle orthodoxen Theologen zutiefst schokkierte) stand in Einklang mit dieser sozusagen symbolischen Deutung der empirischen Realität. Er definiert Offenbarung als »jede ursprüngliche und neue Anschauung des Universums«.[10] Es sei hier angemerkt, daß diese Definition implizit die *Pluralität* von Offenbarungen enthält und damit zugleich das »ein für allemal« feststehende Selbstverständnis jeder Form von Orthodoxie in Frage stellt.
Schleiermacher war sich völlig im klaren darüber, wie problematisch diese Auffassung für jeden Christen (und *mutatis mutandis* für jeden Menschen mit einer Glaubensbindung an eine bestimmte Offenbarung) sein muß. Seine vierte Rede, im

Grunde eine Art frühzeitiger Abhandlung in Religionssoziologie, beschäftigt sich mit der Art und Weise, wie eine religiöse Erfahrung sich in einer menschlichen Gemeinschaft verkörpert.[11] Diese soziologischen Betrachtungen führen unmittelbar und logisch zu der einfachen Tatsache, daß es *viele* solche Glaubensgemeinschaften gibt – ein Thema, mit dem sich die fünfte Rede befaßt.[12] Die Vielfalt von Religionsformen ist die natürliche Folge der religiösen Grunderfahrung. Das heißt freilich nicht, daß alle Formen gleichermaßen gültig sind oder nur als Zwischenmanifestationen des Göttlichen angesehen werden sollten. Der von der Aufklärung geprägte Begriff einer allgemeinen, universalen »Naturreligion« ist eine graue Abstraktion und in ihrer Auffassung von den konkreten Religionsformen (den »positiven Religionen«) empirisch nicht haltbar. So weit, so gut. Doch nun muß sich Schleiermacher der Frage zuwenden, wie man die Gültigkeit einer bestimmten Religionsform (und *ipso facto* die Offenbarung, die zu verkörpern sie vorgibt) feststellen kann.

Schleiermacher hat eine Untersuchungsmethode vorgeschlagen, mit der man jede Religion, selbst wenn sie zu leeren Ritualen und abstrakten Theorien verkommen ist, bis zu ihrer Erfahrungsquelle zurückverfolgen kann. Diese Methode ist ihrer Natur nach sowohl historisch wie phänomenologisch. Sie ermöglicht die Entdeckung, daß »alle kalten Aschenreste einstmals glühende Ausstrahlungen eines inneren Feuers« gewesen sind.[13] Alle diese Erfahrungen eines »inneren Feuers« geraten wieder ins Blickfeld, es eröffnet sich die Möglichkeit festzustellen, ob die bestimmten Religionsformen einer grundlegenden Gotteserfahrung näher oder ferner stehen. Mit anderen Worten, die historischen und phänomenologischen Operationen (das Zurückverfolgen von Traditionen auf ihre Ursprungserfahrungen und das Erfassen des Wesens dieser Erfahrungen) bildet das Vorspiel zu der eigentlichen theologischen Operation, die den Wahrheitsanspruch der in Frage stehenden Offenbarung klären muß.

Im Zusammenhang dieses Buches ist es bemerkenswert, daß Schleiermacher diese Methode tatsächlich als »häretische« bezeichnet hat: »Jede solche Gestaltung der Religion . . . ist eine eigene positive Religion; (sie ist somit) in Beziehung auf das

Ganze eine *Häresis* – ein Wort, das wieder zu Ehren gebracht werden sollte – weil etwas höchst willkürliches die Ursach ihrer Entstehung ist.«[14] Schleiermacher hat sich damit auf bestechend klare Weise dem, wie er hier genannt worden ist, häretischen Imperativ gestellt. Er ist auch ohne Ausflucht der Frage nachgegangen, warum man das Christentum jeder anderen »positiven Religion« vorziehen sollte. Er vergleicht das Christentum mit anderen Religionen, die auf sehr einseitige Weise beschrieben werden (so läßt er sich beispielsweise auf eine längere Erörterung über den »verkümmerten« Charakter des Judentums ein, eine Charakterisierung, die heutzutage nur wenige Historiker unterschreiben würden). Das Christentum wird sodann als die »vollkommenste Idealisierung« von Religion hingestellt.[15] Die Überlegenheit wird im wesentlichen aus der »Idee« von Christus als dem Vermittler abgeleitet, eine »Idee«, die unübertrefflich zum Ausdruck bringt, daß das Unendliche im Endlichen vorhanden ist. Angesichts der Kritik an Schleiermacher ist dieser um Christus zentrierte Aspekt seiner Theologie schon bemerkenswert.

Das Wesen dieser spezifisch christlichen Religionserfahrung ist folglich die »Idee« von Christus als dem Vermittler zwischen Gott und Mensch. Nach Schleiermachers Methodologie darf der Begriff »Idee« *nicht* im abstrakten, theoretischen Sinne aufgefaßt werden. Vielleicht verwendet man heutzutage besser den Begriff »Grundmotiv«.[16] Auf jeden Fall bezieht sich »Idee« auf das Wesen der christlichen *Erfahrung*. Die biblischen Schriften besitzen nur insofern Autorität, als sie das wichtigste Zeugnis dieser Erfahrung darstellen. Schleiermacher hebt hervor, diese besonderen Schriften seien »aus eigener Kraft« zur Bibel geworden, und er fügt mit atemberaubender Liberalität hinzu, andere Schriften könnten sich ihr durchaus hinzugesellen, wenn sie die gleiche Kraft bekundeten![17]

Der von Schleiermacher in seinen Reden von 1799 entworfene kühne Abriß eines theologischen Denkansatzes hat schließlich zu dem eleganten Dogmatik-System von 1821 geführt; nebenbei, das letztgenannte Werk, *Der christliche Glaube*, läßt sich als Höhepunkt des »häretischen« Unternehmens Schleiermachers verstehen.[18] Die gesamte Spannbreite der klassischen christlichen Lehre wird hier im Sinne der induktiven Methode Schleiermachers neu organisiert. Mit anderen Worten, jede aus der christlichen Tradition abgeleitete Behauptung wird zu den spezifischen religiösen Erfahrungen zurückverfolgt, die vermutlich die Grundlage der Tradition bilden. An dieser Stelle muß man nachdrücklich betonen, daß dieses methodologische Verfahren unabhängig von den wesentlichen inhaltlichen Argumenten betrachtet werden kann, die Schleiermacher vorträgt. Und diese Betrachtungsweise ist natürlich hier von Interesse. So kann man sich für Schleiermachers Methode interessieren, ohne die Ergebnisse zu akzeptieren, zu denen sie nach seiner Meinung führt. Diese Methode, nunmehr klarer und umfassender dargestellt als in *Über die Religion*, beruht auf der Analyse der religiösen Erfahrung im allgemeinen und der christlichen religiösen Erfahrung im besonderen.

Das Wesen der Religion ist weder theoretisches Wissen noch praktische Aktivität (wie etwa moralische Handlungen), sondern eine bestimmte Art der Erfahrung. Diese Erfahrung soll nun als »unmittelbares Selbstbewußtsein« bezeichnet werden.[19] Das kann man natürlich als eine Form von Subjektivismus hinstellen, doch mit diesem Begriff muß man sorgsam umgehen. An keinem Punkt vertritt Schleiermacher die Auffassung, religiöse Erfahrung sei *nichts als* menschliches Selbstbewußtsein. Im Gegenteil, er betont, religiöses Bewußtsein sei Bewußtsein *von etwas jenseits von ihm*, in der Tat so weit jenseits, daß der Mensch sich äußerst abhängig von jener Realität fühlt oder sich im Zentrum der Erfahrung wähnt. Mit anderen Worten, wenn man mit dem menschlichen Bewußtsein beginnt, heißt das noch lange nicht, auch dabei stehenzubleiben, im Gegenteil, bei Schleiermacher ist das menschliche Bewußtsein für den Theologen nur insofern von Interesse, als es die Hinweise, die »Andeutungen« eines Gottes erkennen läßt, der ganz und gar jenseits menschlicher Maßstäbe existiert.[20] Noch einmal, die Erfahrung absoluter Abhängigkeit wird als religiöses Grunderlebnis bezeichnet.

Das »fromme Selbstbewußtsein« als Ergebnis religiöser Erfahrung muß sich nicht notwendigerweise in kollektiven Formen oder in »frommen Gemeinden« äußern. Die christliche Kirche ist nur eine solcher Gemeinschaften, die von spezifischen Merkmalen christlichen Religionserlebnisses geprägt ist. Ausführlicher als in dem früheren Werk wird dann die Überlegenheit des Christentums gegenüber den anderen Weltreligionen im Sinne einer Entwicklung (oder, wenn man will, einer Evolution) erörtert. In der Entwicklung der menschlichen Religion gibt es, so Schleiermacher, verschiedene Stufen. Auf der im allgemeinen höheren Stufe des Monotheismus bildet das Christentum die vollkommenste Religionsform. Das bedeutet jedoch nicht, daß all die anderen Formen falsch sind; sie sind vielmehr nicht nur notwendige Stufen, sondern auch Teileinsichten in die religiöse Konstitution des Universums. Die Perfektion des Christentums wird dann erneut durch einen im wesentlichen pejorativen Vergleich mit anderen Religionen zu belegen versucht, aber auch (und dies ist methodologisch wichtiger) mit dem Erlösercharakter Christi, den Schleiermacher in den Mittelpunkt rückt. Mit anderen Worten, das Christentum ist die höchst entwickelte Religion aufgrund der Aussagen, die es über Jesus Christus zu machen hat. Diese christliche Heilsbotschaft berührt die tiefstreichenden menschlichen Bedürfnisse. Schleiermachers besondere Mischung von Zentrierung auf Christus und von Bewußtseinsanalyse bringt eine streng dualistische Organisation der größten Teile seines Werkes mit sich: Auf der einen Seite finden wir lange Analysen der menschlichen Conditio und des menschlichen Bewußtseins, die der Erlösung bedürfen (wie etwa in der Behandlung der Sündenlehre), auf der anderen Seite Erörterungen über die göttliche Erlösertätigkeit, die auf dieses Bedürfnis antwortet. Mithin ist in Schleiermachers Vorgehen kein Widerspruch festzustellen: Das ganze Werk ist angelegt auf die Inhalte des christlichen »frommen Selbstbewußtseins«, doch da diese Inhalte allesamt um Jesus Christus kreisen, ist das Werk auch radikal Christus-zentriert!

Aus dieser Methodologie folgt auch, daß keine Konfusion bestehen muß zwischen den Ebenen religiöser Erfahrung und religiösem Theoretisieren, zwischen Glaube und Dogma. Erfahrung geht allen Theorien darüber voraus. Diese Einsicht bewahrt Schleiermacher vor dem Dogmatismus der protestantischen Orthodoxie. Aus diesem Grunde hat er seinem systematischen Werk natürlich den genannten Titel gegeben. Doch es ist auch bemerkenswert, daß der Untertitel lautet: *Der christliche Glaube nach den Grundsätzen der evangelischen Kirche.* Mit anderen Worten, die Methode Schleiermachers hat ihn nicht in eine Position geführt, die von jeder Tradition oder Gemeinschaft geschieden ist. Er ist der deutschen protestantischen Kirche zutiefst verbunden geblieben, hat ihr zeit seines Lebens als Prediger gedient und mit seiner Familie sogar auf dem Totenbett die Kommunion gefeiert. In der Rückschau wird sich der Beobachter aus dem zwanzigsten Jahrhundert kaum durch Schleiermachers Behauptungen über die Überlegenheit des Christentums überzeugen lassen. Doch genauso wenig wird sich der Beobachter von Schleiermachers Kritikern einreden lassen, daß seine Methode in eine Nacht führt, in der alle Katzen grau sind, in der das Christentum aufgelöst ist in einen allgemeinen und notwendigerweise blassen Religionsbegriff. Schleiermachers Denken und Werk widersprechen einer solchen Schlußfolgerung.

Ein induktives Modell

Es dürfte nicht schwerfallen, Schleiermachers Werk als ein Modell der induktiven Möglichkeit im modernen Religionsdenken anzusehen, nicht nur weil es in besonders luzider Form die entscheidenden Bestandteile dieses Ansatzes enthält, sondern auch weil Schleiermachers Ansatz in der Tat für gut ein Jahrhundert als Modell für protestantische Theologie gedient hat. Es ist nicht übertrieben zu sagen, daß bis zum Auftauchen der Barthschen Neo-Orthodoxie in den zwanziger Jahren unseres Jahrhunderts die protestantische Theologie nach Schleiermacher ein langer Kampf mit seinem Geist gewesen ist (vor allem, aber nicht nur, in den deutschsprachigen Ländern). Die liberale protestantische Theologie ist auf die unterschiedlichste Weise charakterisiert worden, doch es läßt sich ohne weiteres behaupten, daß sie im Kern die von Schleiermacher zuerst entwickelte induktive Methode ist. Anders gesagt, wenn es eine zentrale Kategorie in der liberalen protestantischen Theologie gibt, dann ist es die Kategorie der religiösen Erfahrung (wenngleich, wie bereits erwähnt, verschiedene Begriffe verwandt wurden, um sie zu bezeichnen). Das Kernstück des induktiven Modells ist ganz einfach die Feststellung, daß eine bestimmte Art menschlicher Erfahrung das als Religion bezeichnete Phänomen definiert. Diese Erfahrung, dieses Erlebnis läßt sich beschreiben und analysieren. Jede theoretische Reflexion über Religion (einschließlich des theoretischen Unterfangens der Theologie) muß mit religiöser Erfahrung einsetzen (so daß für die Theologie das unvermeidliche Verfahren darin besteht, vom Menschen zum Über- oder Metamenschlichen fortzuschreiten und nicht in der umgekehrten Richtung). Wie es eine religiöse Grunderfahrung gibt, so auch eine Vielzahl historischer Religionsformen. Jede läßt sich im Sinne ihres Wesens beschreiben und analysieren, so daß eine Untersuchung des Wahrheitsanspruches einer dieser Religionsformen in vergleichender und historischer Analyse gründen muß. Das Christentum bildet da keine Ausnahme. Es ist eine der historisch vorhandenen Religionsformen und daher wie alle anderen Formen auch durch dieselben empirischen und phänomenologischen Methoden zu analysieren. Welche Wahrheitsansprüche auch immer für das Christentum erhoben werden, und aus welchen Gründen auch immer, sie müssen der gründlichen Prüfung durch die induktive Beweisführung standhalten können. Mit anderen Worten, christliche Theologie vollzieht sich nicht, und kann es nicht, in einer geheiligten Freistätte, die ihr Immunität gegenüber den Fragen der Geschichtswissenschaft und anderen empirischen Wissensdisziplinen verschafft. Die Absicht, das Geschäft der Theologie genau in solch einem Freiraum zu führen, ist das harte, unumstößliche Unterscheidungskriterium zwischen theologischem Liberalismus und seinen orthodoxen wie auch neo-orthodoxen Gegnern. Theologische Liberale bestreiten die Triftigkeit und Durchführbarkeit einer solchen Absicht, während Orthodoxe wie auch Neo-Orthodoxe weiterhin an ihr festhalten.

Die ungeheuren historiographischen Arbeiten und Beiträge der protestantischen Gelehrten des neunzehnten Jahrhunderts können als wichtiger Bestandteil des Schleiermacherschen Erbes angesehen werden. Unter der induktiven Prämisse ergab sich die dringende Notwendigkeit, so genau wie möglich herauszufinden, »wie es wirklich gewesen ist«, in der Geschichte des alten Israel, der frühchristlichen Gemeinde und der sich seitdem entwickelnden christlichen Kirche. Unter derselben induktiven

Prämisse hatte der protestantische Gelehrte nicht nur einen Beweggrund, herauszufinden, »wie es wirklich gewesen ist«, sondern er besaß darüber hinaus ein theologisches Selbstverständnis, das es ihm erlaubte, die Risiken eines solchen intellektuellen Unternehmens auf sich zu nehmen. Genau aus diesem Grunde konnte die große Mehrzahl der genannten Gelehrten selbst dann, wenn sie auf Fakten stießen, die für die Orthodoxie höchst verwirrend und störend waren (das war besonders der Fall bei der biblischen Forschung), innerhalb der protestantischen Gemeinschaft bleiben, in vielen Fällen als geweihte Priester, und dies ohne ihre intellektuelle Integrität aufs Spiel zu setzen. Zugleich stand dieses weitreichende Unternehmen der historischen Forschung in beständiger Interaktion mit der systematischen Theologie und ihren Formulierungen. Tatsächlich wurde die systematische Theologie sogar eine primär historische Disziplin oder zumindest eine zutiefst geschichtsbewußte Disziplin.

Die Schule von Albrecht Ritschl war die hauptsächliche Verkörperung des historischen Impulses in der protestantischen Theologie dieser Ära.[21] Doch einen später lebenden Mann kann man als die repräsentativste Einzelgestalt in dieser Richtung ansehen, nämlich Adolf von Harnack.[22] Harnack, ein Dogmenhistoriker und Verfasser der immer noch endgültigen Geschichte über die Entwicklung der christlichen Lehre, ist mit seinem umfangreichen Werk, einer Arbeit in gelehrter Rekonstruktion, unmittelbar der induktiven Prämisse Schleiermachers verpflichtet. Harnack malte das gigantische Gemälde der christlichen Entwicklungsgeschichte, wie sich das Wesen des Christentums in verschiedenen historischen Situationen immer wieder behauptete und sich auf vielfältige Weise mit den verschiedenen menschlichen Kulturen verband. Diese Suche nach dem Wesen des Christentums ist, wie weiter oben gezeigt, von entscheidender Bedeutung für das induktive Modell. Der erfolgreichste Ausdruck dieser von Harnack angestellten Suche war ein ungeheuer populäres Werk mit dem wahrlich angemessenen Titel *Das Wesen des Christentums*.[23] Das Werk beruht auf akademischen Vorlesungen, die Harnack genau einhundert Jahre nach Schleiermachers Reden an die »gebildeten unter den Verächtern der Religion« in Berlin und an genau derselben Stätte gab.

Harnack wollte mit seinen Vorlesungen von 1899, genau wie Schleiermacher mit den seinen von 1799, zwei Dinge zu erreichen suchen: das Christentum als empirische menschliche Realität zu beschreiben und seinen Wahrheitsanspruch trotz (oder sogar wegen) dieser Beschreibung zu verteidigen. Der nicht unerhebliche Unterschied besteht darin, daß Harnack nun über die Ergebnisse eines Jahrhunderts historischer Forschung und Gelehrsamkeit gebieten und sie in den Dienst seiner theologischen Absichten stellen konnte. Wie bei Schleiermacher gilt das historische Interesse des Werkes von Harnack letztlich auch den Erfahrungen, die den verschiedenen theoretischen Entwicklungen zugrunde liegen.[24] Mit anderen Worten, das umfassende historiographische Unterfangen und die Suche nach dem Wesen des Christentums sind eng miteinander verflochten.

Schleiermachers Einfluß auf dem Felde der Religion beschränkt sich nicht auf die protestantische Theologie, wenngleich er hier am dominierendsten ist. Der gleiche induktive Denkansatz und sein Interesse an Vergleichen und phänomenologischen Beschreibungen von wesentlichen Inhalten äußerten sich auf kraftvolle Weise auch in der nichttheologischen Religionsforschung. Vieles spricht dafür, daß Schleiermacher auch der Vater der vergleichenden Religionswissenschaft und der Religionsgeschichte im neunzehnten Jahrhundert gewesen ist, das heißt der Vater von Wissensdisziplinen, welche die Kenntnisse über jeglichen Ausdruck menschlicher Religiosität ungeheuer erweitert haben. Schleiermacher hat sicherlich die methodologischen Grundlagen für einen Wissenszweig gelegt, der sich im zwanzigsten Jahrhundert als Religionsphänomenologie etablierte. Ihr hervorragendster Vertreter, wenn nicht Begründer, Rudolf Otto (dessen Werk im zweiten Kapitel erörtert worden ist), hat anerkannt, daß er Schleiermacher zu Dank verpflichtet ist.

Der induktive Ansatz in der protestantischen Theologie ist, wie weiter oben ausgeführt, im Gefolge der Barthschen Revolution arg in Zweifel gezogen worden. Er ist natürlich in den Jahrzehnten der neo-orthodoxen Vorherrschaft nicht verschwunden, doch er schien für jene passé zu sein, die sich für die theologische Avantgarde des Protestantismus hielten. In der Rückschau kann man heute sagen, daß diese Betrachtungsweise falsch war. Seit dem Zweiten Weltkrieg hat es eine kräftige Wiederbelebung von Bestrebungen gegeben, die man im Zusammenhang mit der klassischen liberalen Tradition sehen muß. Hier ist zwar nicht der Ort, diese Entwicklungen nachzuzeichnen, doch zumindest das Werk von Paul Tillich in Amerika und das von Wolfhart Pannenberg in Deutschland sollten an dieser Stelle erwähnt werden. Die Neo-Orthodoxie war nicht das Ende, sondern eine Unterbrechung der Entwicklung liberaler Theologie. Unter dem Blickwinkel der hier geführten Erörterung ist dies nicht nur etwas, was man soziologisch erwarten würde, sondern auch etwas, was man theologisch begrüßen sollte.

Kritik an dem Modell

Wenn man den letzten Satz aufrechterhalten will, muß man sich der Kritik an der klassischen liberalen Theologie stellen, und dies um so mehr, als der größte Teil dieser Kritik *mutatis mutandis* auch auf andere Versionen des induktiven Modells anwendbar wäre. Auch dies kann hier nur kurz gestreift werden. Doch es soll gleich zu Anfang offen gesagt sein, daß man zwar einigen Teilen der Kritik seine Zustimmung nicht verweigern kann, daß aber hier die positive Einstellung zu der ungebrochenen Entwicklungsfähigkeit des Modells keineswegs aufgegeben wird.

Das induktive Modell nimmt aufgrund seines Charakters eine Mittelstellung ein, eine Kompromißposition. Dies ist eine angreifbare, verletzbare, häufig eine vergängliche Position, eine des Übergangs. Der Theologe, der sich anfangs an einen induktiven Ansatz hält, gibt am Ende sehr häufig Formulierungen von sich, die sich kaum vom Reduktionismus unterscheiden. Das beste Beispiel dafür ist möglicherweise die starke Neigung protestantischer Liberaler im neunzehnten Jahrhundert, das Wesen des Christentums mit Moral oder den kulturellen Errungenschaften der westlichen Zivilisation identifizieren. Nebenbei, die amerikanische Form dieser Einstellung ist noch höchst lebendig in der Identifizierung des Christentums entweder mit der Alltagsmoralität oder (heutzutage weniger häufig) mit den sozialen Idealen des »American way of life«. Es bedarf keiner Erläute-

rung, daß solch ein Verständnis vom Wesen des Christentums in seinen ausgeprägten Formen einer säkularisierenden Reduktion gleichkommt. So verwandelt sich das, worum es beim Christentum »wirklich geht«, in dieses oder jenes System von Wertvorstellungen, die in völligem Einklang mit dem vorherrschenden säkularen Bewußtsein stehen – in die Wertvorstellungen von humanistischer Ethik (wie immer im einzelnen benannt), vom westlichen Menschen oder von der amerikanischen Demokratie. Wenngleich man einräumen muß, daß es tatsächlich Fälle gegeben hat, in denen das Wesen des Christentums oder auch der Religion als solcher auf diese Art und Weise säkularisiert worden, so war dies keineswegs immer der Fall, vor allem nicht in den Werken der größten Vertreter des liberalen Protestantismus. So betonten Schleiermacher, Ritschl und Harnack in ihren Arbeiten zwar die Ethik wie auch die kulturellen Leistungen, um die das Christentum sich verdient gemacht hat, doch keiner der drei *identifizierte* das Christentum mit diesen ethischen und kulturellen Meriten. Wichtiger noch, es gibt keinen notwendigen Grund, warum ein induktives Modell in den Reduktionismus abgleiten sollte. Die beste Gewähr dafür, daß dies nicht geschieht, besteht darin, daß die innerhalb des Modells verwandten Verfahren wirklich induktiv sind und peinlich genau eingehalten werden. Die weiter oben angestellte Erörterung über religiöse Erfahrung dürfte klarstellen, warum diese Feststellung hier mit einiger Sicherheit getroffen werden kann.
Vielleicht seltener war die andere, die entgegengesetzte Art und Weise, den Mittelweg zu verlieren: das Abrutschen der Induktion auf eine orthodoxe oder neo-orthodoxe Position. Darauf stößt man bei einer Reihe von liberalen Theologen; sie verfolgten den induktiven Impuls bis zu einem bestimmten Punkt, hielten inne, drehten sich herum und erklärten Themen, die sie immer ausgelassen hatten, zu Objekten des Glaubens unter der Autorität der Offenbarung und *ipso facto* für immun gegenüber induktiven Gedankengängen. Das war zweifellos nicht der Fall bei Schleiermacher oder Harnack; allerdings könnte man Ritschl dazu rechnen. Doch es sei wiederholt, es liegt kein notwendiger Grund dafür vor, warum ein induktives Modell in Konflikt geraten sollte mit einem nicht weiter zu reduzierenden Traditionsrest, vor dem nur Unterwerfung unter die Autorität

möglich ist. Kein Element der religiösen Tradition ist immun gegenüber induktivem Nachdenken. Das heißt freilich *nicht*, daß induktive Beweisführung jemals den Wahrheitsanspruch einer vermeintlichen Offenbarung in der Art und Weise *beweisen* kann, wie eine Naturwissenschaft ihre Hypothesen beweist oder validiert. In diesem letzten Sinne enthalten religiöse Behauptungen immer Glauben. Doch es besteht kein Grund, warum solcher Glaube bedeuten muß, daß der Gang des induktiven Argumentierens aufgehalten wird. Im Gegenteil, der Glaube eines Menschen und die durch diesen Glauben ausgelöste Erfahrung bilden tatsächlich »Daten« oder »Anhaltspunkte«, auf deren Grundlage sich die induktive Reflexion vollziehen kann. Richtig verstanden, stehen Glaube und induktives Nachdenken in einem dialektischen Verhältnis zueinander: Ich glaube – und dann reflektiere ich über die Konsequenzen dieses Faktums; ich sammle Anhaltspunkte über die Nachweisbarkeit meines Glaubensobjekts – und diese Anhaltspunkte liefern ein weiteres Motiv für das Festhalten am Glauben. Dies ist natürlich eine ganz andere Dialektik als die von den Barthianern gelehrte: milder, zweifellos weniger inspirierend und begeisternd, aber auch weniger intellektuelle Opfer fordernd, weniger zum Fanatismus einladend. Und schließlich hat Vernünftigkeit auch ihre Reize und weckt Inspirationen.

Eine damit verbundene Kritik ist bereits weiter oben im Zusammenhang mit Schleiermacher erörtert worden, nämlich die Kritik, daß der anthropologische Ausgangspunkt unweigerlich zu einer Reduktion der Theologie auf Anthropologie in der Art von Feuerbach führen muß. Wie an der genannten Stelle behauptet, geht diese Kritik an Schleiermacher vorbei. Noch weniger kann man daran festhalten, daß solch eine Reduktion die notwendige Folge eines induktiven religiösen Denkansatzes ist. Im weiteren Sinne geht diese Kritik darauf hinaus, daß die Konzentrierung auf die menschliche Realität religiöser Erfahrung zu einem Subjektivismus ohne Ende führen muß, zu einem Subjektivismus, dem es an jeglichen objektiven Kriterien fehlt. Das Endergebnis eines derartigen Subjektivismus wäre dann eine Einstellung gegenüber der Religion, bei der sozusagen alles läuft: Ich glaube, weil ich ein gutes Gefühl dabei habe, oder: Ich habe die Wahl getroffen, zu glauben, und ich lehne es ab, über die Gründe meiner Wahl zu diskutieren. Mit anderen Worten, dem anthropologischen Ausgangspunkt macht man den Vorwurf, er fördere hinsichtlich religiöser Feststellungen entweder Psychologismus oder »Dezisionismus« oder gar beides. Noch einmal, es läßt sich nicht bestreiten, daß die liberale Theologie des Protestantismus tatsächlich solche Entwicklungen eingeleitet hat. Im amerikanischen Protestantismus beispielsweise kann man ohne große Mühe eine ganze Gruppe von schrecklichen Beispielen dieser Art Revue passieren lassen. Auch kann man die Möglichkeit, vielleicht sogar die Wahrscheinlichkeit, nicht ausschließen, daß von anderen Versionen des induktiven Modells ähnliche Abwegigkeiten ausgehen. Doch um es zu wiederholen, dies ist keine notwendige Entwicklung, und es gibt Mittel und Wege, sich davor zu schützen. Die beste Sicherung ist ein klares Verständnis der Intentionalität religiösen Bewußtseins: Religiöse Erfahrung ist in der Tat eine menschliche Erfahrung, doch ihrem eigentlichen Wesen nach intendiert sie das Übermenschliche. Ein echter induktiver Ansatz berücksichtigt sowohl die menschliche Realität wie auch die metahumane Intentionalität des religiösen Phänomens.

An der genannten Kritik ist noch ein eher soziologischer oder sogar politischer Aspekt: Dem liberalen Verständnis von Religion als Erfüllung und Gipfel des Humanen hat man vorgeworfen, es führe zu einer Legitimierung des soziokulturellen und politischen Status quo. Auf der Ebene der aktuellen Geschichte ist diese Kritik durchaus begründet. Die klassische liberale Theologie hat in der Tat den sogenannten Kulturprotestantismus hervorgebracht, mit dem man den gesellschaftlichen, kulturellen und politischen Strukturen des neunzehnten Jahrhunderts eine Art theologischer Weihe gegeben hat.[25] Abscheu vor dieser gefälligen, leichtfertigen Identifizierung des Christentums mit gesellschaftlichen Ereignissen und Vorgängen, welches auch immer sie sein mochten, ist ganz natürlich ein gewichtiger Beweggrund für die Revolten gegen den theologischen Liberalismus von Kierkegaard zu Barth gewesen. Diese Abscheu hat Barth sprachgewaltig beschrieben, als er feststellen mußte, daß all seine großen liberalen Lehrer, einschließlich Harnack, der patriotischen Kriegshysterie von 1914 anheimfielen. Einige Jahre später schien sich dieser Standpunkt Barths aufgrund der

Wirksamkeit seiner Theologie innerhalb des christlichen Widerstands gegen den Nazismus als richtig und gültig zu erweisen. Doch bei näherem Hinsehen ist dieses Argument weit weniger überzeugend, als es auf den ersten Blick erscheint. Ohne Frage, der theologische Liberalismus kann zur Legitimierung dieses oder jenes Status quo führen. Doch wer sich die Kirchengeschichte auch nur flüchtig anschaut, wird schnell entdecken, daß jede erdenkliche Form christlicher Theologie, einschließlich der grimmigsten Orthodoxien, diese soziologische Funktion übernommen hat. Was die Barthsche Neo-Orthodoxie betrifft, so gebührt ihr für die Verbindung mit dem christlichen Anti-Nazismus jede Anerkennung. Doch man sollte auch nicht übersehen, daß viele derselben Theologen, die sich durch den Nazismus nicht täuschen ließen und ihn hellsichtig durchschauten (unter ihnen vor allem Barth), auf merkwürdige Weise blind waren, als es darum ging, den Kommunismus nach 1945 zu verstehen. In einer Anzahl von Fällen kann man allen Ernstes die Behauptung wagen, daß die Barthsche Lehre eine Legitimationsideologie zugunsten des neuen Status quo im kommunistischen Totalitarismus geworden ist. Vom Blickwinkel der Religionssoziologie ist es plausibel, den Gedanken vorzutragen, daß unabhängig von der gerade vorherrschenden Form religiösen Denkens die Legitimierungsfunktion in der institutionellen Religion tief verankert ist (aus Gründen, die hier nicht näher erläutert werden können). Es ist weiterhin plausibel zu behaupten, daß Aufhebungen dieser Funktion, das heißt Fälle, in denen die Religion dazu diente, dem Status quo die Legitimation zu entziehen, unter wechselnden theologischen Vorzeichen vorgekommen sind. Kurz, *keine bestimmte theologische Position bietet Gewähr für soziale oder politische Klarsichtigkeit.* Anders gesagt, *soziologische Blindheit läßt sich an jedem Punkt des theologischen Spektrums feststellen.* Hier muß man die Feststellung hinzufügen, daß soziopolitischer Scharfblick noch kein Kriterium für theologische Methode ist. Um zu einer Analogie zu greifen, selbst wenn man nachweisen könnte, daß Kopernikus hinsichtlich der sozialen Realitäten seines Zeitalters ein Narr gewesen ist, so könnte dieser Nachweis nicht die Theorie abstützen, daß die Erde flach ist und die Sonne sich um sie bewegt.

Man hört auch die Kritik, der theologische Liberalismus bleibe im »bloß Historischen« hängen, das heißt, der einzelne stelle sich zwar weiter die Frage, »wie es wirklich gewesen ist«, und übersehe dabei die weit wichtigeren religiösen Fragen, nämlich: »Ist das wahr?« und: »Glaube ich wirklich daran?« Gegen diese Haltung des Hängenbleibens im »bloß Historischen« stellte Kierkegaard seinen Begriff der »Zeitgenossenschaft«, das heißt, der einzelne müsse sich über die Kluft dessen hinweg, was er »die neunzehnhundert Jahre« nannte, wieder in die Position der Zeitgenossen von Jesus versetzen und sich in seiner Existenz mit den schwankenden Zielen der Botschaft Jesu auseinandersetzen. Lassen wir hier die Frage beiseite, ob eine solche »Zeitgenossenschaft«, wie Kierkegaard sie im Sinn hatte, wirklich möglich ist und ob viele orthodoxe oder auch neo-orthodoxe Affirmationen diese Auseinandersetzung mit dem historischen Jesus überdauern werden. Die fundamentalere Schwäche dieser Kritik besteht darin, daß sie sich nicht gegen den theologischen Liberalismus als solchen richtet, sondern vielmehr gegen *jede* Form nüchterner, sachlicher Intellektualität. In dieser Hinsicht ist der Umstand, ob man bei historischen Problemen hängenbleibt, nicht schlimmer, wenn man es religiös sieht, als das Hängenbleiben bei dogmatischen Problemen. Im Gegenteil, er ist ganz genau ein Denkansatz, der die Geschichte in die Betrachtung einbezieht und der zu einem Quentchen »Zeitgenössischkeit« führen dürfte, sei es was Jesus oder irgendeine andere empirische Manifestation religiöser Wahrheit angeht. Nach den Worten des Historikers Ranke ist jede Epoche unmittelbar zu Gott. Mehr als jede andere Wissensdisziplin ist die historische Forschung ein Instrument, mit dessen Hilfe sich diese Unmittelbarkeit aus der ausglühenden Asche der Tradition wiedergewinnen läßt.

Und schließlich wird an der liberalen Theologie des Protestantismus von verschiedenen Seiten kritisiert, sie stelle unhaltbare historische Annahmen auf. Dem ist, als Pauschalkritik sozusagen, zuzustimmen. So haben die klassischen liberalen Theologen häufig mit einer empirisch nicht nachweisbaren Idee religiöser Evolution operiert. Gelegentlich hatten sie geradezu groteske Vorstellungen über nicht-christliche Religionen. Über die Lehren Jesu und über die Ethik des Frühchristentums vertraten die meisten von ihnen Auffassungen, die sich nach jüngerer

Forschung in Fragen des Neuen Testaments als falsch, als wahrscheinlich endgültig falsch erwiesen haben. Zum Beispiel (und dies ist ein ziemlich entscheidendes Beispiel) hat sich herausgestellt, daß die Moralauffassungen Jesu sich keineswegs nennenswert von denen des damaligen Judaismus unterschieden, nein weit wichtiger noch, weder Jesus noch seine frühen Jünger hatten sonderliches Interesse an ethischen Fragen welcher Art auch immer. Daraus folgt, daß jede Interpretation, die das Wesen des Christentums im Sinne von Ethik deutet, ein Fehlgriff sein muß. Über solche historischen Irrtümer könnte man ohne große Mühe eine lange Liste zusammenstellen. Doch keine dieser Kritiken berührt die methodologischen Prinzipien des theologischen Liberalismus. Genau diese Grundsätze, so der Tenor dieses Buches, sind weiterhin gültig, und *nicht* die verschiedenen historischen Interpretationen, die uns die klassischen liberalen Theologen geliefert haben. Kurz, *keine spezifischen Induktionsirrtümer können die Gültigkeit der induktiven Methode in Frage stellen.* Um einen Vergleich zu gebrauchen, auch wenn ein Chemiker bei einem Laborexperiment einen schlimmen Fehler begeht, so besteht doch die richtige Korrektur dieses Fehlers darin, das Experiment so gewissenhaft wie möglich zu wiederholen, und *nicht* darin, die Methodologie der Chemie zu ändern oder gar ihren Status als Wissensdisziplin zu leugnen.

Die Suche nach Sicherheit und ihre Frustrationen

Selbst wenn man die obigen Kritiken an der klassischen liberalen Theologie zurückweist, hat man es weiterhin mit drei Dauerproblemen dieses religiösen Denkansatzes zu tun, mit Problemen, die bei jeder neuen Version des induktiven Modells wiederauftauchen. Die Probleme sind, kurzum, Aspekte des einen allgemeinen Problems, das der häretische Imperativ aufwirft. Doch es ist an dieser Stelle von Vorteil, von drei verschiedenen Problemen zu sprechen, von dem Problem »falscher« religiöser Erfahrung, dem Problem des Status der jeweils bevorzugten historischen Religion und dem Problem religiöser Sicherheit.

Das Problem der »falschen« religiösen Erfahrung ist nicht neu. So litten beispielsweise die Propheten Jahves im alten Israel häufig unter der Konkurrenz »falscher Propheten«, und die religiöse Öffentlichkeit plagte sich mit dem, sagen wir, erkenntnistheoretischen Problem herum, wie man »wahre« von »falscher« Prophetie unterscheiden soll. Die hebräische Bibel gibt da kaum Kriterien an die Hand. Zum einen wird Religionsgeschichte, wie übrigens jede Geschichte, geschrieben von den Siegern, die ganz natürlich ihre eigenen Favoriten als die »wahren« Sprecher für ihre grundlegende Offenbarung hinstellen. Unabhängig davon spricht die große Masse, so scheint es jedenfalls, die Qualität »wahrer Prophetie« jenen Gestalten zu, die den größten Wirbel veranstalten können, mag es sich um Wundertaten handeln oder um die Art persönlicher Ausstrahlung, die man heutzutage Charisma nennt. Als Kriterium ist keines von beiden sonderlich überzeugend. Angenommen, Elia hätte bei seinem berühmten meteorologischen Experiment auf dem Berge Karmel versagt oder er hätte eine weniger charismatische Persönlichkeit besessen, hätte das der religiösen Erfahrung mit Baal mehr Beweiskraft verliehen als der mit Jahve? Die Beispiele lassen sich beliebig fortsetzen.
William James, ein ausgesprochener Befürworter des induktiven Denkansatzes in der Religion, war sich dieses Problems deutlich bewußt. In seinem klassischen Werk *The Varieties of Religious Experience* referiert er in dem als »Die Wirklichkeit des Unsichtbaren« überschriebenen Kapitel die verschiedenartigsten Berichte über Kontakte mit Gott und erklärt dann: »Das ist die menschliche ontologische Vorstellungskraft, und das ist die Überzeugungskraft dessen, was sie ans Licht der Welt bringt.«[26] James bietet in seiner klassischen Arbeit zumindest zwei Antworten auf das Problem an, die miteinander nicht gerade in engem Zusammenhang stehen. Die erste Antwort, gegeben in der ersten Hälfte seines Buches, entspricht am deutlichsten der gesamtphilosophischen Position des Pragmatismus, die James vertritt: Der Test religiösen Glaubens besteht in der »Art und Weise, wie er sich als Ganzes bewährt«, das heißt, das Kriterium eines religiösen Wahrheitsanspruchs sind seine »Früchte«.[27] Für diese Position, von ihm als »empiristisch« bezeichnet, führt James so unterschiedliche Autoritäten ins Feld

wie die Heilige Theresia von Avila und Jonathan Edwards (beide in ihrer Weise Exponenten der »experimentellen Religion«). James ging davon aus, daß die »Früchte« religiöser Erfahrung moralischer Natur seien. Diese Annahme ist heikel, denn: Ist Moralität überhaupt ein gutes Kriterium für Wahrheitsansprüche *irgendwelcher* Art? Wenn nicht, wie die Geschichte menschlichen Denkens ziemlich deutlich zeigt, warum sollte Religion in dieser Hinsicht eine Ausnahme bilden? So würde die Relativitätstheorie nicht ein Jota weniger einleuchtend sein, wenn Einstein in moralischer Hinsicht ein Monster gewesen wäre und nicht der moralisch verehrenswerte Mensch, der er tatsächlich war – und umgekehrt, die Relativitätstheorie gewinnt durch die bewundernswerten moralischen Qualitäten ihres Schöpfers kein Jota an Überzeugungskraft. Man kann natürlich argumentieren, mit der Religion verhalte es sich ganz anders, weil Gott das schlechthin moralische Wesen sei und seine Wahrheiten nicht grob immoralischen menschlichen Wesen offenbare oder durch sie offenbaren lasse. Dieses Argument steht auf schwachen Beinen. Nur wenige große »religiöse Virtuosen« (um Max Webers Formulierung zu verwenden) in der Geschichte waren sonderlich anziehende Gestalten in menschlicher oder moralischer Hinsicht. Soll man ihre Äußerungen über die »Realität des Unsichtbaren« deswegen außer acht lassen?
James scheint die Fragwürdigkeit seines moralistischen Kriteriums gespürt zu haben, und so nimmt im späteren Teil seines großen Werkes der Begriff »Früchte« statt eines ethischen einen kognitiven Charakter an. In seiner Erörterung des Mystizismus mit seiner unangenehmen Nähe zu den »angehäuften Traditionen . . ., welche die Lehrbücher über Wahnsinn nahelegen«, weist er darauf hin, daß derselbe geistige Bereich, dem mystische Einsichten entspringen, auch jede Menge verrückter Illusionen beherbergt. Er fährt dann fort: »Dieser Bereich enthält alles mögliche: ›Seraph und Schlange‹ hausen dort Seite an Seite. Von dort zu kommen ist kein untrügliches Zeugnis. Was von dort kommt, muß sorgfältig gesiebt und geprüft werden und sich dem Spießrutenlauf der Auseinandersetzung mit dem Gesamtzusammenhang des Erlebens stellen, genauso wie das, was aus der äußeren Sinneswelt stammt. Solange wir selbst keine Mystiker sind, muß sein Wert durch empirische Methoden

ermittelt werden.«[28] Lassen wir hier die Frage beiseite, ob alles ganz anders aussähe, wenn wir selbst Mystiker *wären* (die arme Theresia von Avila, um nur sie zu nennen, geriet in schwere Not durch höllische Stimmen, die vorgaben, von Gott zu stammen, und die sie offensichtlich häufig für eine Weile überzeugten). Wie dem auch sei, das Kriterium für die vermeintlichen Einsichten religiösen Erlebens ist hier kognitiver und nicht moralischer Natur. Das »Sieben und Testen« dieser Einsichten ist genau der Vorgang, von dem Algazel spricht, wenn er die Vernunft als Gottes Maß auf Erden bezeichnet und darauf beharrt, daß die wilden Verkündigungen der Mystiker an diesem Maß gemessen werden. Überflüssig zu sagen, daß dieses Maß nicht untrüglich ist und auch keine ganz genauen Meßdaten liefert. Doch der einzige Weg, um überhaupt anfangen zu können, »wahre« von »falscher« religiöser Erfahrung zu scheiden, besteht darin, die Einsichten, die vorgeben, aus diesem Erleben zu stammen, mit der Elle der Vernunft zu messen. Mehr noch, James hat ganz recht, wenn er dieses Vorgehen als »empiristisch« bezeichnet, und zwar in dem Sinne, daß religiöses Erleben im Zusammenhang aller anderen menschlichen Erfahrungen und aller anderen empirischen Kenntnisse über die menschliche Conditio gesehen und bewertet werden muß.

Damit es wegen dieser Formulierung zu keinem Mißverständnis kommt: Sie impliziert um alles in der Welt nicht den aufklärerischen Standpunkt des Rationalismus hinsichtlich der Religion, das heißt den Standpunkt, *gegen* den Schleiermacher seine Methode gerade entwickelt hat. Wie Rudolf Otto ganz klar gesehen hat, liegt der Wesenskern des religiösen Phänomens jenseits aller Rationalität. Nach den Worten von James ist jede rationale Reflexion über Religion »wie Übersetzungen eines Textes in eine andere Sprache«.[29] Doch wie unangebracht dies auch für den tief verwurzelten Drang des Menschen nach »untrügerischen Zeugnissen« in diesem Bereich sein mag, wer Kriterien zur Unterscheidung »wahren« Religionserlebnisses von seinen fragwürdigen Imitationen sucht, dem kann man zu nichts Besserem raten als zu nüchterner rationaler Vergewisserung.

Dann stellt sich da noch das ständige Problem, auf welcher Grundlage ein induktives Modell religiösen Denkens eine Offenbarung (im Schleiermacherschen Sinne des Begriffs) einer anderen vorziehen kann. Anders formuliert, wenn ein häretischer Imperativ besteht, warum dann die eine Häresie auf sich nehmen und nicht eine andere? Im klassischen liberalen Protestantismus war diese Frage natürlich identisch mit der Frage nach dem privilegierten Status des Christentums (und zu einem geringeren Maße nach dem Status des Protestantismus). Wie Schleiermacher sich diese Frage stellte, ist bereits angedeutet worden. In der liberalen Theologie der jüngeren Zeit war die Frage von zentraler Bedeutung für das Werk von Ernst Troeltsch.[30] Für Troeltsch stellte sich die Frage als die nach der »Absolutheit« des Christentums, und seine Antwort, die er in einem Buch mit genau diesem Titel gab, mag für diese Form theologischen Denkens als paradigmatisch gelten.[31]

Sowohl die Geschichtswissenschaft wie die Soziologie (zwei Disziplinen, in denen Troeltsch praktisch all seine Forschungsarbeit investierte – in letzterer nebenbei unter dem starken Einfluß von Max Weber) sind Schulen in Relativierung. Als Historiker und als Soziologe akzeptierte Troeltsch in vollem Umfange, daß diese Relativität sich auch auf die Religion erstreckte. Als christlicher Theologe jedoch hatte er sich der Frage zu stellen, in welcher Art und Weise die Absolutheitsansprüche des Christentums in einem Ozean von Relativierungen aufrechterhalten werden können. Methodologisch (und hier war Webers Einfluß besonders augenfällig) war er sich darüber im klaren, daß eine solche Absolutheit sich nicht wissenschaftlich beweisen läßt, auch nicht dadurch, daß man das Christentum auf die oberste Sprosse einer Hegelschen oder quasi-Hegelschen Evolutionsleiter stellt. Christentum ist wie alles andere ein historisches Phänomen, das sich wie jedes andere mittels historischer und soziologischer Methoden analysieren läßt. Mit anderen Worten, als historisches Phänomen ist das Christentum ein relatives Phänomen, denn »das Historische und das Relative sind identisch«.[32]

Diese Relativität ist nicht endlos, sondern auf einige Hauptformen religiöser Möglichkeiten in der Geschichte reduzierbar. Tatsächlich argumentierte Troeltsch, wir hätten es, abgesehen von der Vielfalt primitiver Religionsformen, mit zwei einander entgegengesetzten Arten monotheistischer Religionen Vorderasiens und mit den großen Religionstraditionen Indiens zu tun. Die eigentliche Alternative bestehe zwischen diesen beiden Religionsformen. Im nächsten Kapitel dieses Buches soll dieser wichtige Punkt noch einmal aufgegriffen werden. Doch wie dem auch sei, Troeltsch war der Auffassung, das Verfahren, dem historische Forschung zu folgen habe, bestehe darin, zunächst zu klären, welches die großen Alternativen sind, und sich *anschließend* als Theologe oder Religionsphilosoph die Aufgabe zu stellen, ein normatives Maß zu finden, das den »bloß historischen« Vergleich transzendiert. Dieses normative Maß kann sich nur aus dem freien Wettstreit zwischen den religiösen Ideen ergeben; es läßt sich nicht apriori aus einer Religionstheorie ableiten, und es kann auch nicht das unmittelbare Ergebnis empirischer Analyse sein. Letztendlich wird es subjektive Entscheidung einzelner sein, die zwar in einer bestimmten Tradition stehen, die aber dennoch aufgeschlossen für alle anderen geworden sind.

Ein normativer Standard muß Vergleichbarkeit voraussetzen, das heißt, er muß davon ausgehen, daß alle Religionen irgend etwas Gemeinsames und etwas allgemein Gültiges an sich haben. Troeltsch behauptet, alle Religionen strebten ein gemeinsames Ziel an. Die unterschiedlichen historischen Religionsformen seien sich in mehr oder minder starkem Maße über dieses Ziel im klaren. Alle Religionen bezögen sich auf Offenbarungen dessen, was er, Troeltsch, als »höheres Leben« bezeichnet (Eliades Begriff der »Hierophanien« wäre hier angebracht). Somit erstreben und beabsichtigen alle Religionen das Absolute, doch dieses Absolute ist empirisch niemals erreichbar, ist niemals sicherer Besitz. Es ist vielmehr stets als Intuition, als Ahnung da.[33] Nur auf diese Art und Weise kann das Christentum irgendeinen Wahrheitsanspruch stellen. Doch solche Wahrheitsansprüche *können*, so betont Troeltsch, erhoben werden, und er betont es ruhig und zuversichtlich, wobei er das Christentum als eine historisch relative Religionsform versteht, allerdings als eine Form, die nichtsdestoweniger eine einzigartig gültige Beziehung zum Absoluten hat.[34]

Dies erfordert natürlich wiederum eine Suche nach dem Wesen des Christentums in der Art von Schleiermacher und Harnack. Die einzelnen Merkmale dieses Wesens sind freilich umstritten, vor allem wenn es um die Charakterisierung der nicht-christlichen Alternativen geht. In diesem Punkt entgeht auch Troeltsch nicht der oben erörterten Kritik. Doch einzelne Wesensmerkmale stehen hier nicht zur Debatte, vielmehr soll uns hier Troeltschs Methode beschäftigen, und die ist für das induktive Modell, jedenfalls in dem Sinne, wie es hier verstanden wird, von zentraler Bedeutung. Im Rahmen dieses Modells muß die Lösung des Problems der, sagen wir, Gründe für Häresie in der von Troeltsch eingeschlagenen Richtung gesucht werden.[35]

Schließlich muß sich jedes induktive Modell dem Dauerproblem der Unsicherheit stellen, dem nach James' Worten Problem des grundlegenden religiösen Dranges nach »untrüglichen Zeugnissen«. Dieses Problem hat allen Vertretern des klassischen liberalen Protestantismus zu schaffen gemacht, und ihr angebliches Unvermögen, eine angemessene Lösung zu bieten, ist einer der Hauptgründe der neo-orthodoxen Revolte gegen den Liberalismus. Barth und seine Freunde gingen in der frühen neo-orthodoxen Bewegung dem Problem in erster Linie als Prediger zu Leibe. Sonntag für Sonntag erwartete man von ihnen, daß sie von der Kanzel herab mit Zuversicht in der Stimme irgendeine Art christlicher Botschaft verkündeten. Ermöglichte der theologische Liberalismus solche Zuversicht? Oder um es mit ihren Worten zu sagen: »Wie kann man so etwas predigen?« Für Menschen, die sich einerseits einem induktiven Denkansatz in Fragen der Religion verpflichtet fühlen und andererseits institutionell den Auftrag haben, die Wahrheit einer bestimmten Religionstradition zu bekräftigen, erhebt sich ein schwerwiegendes Existenzproblem. Das Problem beschränkt sich natürlich nicht auf protestantische Prediger, denn *mutatis mutandis* berührt es auch die offiziellen Vertreter jeder Religionstradition, die zum Objekt der Reflexion und gründlicher Überprüfung wird. Dieser Schwierigkeit können wir uns hier nicht zuwenden. Es genügt zu sagen, daß das Problem nicht unlösbar ist. Doch es geht in seinem eigentlichen Sinne nicht nur diese spezielle Kategorie von Religionswissenschaftlern und -funktionären an. Man kann sogar einwenden, daß es noch bedrängender ist für den Laien, der nicht über das intellektuelle Instrumentarium des theologisch Gebildeten verfügt, um mit solchen Fragen umgehen und sie bewältigen zu können, und der dennoch darauf angewiesen ist, angesichts dessen, was die Tradition als wahr verkündet, ein Gefühl von Sicherheit zu verspüren.

Grundsätzlich ist die Suche nach religiöser Sicherheit dazu verurteilt, »in dieser Welt« frustriert zu werden, mit Ausnahme flüchtiger Erlebnisse, die man nur mühsam in der Erinnerung behalten kann. Dieser Grundsatz ergibt sich mit einiger Notwendigkeit aus dem Verständnis des religiösen Erlebnisses, das im zweiten Kapitel dieses Buches erläutert worden ist. Um phänomenologische Begriffe zu bemühen, es gibt in der Tat Erfahrungen des Kontakts mit dem Übernatürlichen, die mit absoluter Sicherheit einhergehen, doch diese Sicherheit besteht nur innerhalb der Enklave des religiösen Erlebnisses selbst. Sobald der Mensch aus dieser Enklave in die Welt der normalen Alltagsrealität zurückkehrt, erhält sich die Sicherheit nur als Erinnerung und ist als solche ihrem Wesen nach fragil. Das gilt selbst für Menschen, die von sich behaupten, sie hätten die intensivsten Begegnungen mit dem Göttlichen gehabt, etwa Mystiker oder Propheten oder auch andere, zu denen die Götter vermeintlich unmittelbar gesprochen haben. Mystische Ekstasen oder prophetische Offenbarungen sind Ereignisse innerhalb bestimmter Zeitspannen. Diese Zeitspannen gehen zu Ende, und der Mensch kehrt wohl oder übel zu dem zurück, was Alfred Schütz die »Standardzeit« normalen Menschenlebens genannt hat. Die religiöse Weltliteratur quillt über von Klagen angesichts des Problems, im Rahmen der Realitäten des Gewöhnlichen den Sinn für das Außergewöhnliche zu bewahren. Darum stellt sich selbst für jene, welche die »Realität des Unsichtbaren« unmittelbar erfahren haben, die Notwendigkeit des Glaubens. Solche Menschen sind, das braucht man nicht unbedingt zu betonen, dünn gesät. Der übrigen Menschheit macht das Problem noch weit mehr zu schaffen. Es ist doppelt schwierig für jene, welche die relativierenden Früchte modernen Denkens geschmeckt haben, denn ihnen ist aller Wahrscheinlichkeit nach die praktische Lösung des intellektuell Naiven, das blinde, selbstverständliche Festhalten an der jeweiligen Tradition, verwehrt. Doch selbst Intellektuelle haben ein Bedürfnis nach Sicherheit.

Auch Troeltsch war über dieses Problem höchst beunruhigt. Er fragte sich, ob der stark eingeschränkte Begriff der Absolutheit, der, wie er versicherte, die notwendige Folge historischer Reflexion ist, den religiösen Bedürfnissen von Menschen genügen könnte. Seine Antwort fiel positiv aus. Frömmigkeit verlangt nach Wahrheit, freilich nicht notwendig in dem alten Sinne von Absolutheit. Die Überzeugung, man sei Gott begegnet und habe seine Stimme gehört, wird durch die Relativierungen des historischen Bewußtseins nicht berührt. Es gibt diese Begegnungen, die mit einer tiefen Überzeugung von Wahrheit einhergehen. In dieser Überzeugung kann der Mensch Sicherheit finden. Selbst wenn er sich dem vollen Umfang historischer und sozialwissenschaftlicher Relativierungen aussetzt, kann er dennoch zuversichtlich sein, daß sich niemals als unwahr herausstellen wird, was er selbst als Wahrheit erlebt und was sich selbst im Leben von vielen anderen Menschen als Wahrheit erwiesen hat. Kein Wahrheitserlebnis erreicht zwar in der Geschichte einen Endzustand, doch wir haben es mit einem fortwährenden Prozeß zu tun, in dem jedes Beispiel für Wahrheitszugang (jede »Hierophanie«, wenn man will) aufbewahrt und weitergegeben wird. Anders gesagt, Frömmigkeit verlangt nach Sicherheit, jedoch nicht nach Fanatismus.[36]

Seine Haltung gegenüber diesem Problem hat Troeltsch wie folgt zusammengefaßt: »Da ist nicht mehr der leidenschaftliche Fanatismus, der jeden Zweifel an der ausschließlichen Absolutheit als Bedrohung all dessen ansieht, an das geglaubt wird. An seine Stelle ist die sanfte Sicherheit getreten, daß die authentischen und wahren Kräfte der Realität sich auch in einem größeren Zusammenhang behaupten werden.«[37] Besser als »sanfte Sicherheit« kann man es nicht formulieren, um die grundlegende Haltung liberaler Theologie im besten Sinne und *ipso facto* die religiöse Möglichkeit zu beschreiben, die sich mit dem induktiven Denkansatz auf höchst glückliche Weise verbinden läßt.

In dem vorliegenden Buch habe ich mich bemüht, gegenüber jeder der drei Möglichkeiten für Religion, die in den vorausgegangenen Kapiteln erörtert worden sind, gerecht und fair zu sein. Fairneß muß nicht Neutralität bedeuten. Die Argumente sollten zu der Behauptung führen, daß die induktive Möglichkeit die entwicklungsfähigste der drei Optionen darstellt, tatsächlich sogar letzten Endes die einzig entwicklungsfähige Option. Im Rahmen der christlichen Theologie bedeutet dies eine unzweifelhafte Identifizierung mit der Richtung im liberalen Protestantismus, die mit Schleiermacher ihren Ausgang nahm. Im größeren Rahmen des religiösen Pluralismus ist damit die Auffassung gemeint, daß das induktive Modell, wie es von Vertretern des klassischen liberalen Protestantismus erarbeitet worden ist, auch für ganz andere Traditionen von Nutzen sein kann. Wie wiederholt erklärt, bedeutet dies keine Bestätigung all der wesentlichen Positionen des liberalen Protestantismus, vor allem nicht jener, die ein ethnozentrisches Vorurteil gegenüber den nicht-westlichen Religionen erkennen lassen (gar nicht zu reden vom Judaismus und auch den katholischen Zweigen des Christentums). Mit anderen Worten, die Bestätigung ist ausschließlich methodologischer Art. Damit freilich wird, wie gezeigt, eine ganze Menge bestätigt.

Auf der heutigen theologischen Szene bedeutet eine Neubelebung liberaler Religion eine fruchtbare dritte Option auf der Mitte zwischen den neo-orthodoxen Rekonstruktionen auf der »Rechten« und den Kapitulationen vor dem Säkularismus auf der »Linken« (die beiden Begriffe werden hier natürlich theologisch und nicht politisch verwandt, denn es gibt Barthsche Sozialisten und säkularistische Befürworter des amerikanischen Kapitalismus!). Gegenüber der Rechten bedeutet diese Position eine erneute Betonung des Menschlichen als des einzigen Ausgangspunktes für die theologische Reflexion und eine Ablehnung jeglicher externer Autorität (mag sie biblisch, kirchlich oder traditionell sein), die sich einer solchen Reflexion aufdrängt. Gegenüber der Linken bedeutet diese Position eine erneute Betonung des übernatürlichen und heiligen Charakters religiöser Erfahrung und eine Zurückweisung der besonders aufdringlichen Autorität des modernen säkularen Bewußtseins. Das mag so klingen, als nähme man den Mund reichlich voll. Vielleicht ist dem so, doch es besteht kein Grund anzunehmen, daß wer eine solche Position einnimmt, sich in einer isolierten Situation wiederfindet.

Diese Option hat wie jede andere ihre eigene Plausibilitätsstruktur. Möglicherweise ist die »Sanftheit«, die ihr anhaftet, in Zeiten zumindest relativer Normalität plausibler als inmitten einer Krise. In Krisenzeiten und in Augenblicken, in denen ein Mensch sich, wie Karl Jaspers es genannt hat, in »Grenzsituationen« befindet, scheint Fanatismus plausibler zu wirken. So ist es kein Zufall, daß der liberale Protestantismus im Deutschland der von Selbstvertrauen erfüllten Ära, die dem Ersten Weltkrieg vorausging, in Blüte stand, in den turbulenten Jahren zwischen 1918 und 1945 heftig erschüttert wurde und neue Lebenskraft gewann, als im Gefolge des westdeutschen »Wirtschaftswunders« wieder normale Zustände eintraten. Solche Beobachtungen sind das tägliche Brot des Wissenssoziologen. Wichtiger jedoch ist zu betonen, daß die Analysen des Wissenssoziologen nicht notwendigerweise einen Einfluß auf die hier strittigen Wahrheitsansprüche haben: *Die Kategorie der Plausibilitätsstruktur hat keinerlei erkenntnistheoretischen Status.*

Menschen, die sich in den dreißiger Jahren in politischer Opposition zum totalitären Nazismus befanden, waren kaum in der Stimmung, auch nur in ihren intellektuellen Positionen sanft zu sein. Genausowenig wie Menschen von heute, die sich diesem oder jenem revolutionären Kampf moralisch verpflichtet fühlen. In solchen Situationen üben apodiktische Affirmationen theologischer Neo-Orthodoxie oder revolutionäre Ideologien, die lediglich säkularisierte Versionen religiösen Dogmatismus sind, eine starke Anziehungskraft aus. Das ist zwar sehr verständlich, doch man sollte sich dadurch nicht übermäßig beeindrucken lassen. Sicher, ein Mensch, der sich politischer Verfolgung oder Kriegsgefahren ausgesetzt sieht, hat Einsichten, die dem abgehen, der nicht derartige Erfahrungen macht. Genauso führen Erfahrungen persönlicher Trauer, von Krankheit oder Todesnähe zu unterschiedlichen Einsichten. Doch diese Einsichten aufgrund von »Grenzsituationen« sind, so wichtig sie auch sein mögen, nicht die einzigen Einsichten. Die Grenzsituation an sich ist noch kein *privilegierter* Realitätszugang. Tatsächlich kann die Grenzsituation, gerade aufgrund ihres Charakters, Realitätsaspekte verdunkeln, die unter weniger verzweifelten Umständen klarer gesehen werden können. Einfach gesagt, selbst wenn es empirisch richtig wäre, daß in Schützenlöchern keine Atheisten kauern, so wäre das noch kein Argument für die Existenz Gottes. Daraus ergibt sich, daß die Einsichten aus beiden Situationsformen bestätigt werden müssen, ohne daß man dabei aus soziologischen Gründen ihre mögliche Gültigkeit vorschnell abtut.[38]

Damit soll keineswegs gesagt sein, daß die liberale Religion *nur* in Zeiten der Ruhe gedeihen kann. Im Gegenteil, es gibt eine Art der Sanftheit, die aus großer innerer Stärke kommt. Und apodiktische Sicherheiten können über Nacht in sich zusammenfallen. Man kann sich sogar vorstellen, daß Menschen, die der »Realität des Unsichtbaren« tatsächlich begegnet sind, sich sowohl in ihrem Leben wie in ihrem Denken die Sanftheit der Liberalität *leisten* können.

6. Zwischen Jerusalem und Benares: Der heraufkommende Wettstreit der Religionen

»Was ist Athen für Jerusalem?« fragte Tertullian, ebender lateinische Kirchenschriftsteller, dem es in seinem mürrischen Anti-Hellenismus gefiel, das Geständnis abzulegen, daß er glaube, weil dies absurd sei. Die stillschweigende Antwort auf seine Frage lautet natürlich: »Nichts!« Man kann sagen, die gesamte Geschichte des Christentums liefere die Antwort auf Tertullians Frage, eine Antwort, die der von ihm selbst gemeinten ganz entgegengesetzt ist. Athen hat für Jerusalem eine schreckliche Menge an Dingen bedeutet, angefangen mit dem kühnen Prolog des Johannes-Evangeliums, in dem die griechische Idee des *logos* mit dem jüdischen Messias gleichgesetzt wird –: Entwurf einer welterschütternden Ehe zwischen Vernunft und Offenbarung, zwischen Universalismus und den Eigentümlichkeiten vorderasiatischer Religionserfahrung. Tatsächlich, man kann sogar mit einiger Berechtigung behaupten, daß die Geschichte des Christentums im wesentlichen die Geschichte der Ehe zwischen Athen und Jerusalem gewesen ist. Das soll natürlich nicht heißen, daß es zwischen den hellenischen und den israelitischen Elementen der christlichen Synthese keinerlei Spannungen gegeben hat. Doch die Jahrhunderte der christlichen Entwicklung haben gezeigt, daß der Antagonismus zwischen diesen beiden Polen dessen, was man als mediterrane Humanität bezeichnen kann, nicht unauflöslich ist, ja vielleicht kann man sogar sagen, daß die Spannungen zwischen ihnen in einer bestimmten Weltsicht, die für die westliche Kultur und Zivilisation charakteristisch geworden ist, ein notwendiges Element bilden.

Das ganze Buch hindurch vertrete ich die Auffassung, daß der moderne Mensch sich in einer Situation befindet, die eine weit umfassendere »Ökumene« mit sich bringt, als es selbst in der kosmopolitischen Zeit des Tertullian möglich gewesen ist. Heutzutage schließt die Ökumene in der Tat die Menschheit als Ganzes ein. In dieser neuen »Ökumenizität« wird die relative Nachbarschaft von Athen und Jerusalem weit offenkundiger. Diese beiden Kleinstädte, die in der Geschichte des *Homo mediterraneus* eine so große Rolle gespielt haben, liegen wahrhaftig nicht weit voneinander entfernt. Heute erhalten andere Gegensätzlichkeiten erheblich mehr Gewicht. Was die Religionsgeschichte der Menschheit angeht, so ist keine Polarität bedeutsamer, signifikanter als die zwischen Indien und Vorderasien. Und eine ganz andere Frage tritt heute in den Vordergrund, nämlich die dringliche, bedrückende Frage: *Was bedeutet Benares für Jerusalem?* Der künftige Kurs der Religion hängt zum großen Teil von der Antwort auf *diese* Frage ab.

»Der Dharma geht westwärts«

Auf den ersten Blick scheint das Panorama der religiösen Suche des Menschen eine fast endlose Reihe unterschiedlicher Möglichkeiten zu umschließen. Doch nach genauerer Prüfung lassen sich diese Möglichkeiten unter erheblich weniger Rubriken einordnen. Wenn man erst einmal von reiner Klassifizierung zur Einschätzung jener Möglichkeiten gelangt ist, die wirklich »interessant« sind, wird man fast unausweichlich dazu gedrängt, sich mit der oben erwähnten Polarität intensiver zu beschäftigen.[1] Einfach gesagt, Vorderasien und Indien haben die beiden umfassendsten religiösen Weltansichten hervorgebracht, und die Antithese zwischen ihnen bildet für die heutige Ökumenizität das weitaus wichtigste Problem. Nun wird jeder Religionshistoriker, wenn er eine solche Äußerung vernimmt, sogleich leuchtend rote Warnlampen anzünden, und es ist ratsam, diese Leuchten zu beachten. Im Menschenleben läßt sich nichts im Sinne von klar umrissenen und allgemein anwendbaren Antithesen verstehen. Die Religion ist in dieser Hinsicht keine Ausnahme. Die empirische Realität der Geschichte ist voller farblicher Zwischentöne und bietet nur höchst selten ein Bild in scharfen Schwarz-weiß-Kontrasten. Das heißt, wie sehr man sich auch wünschen mag, die religiösen Phänomene, die für Vorderasien und Indien kennzeichnend sind, Typen zuzuordnen, der Historiker kann immer nachweisen, daß diese Typen sich nur selten in reiner Form finden lassen, daß sie sich miteinander vermischt und gegenseitig durchdrungen haben. Über all dies sollte man sich einig sein. Doch genau wegen all dieser Mischungen ist es wichtig zu erkennen, *was* sich miteinander vermischt hat. Nur so kann man die Eigenart der verschiedenen religiösen Möglichkeiten überhaupt festmachen. Mit anderen Worten, die Religionsgeschichte ist durchaus *keine* Nacht, in der alle Katzen grau sind.

Vorderasien zeichnet sich dadurch aus, daß es das Göttliche erlebt als persönlichen Gott, der zu dem Menschen spricht. Zu sagen, dies sei die religiöse Erfahrung des Monotheismus, heißt, nur einen Aspekt der Angelegenheit zu berücksichtigen, denn die Einzigartigkeit des Göttlichen läßt sich auch als Ergebnis ganz anderer Erfahrungen hinstellen. Ein gleichermaßen wichtiger Aspekt ist der Charakter der Konfrontation, der sich in der Erfahrung, in dem Erlebnis äußert. Gott ist nicht im Menschen anzutreffen, sondern er stellt sich dem Menschen von außerhalb, indem er ihm Botschaften zukommen läßt. Deshalb war Vorderasien die Arena dessen, was Max Weber als »Botschafterprophetie« bezeichnet hat, angefangen von Zoroaster und den israelitischen Propheten bis zu Jesus und Mohammed. Genausowenig wie sich dieser Botschaftsgott im Menschen auffinden läßt, so kann er auch nicht mit dem Kosmos oder irgendeinem Teil der Naturrealität identifiziert werden. Die fundamentale Auseinandersetzung zwischen Jahvismus und den Naturkulten des alten Nahen Ostens verleiht diesem Unterschied eine scharfe Kontur. Der Gott Israels war völlig anders als die Gottheiten, zu denen man über die natürlichen Rhythmen der Erde und des menschlichen Körpers gelangte, und das ist auch der Grund, warum seine Sprecher die Verehrung von Fruchtbarkeitsgöttern und geheiligter Sexualität so unnachgiebig denunzierten. Jahve war ein »un-natürlicher« Gott, im wortwörtlichen Sinne. Beschneidung (welchen Ursprungs sie auch sein mag) wurde in Israel zum beredtesten Ausdruck für die Kluft zwischen dem Glauben an Jahve und jeder Form

»natürlicher« Religiosität. Wahrscheinlich hat Ahuramazda, die von Zoroaster verkündete Gottheit, vergleichbar »un-natürliche« Züge gehabt. Die spätere Geschichte der Religionen, die sich von dieser Form der Erfahrung herleiten, zeigt ganz deutlich, daß die Beibehaltung dieser Kluft alles andere als leicht war. So hatten die Propheten Israels ihre Landsleute wieder und wieder für ihre Rückfälle in die alten (und man muß annehmen, höchst angenehmen) Formen nicht auf Konfrontation beruhender Religiosität zu rügen. Doch in diesem fortwährenden Kampf wurde die Eigenart der israelitischen Religionserfahrung um so klarer.

Dieser Gott manifestiert sich als Person, Wille, Rede. Dies als Anthropomorphismus zu bezeichnen heißt, den entscheidenden Punkt außer acht lassen; wenn überhaupt, dann wäre ein Begriff wie »Anthropogenese« angebrachter. Denn in der Begegnung mit diesem Gott wird die Vorstellung vom Menschen in nicht abzuschätzendem Maße geschärft. In dieser Begegnung erhält der *Mensch* sein Profil als Person, Wille, Rede. Mit anderen Worten, diese besondere religiöse Erfahrung ist auf nicht zu messende Art und Weise individualisierend. Man könnte auch sagen, der Mensch wird in dieser Begegnung mit Gott einsam in dieser Welt (so daß im wortwörtlichsten Sinne die israelitische Nostalgie für die alten Fruchtbarkeitskulte eine Sehnsucht nach der alten Gesellschaft war). In der Begegnung mit Gott, der ihn anspricht, wird sich der Mensch seiner selbst *als Mensch* gewahr. Das hat auch einen fundamentalen Sprung zwischen Mensch und Kosmos zur Folge. Der Kosmos ist nicht länger göttlich kraft eigenen Rechts, wie es (wahrscheinlich kulturübergreifend) in den Jahrtausenden der menschlichen Frühgeschichte der Fall gewesen ist. Statt dessen wird der Kosmos als Gottes Schöpfung real kraft eigenen Rechts. Der Kosmos wird nun als Arena der Tat Gottes verstanden und, nebenbei, auch als Arena der Handlungen und Taten des Menschen (mögen dies Handlungen und Taten sein, die eine Reaktion auf Gottes Ansprache oder ihre Leugnung darstellen). Mit anderen Worten, diese besondere religiöse Erfahrung ist sowohl historisierend wie moralisierend. In eben dieser religiösen Erfahrung (wenngleich in Verbindung mit den ziemlich unterschiedlichen hellenistischen Erfahrungen von Vernunft und menschlicher Autonomie)

muß man die spezifisch westliche Konstellation von Individuum, Geschichte und Bewußtsein suchen.[2]
Wahrscheinlich findet man kein deutlicheres Beispiel für diese Grunderfahrung als die sogenannte Thronvision des Propheten Jesaja (Jesaja 8). Gott offenbart sich Jesaja in dieser Vision von unaussprechlicher und furchterregender Größe und Herrlichkeit. Doch diese Offenbarung, die den Propheten mit einer Gottesempfindung überwältigt, verändert zugleich seine Wahrnehmung von sich selbst, als eines Mannes mit »unreinen Lippen«. In diesem Erlebnis stehen Transzendenz und Bewußtsein in einem dialektischen Verhältnis zueinander. Mehr noch, die Bedeutung dieser ganzen Hierophanie besteht genau darin, Jesaja als Botschafter Gottes zu bevollmächtigen, das heißt hinauszugehen und Gottes Botschaft zu verkünden, eine Botschaft, die voller Geschichte und voller Moralität ist. Dieser individualisierende, historisierende und moralisierende Effekt hat sich seit Jesaja durch die Jahrhunderte jüdischer und christlicher Geschichte erhalten und ist auch (wenngleich mit einigen Modifizierungen) grundlegend für den Islam.[3]
Wenn man die religiöse Erfahrung, die für Vorderasien eigentümlich ist, als auf Konfrontation beruhende Erfahrung bezeichnen kann, dann ist die für Indien kennzeichnende Erfahrung von Innerlichkeit geprägt. Das Göttliche tritt dem Menschen nicht von außen gegenüber, sondern muß in ihm selbst als göttlicher Grund seines Seins und des Kosmos gesucht werden. Das Göttliche ist hier überpersönlich und jenseits aller Eigenschaften, einschließlich jener des Willens und des Redens. Wenn der göttliche Seinsgrund erst einmal erreicht ist, verblassen Mensch und Kosmos zur Bedeutungslosigkeit oder sogar zur Unwirklichkeit, zur Täuschung. Die Individualität wird nicht geschärft, sondern absorbiert, und sowohl Geschichte wie Moralität werden radikal relativiert. Es erübrigt sich zu sagen, daß es in der reichen Geschichte der indischen und der von Indien stammenden Religiosität eine ungeheure Vielfalt von Äußerungsformen dieser Erfahrungen gibt, und in dieser Geschichte lassen sich auch Erfahrungen ausmachen, die dem vorderasiatischen Prototyp weit näherkommen. Nichtsdestoweniger bleibt der fundamentale Unterschied bestehen.
Seit den frühesten Zeiten der indischen Geschichte ist die

Religion geprägt gewesen durch die Praxis der Innerlichkeit und die Theorie des *Samsara-Karma* (das Rad der Wiedergeburten und die unausweichlichen Folgen menschlicher Handlungen über eine Reihe von Wiedergeburten hin). Es ist möglich, vielleicht sogar wahrscheinlich, daß diese Doppelphänomene zeitlich vor der indogermanischen Invasion des Subkontinents liegen.[4] In den prä-indogermanischen Ruinen der Indus-Kultur haben Archäologen Statuetten von Menschen in den Joga-Stellungen der Kontemplation entdeckt. Wenn es eine prototypische Gestalt indischer Religiosität gibt, dann ist es zweifellos der Jogi, der in der Lotus-Stellung sitzt, schweigend, von der Welt abgewandt, passiv, nach innen schauend auf seiner Suche nach der letzten Realität in ihm selbst. Diese Figur ist nicht nur für den Hinduismus von zentraler Bedeutung, sondern auch für die großen heterodoxen Religionsbewegungen Indiens, vor allem für den Dschainismus und den Buddhismus. Und in ihrer buddhistischen Version ist die gleiche Figur von zentraler Bedeutung für die Religionserfahrung Ostasiens gewesen. Es ist schwierig, eine Figur zu entwerfen, die in noch stärkerem Gegensatz zu der des israelitischen Propheten stände.

Eine Hindu-Legende erzählt von einer Begegnung zwischen einem jungen Heiligen (einem Menschen im Besitz des Erlösungswissens, das Befreiung von dem Rad des *Samsara* bedeutet) und Indra, der großen Schöpfungsgottheit. Die zwei unterhalten sich in Indras Himmelspalast, als der Heilige plötzlich laut auflacht. »Warum lachst du?« fragt Indra. »Die Ameisen, die Ameisen«, antwortet der Heilige und zeigt auf einen Zug von Ameisen, die sich über den Marmorboden des Palastes bewegen. Und als Indra nicht begreift, erklärt der Heilige: »Jede dieser Ameisen ist Indra gewesen – und wird wieder Indra werden.« In dieser (für einen westlichen Menschen schauerlichen) Äußerung liegt ein ganzes Universum indischer Realitätserfahrung, nicht über das Wesen der Götter, sondern auch über die Welt, den Menschen und menschliche Geschicke. Ohne diese Erfahrung kann man weder die Praxis noch die Theorie indischer Religion verstehen, angefangen von den tagtäglichen Manifestationen des Kastensystems bis hin zu den grandiosen Spekulationen des hinduistischen und buddhistischen Denkens. Hier liegt in der Tat das Herz von Benares, am anderen Pol menschlicher Möglichkeiten, der dem, was in und um Jerusalem stattfindet, völlig entgegengesetzt ist.

Vorderasien und Indien bilden Teile derselben kontinentalen Landmasse, und die beiden Prototypen religiöser Erfahrung und Reflexion haben sich nicht ohne wechselseitigen Kontakt entwickelt. Zuweilen war der Kontakt ziemlich massiv. Manche Forscher glauben, daß eine Anzahl der griechischen Mysterienkulte (die ihrerseits das Frühchristentum beeinflußt haben) unter indischem Einfluß gestanden haben. Den Gnostizismus, der über einen Zeitraum von mehreren Jahrhunderten ein ernst zu nehmender Konkurrent des Christentums gewesen ist, hat man als seltsame Mischung aus Hindu-Themen mit dem iranischen Dualismus angesehen (der Iran ist aus den einleuchtendsten Gründen stets eine Brücke zwischen den beiden Polen gewesen). Der wahrscheinlich härteste Wettstreit zwischen den beiden prototypischen Religionsformen ist innerhalb des Islams ausgetragen worden, besonders in der Entwicklung des moslemischen Mystizismus (und hier wieder besonders im Iran). Doch aus Gründen, die an früheren Stellen des Buches im einzelnen dargelegt worden sind, stellt die moderne Situation einen völlig neuen Rahmen für den Wettstreit bereit.

Ursprünglich wurde dieser Rahmen vor allem durch den imperialistischen Vorstoß westlicher (*ipso facto* christlicher) Zivilisation nach Asien geschaffen. Es erübrigt sich zu erwähnen, daß dieser Imperialismus unter politischen und wirtschaftlichen Vorzeichen stand, und nicht unter religiösen. Gleichviel, er leistete nicht nur einer aggressiven missionarischen Invasion Asiens Vorschub (und in einigen Gebieten, wie etwa in China, erzielten die Missionare einige, wenn auch bescheidene Erfolge), doch weit wichtiger, die Kräfte der Modernisierung, die auf all diese Länder losgelassen wurden, entfalteten sich unter dem Schutz und Schirm des westlichen Imperialismus. Selbst in ihren säkularisiertesten Versionen ist die Modernität ein Produkt westlicher christlicher Kultur und Zivilisation, und sie läßt auch weiterhin ihre Wurzeln erkennen. Das Christentum als religiöser Glaube hat in Asien keine spektakulären Gewinne machen können, es hat jedoch als Modernisierungsprozeß in asiatischen Ländern eine Akkulturation von beispielsweise westlichen Vorstellungen über Individuum, Geschichte oder Sozialethik mit sich gebracht, und auch dies kann man als eine Art von Wettstreit ansehen. Ohne diesen Wettstreit wäre Gandhi nicht vorstellbar. Auch nicht die dramatische Modernisierung Japans. Doch auch in China sind die Missionare in einer wahrlich paradoxen Weise letztendlich erfolgreich gewesen: Der Marxismus stellt alles in allem eine säkularisierte Version christlicher Eschatologie dar. (Der Hinweis, die alten Missionare Chinas wären über ihren »Erfolg« entsetzt gewesen, verfängt nicht: Geschichte ist eine lange Reihe unbeabsichtigter Folgen.) In jedem Fall, die Ursprungsform der Auseinandersetzung war der machtvoll nach Asien vordringende christliche Westen.

Doch selbst auf dem Höhepunkt triumphierenden westlichen Imperialismus bestand das Verhältnis nicht in einseitiger, einliniger Herrschaft. Asien hat seine westlichen Eindringlinge sowohl verwirrt wie verführt, und bereits im achtzehnten und frühen neunzehnten Jahrhundert übte die asiatische Mentalität (einschließlich ihrer religiösen Aspekte) Einfluß auf manche westlichen Denker aus. Man braucht in diesem Zusammenhang nur Goethe, Schopenhauer und Emerson zu erwähnen. Doch die zweite Hälfte des zwanzigsten Jahrhunderts ist nicht nur eine postkoloniale Ära im politischen und ökonomischen Sinne. Sie ist auch kulturell postkolonial, wie der machtvolle Aufschwung der sogenannten Dritten Welt Tag für Tag demonstriert. An dieser Stelle möchte ich die Behauptung aufstellen, daß die religiöse Dimension dieses Postkolonialismus nunmehr manifest zu werden beginnt.

Benares nimmt Rache. Wie die christlichen Missionare nach Indien und China auszuschwärmen pflegten, so durchstreifen heutzutage hinduistische und buddhistische Missionare die Straßen der westlichen Städte, vor allem in Amerika. Der Ausbruch asiatischer Religiosität in den späten sechziger Jahren war natürlich zumindest teilweise eine schicke Modesache. Doch man geht nicht fehl, wenn man behauptet, daß es auch mehr war. Sicher, einige der grelleren Äußerungsformen des »Age of Aquarius« sind dahingeschwunden. Auch sind nur relativ wenige Amerikaner ausgesprochene Anhänger asiatischer Religionsgruppen.[5] Doch weit mehr widmen sich Meditationspraktiken asiatischer Provenienz.[6] Weit schwieriger abzuschätzen ist ein geschärftes Bewußtsein für asiatische Realitätsvisionen in Segmenten der amerikanischen Kultur. Wer beispielsweise Zeitschriften, die der Ökologie-Bewegung nahestehen, durchliest oder das beständige Interesse an asiatischen Religionen in den Colleges beobachtet, der kommt mit einiger Wahrscheinlichkeit zu dem Schluß, daß dieser Einfluß weit größer ist, als man anhand der Zahlen jener vermuten sollte, die sich unmittelbar mit asiatischer Religiosität identifizieren.

In den kleinen Zirkeln des Hinduismus und Buddhismus in Amerika setzt man, wie nicht anders zu erwarten, große Hoffnungen auf eine Umkehr des missionarischen Schubs. So reden die Buddhisten davon, daß »der Dharma westwärts geht«, und sie sehen darin den Beginn einer neuen Ära in der Geschichte des Buddhismus, eine Ära, die in ihrer Bedeutung vergleichbar sei der großen Bewegung des Dharmas über die Grenzen Indiens hinaus in die Länder des Fernen Ostens. Ein weniger engagierter Beobachter wird mit einiger Sicherheit diese Hoffnungen nicht sogleich teilen. In der Menschengeschichte ist zwar nichts unmöglich, doch die Konversion wesentlicher Teile der amerikanischen Bevölkerung zum Buddhismus scheint nicht gerade ein wahrscheinliches Szenario abzugeben. Solche Vorhersagen sind freilich auch nicht gemeint mit der hier vertretenen Auffassung, daß sich zwischen Jerusalem und Benares ein neuer Wettstreit anbahnt. Damit diese Auffassung sich als zutreffend erweist, ist es keineswegs erforderlich, daß die amerikanischen Buddhisten in den Statistiken über Konfessionszugehörigkeit mit den Methodisten oder Presbyterianern gleichziehen. Relevant ist vielmehr das reine Vorhandensein des Buddhismus im religiösen Bewußtsein Amerikas. Vorhersagen *kann* man, daß dieses Vorhandensein fortbestehen wird. Man muß sich damit intellektuell auseinandersetzen. Was für den Buddhismus gilt, das gilt in weiterem Sinne auch für den Prototyp von Benares.

Es ist interessant zu beobachten, daß nur wenige christliche Theologen irgendein Interesse an nicht-westlichen Religionen zeigen. Die christliche Theologie, ob protestantisch oder katholisch, ob liberal oder konservativ, verhält sich so, als ob es auf der Welt nur die jüdisch-christliche Tradition gäbe, für die der moderne Säkularismus lediglich ein externer Gesprächspartner sei. Es gibt Ausnahmen. Sowohl der Vatikan (über sein Sekretariat für die nicht-christlichen Religionen) wie der Weltkirchenrat haben ein Programm für den Dialog mit Vertretern asiatischer Religionen erarbeitet. Harvey Cox und Robert Bellah haben kürzlich der Existenz asiatischer Religiosität in Amerika gedankenreiche Arbeiten gewidmet.[7] Raymond Panikkar und John Hick haben sehr ernst zu nehmende Bemühungen unternommen, einige Aspekte der christlichen Lehre neu zu formulieren, indem sie das Christentum mit der indischen Religiosität konfrontierten.[8] Es gibt einige weitere interessante Arbeiten in der gleichen Richtung.[9] Noch ist es gerechtfertigt zu sagen, daß der Wettstreit sich erst in einem praktisch embryonalen Zustand befindet.

Die Auffassung, die hier vertreten wird, lautet nicht einfach, die christlichen Theologen sollten Asien ihre Aufmerksamkeit zuwenden. Die Frage ist vielmehr, *welche Form* der Aufmerksamkeit sie Asien zollen sollten. Mit Wettstreit soll hier folglich *nicht* gemeint sein, sich dem Problem in distanzierter Gelehrsamkeit zu nähern. Noch geht es um eine Form des Dialogs, die man als wechselseitige Anti-Verleumdung bezeichnen könnte, das heißt, daß eine Religionstradition sich anderen mit dem Ziel zunehmenden gegenseitigen Verstehens und Tolerierens darstellt und erläutert. Beide Arten der Aufmerksamkeit haben sicher ihren Wert, ja sie sind sogar lobenswert, doch sie sind nicht Wettstreit in dem hier gemeinten Sinne. Überflüssig zu sagen, daß hier auch *nicht* gemeint ist, man solle einer anderen religiösen Tradition Aufmerksamkeit widmen, um ihre Anhänger wirksamer zum Christentum bewegen zu können – eine Fachdisziplin, die man für gewöhnlich als Missionswissenschaft bezeichnete und die zum Glück heutzutage im Rückgang begriffen ist. *Wettstreit, Auseinandersetzung, Kontroverse bedeutet eine aufgeschlossene Begegnung mit anderen religiösen Möglichkeiten auf der Ebene ihrer Wahrheitsansprüche.* Mit anderen Worten, man läßt sich ernsthaft auf eine andere Religion ein, wenn man, zumindest hypothetisch, für die Behauptung aufgeschlossen ist, daß diese andere Religion recht hat. Noch anders formuliert, einen interreligiösen Wettstreit einzugehen heißt, darauf vorbereitet zu sein, seine eigene Wirklichkeitsanschauung zu ändern. Alles, was darunter bleibt, ist, so wertvoll es auch sonst sein mag (sagen wir für die Forschung, für gemeinsa-

me soziopolitische Belange oder einfach nur für eine Ausweitung der kulturellen Horizonte), weniger als die Auseinandersetzung, zu der die heutige Situation aufruft. Genau *diese* Art der Kontroverse befindet sich noch im Embryonalzustand.
Es ist nun wichtig an dieser Stelle, einem bestimmten Mißverständnis vorzubeugen: Wenn man sagt, Jerusalem und Benares steuerten auf eine neue Auseinandersetzung zu, so bedeutet das keine Vorhersage des Ergebnisses, das diese Kontroverse erbringt. Es bedeutet ganz sicher nicht, irgendeine Art von großer Synthese vorherzusagen oder auch nur darauf zu hoffen. Solch eine Synthese, sofern sie überhaupt möglich ist (es sind in der Vergangenheit einige wenige Versuche unternommen worden), wäre mit einiger Wahrscheinlichkeit eine graue, abstrakte Konstruktion, ein intellektuelles Artefakt, in der Ströme lebendiger religiöser Erfahrung auf ihren letzten gemeinsamen Nenner reduziert würden. Wäre dies das Ergebnis, dann wäre es besser, die Auseinandersetzung fände nicht statt. Die oben formulierte Definition der Auseinandersetzung schließt die Bereitschaft ein, zu den Wahrheitsansprüchen einer anderen Religionstradition ja zu sagen; gleichermaßen bedeutsam ist jedoch auch die grundsätzliche Bereitschaft, nein zu sagen. *Die Wahrheitsansprüche der indischen Weltsicht zu überdenken heißt nicht, ihnen apriori beizupflichten.* Tatsächlich wird jemand, der in diese Auseinandersetzung von einem christlichen oder jüdischen Ausgangspunkt einsteigt, die Erwartung hegen, am Schluß zu einer Reihe von strittigen Punkten nein zu sagen. Doch nebenbei, es ist unwahrscheinlich, daß so jemand, wenn er wirklich aufgeschlossen ist, am Ende zu *allen* Punkten nein sagen wird. Doch selbst ein einziges Ja würde eine Modifizierung der jüdisch-christlichen Vision bedeuten. Mit anderen Worten, *sobald der Wettstreit erst einmal eröffnet ist, dürfte es unwahrscheinlich sein, daß seine Teilnehmer unverändert daraus hervorgehen.*

Man kann nun den Charakter der Polarität schärfer herausarbeiten (und zur gleichen Zeit auf eine Art und Weise, die Religionshistoriker nicht ganz so nervös macht). Wir haben es mit zwei Formen religiöser Erfahrung zu tun, die sich als *Konfrontation mit dem Göttlichen* bzw. *Innerlichkeit des Göttlichen* charakterisieren lassen. Mit diesen Formulierungen bringt man Idealtypen im Weberschen Sinne ins Spiel, das heißt, die zwei Erfahrungstypen existieren nicht notwendigerweise in empirischer Reinkultur. Sie durchdringen einander, sie sind Misch- oder Kompromißversionen. Obwohl sich beide Typen religiöser Erfahrung kulturübergreifend beobachten lassen, sind sie doch nicht gleichmäßig über das ganze Spektrum menschlicher Kulturen verteilt. So zeichnet sich Vorderasien durch eine starke Konzentrierung auf den ersten Typ aus, Indien und die von Indien beeinflußten Religionskulturen hingegen durch eine starke Konzentrierung auf den zweiten Typ. Wenn man die Angelegenheit auf diese etwas sorgsamere Weise in Augenschein nimmt, stellen sich die beiden Pole Jerusalem und Benares als keineswegs absolute Gegensätze heraus, sondern sie erscheinen vielmehr als Pole in einem fast statistischen Sinne, das heißt, sie sind sozusagen Zentren von zwei Häufigkeitsgruppen religiöser Erfahrung. Diese vorsichtigere Art und Weise, die Antithese zu formulieren, soll jedoch nicht von ihrer Bedeutung und Wichtigkeit ablenken. So werden die meisten Historiker darin übereinstimmen, daß die drei großen monotheistischen Religionen, die sich aus biblischer Erfahrung ableiten, ein starkes, von vornherein mitgegebenes Vorurteil gegen den Mystizismus haben (der wiederum das Charaktermerkmal *par excellence* des Innerlichkeitstyps bildet). Tatsächlich kann man im alten Israel so wenig wie im zoroastrischen Iran praktisch *keinerlei Manifestationen* von Mystizismus feststellen (es sei denn, man will geheiligte Sexualität als archaische Form mystischer Erfahrung bezeichnen). Im Gegensatz dazu ist Indien im Laufe seiner gesamten Geschichte gegenüber dem Mystizismus äußerst gastfreundlich gewesen, und zwar in solchem Maße, daß ein Historiker Indien zutreffend als »Hohe Schule des Mystizismus« bezeichnet hat.[10]

Bei den oben erwähnten Auseinandersetzungen zwischen den Typen Jerusalem und Benares in früheren Geschichtsepochen bildete, was nicht weiter verwunderlich ist, die Beziehung zwischen Konfrontation und Innerlichkeit ein arges Interpretationsproblem.

Vom Standpunkt Jerusalems läßt sich das Problem mit folgenden Worten umreißen: *Wenn Gott sich in der Thora (oder natürlich in Jesus Christus oder im Koran) offenbart hat, wie kann man ihm dann auch in der Innerlichkeit des mystischen Bewußtseins begegnen?* Für den Standpunkt von Benares gilt die umgekehrte Formulierung: *Wenn das Göttliche im Bewußtsein jedes Menschen als der wahre Grund erlebt wird, wie steht es dann um den Status bestimmter historischer Offenbarungen?*

Die Wissenssoziologie hält für genau solche Situationen kognitiven Konflikts eine nützliche Perspektive bereit, und an dieser Stelle kann eine aus dieser Wissensdisziplin stammende Kategorie hilfreich sein, nämlich die der Nihilierung. Von Nihilierung spricht man dann, wenn ein kognitives System Mittel und Wege entwickelt, die Wahrheitsansprüche eines rivalisierenden kognitiven Systems als null und nichtig interpretieren und auf diese Weise die implizite Bedrohung seiner eigenen Wahrheitsansprüche neutralisieren zu können. Sowohl Jerusalem wie Benares sind zur gegenseitigen Nihilierung vollauf in der Lage. Die Verfechter der jüdischen, der christlichen und der islamischen Orthodoxie haben die Ansprüche der Mystiker immer und immer wieder als Götzendienerei, als Lug und Trug oder als Teufelswerk gedeutet. Die Barthsche Ablehnung jeder denkbaren Form von Mystizismus als »Unglaube« ist lediglich ein aus jüngerer Zeit stammender Ausdruck dieser ehrwürdigen Tradition von Kirchenbann, von Anathematisierung. Diese Haltung entspricht natürlich besonders Religionsgruppen, die aggressive Missionstätigkeiten entfalten. Doch man sollte sich durch die sprichwörtliche Toleranz von Benares nicht in die Irre führen lassen. Es gibt auch eine ausgesprochen hinduistische und buddhistische Form der Nihilierung. Sie geht im allgemeinen so vor, daß sie den Erfahrungen vom Typ religiöser Konfrontation einen niedrigeren Status zuschreibt, einen Status, der im schlimmsten Fall einen Zustand geistiger Unwissenheit erkennen läßt, im besten Fall ein nützliches Durchgangsstadium zu einer höheren Erlebnisweise darstellt, in der die niederen Erfahrungen am Ende aufgehen müssen. Unter diesem Blickwinkel ist die personalistische Frömmigkeit eines Juden oder eines Moslems verglichen mit der wahren Erleuchtung nichts als kindischer Hokuspokus.

Ein anderer Weg zur Problemlösung erscheint vielversprechender. Er läßt sich begehen, wenn man die hier vorgeschlagenen methodologischen Annahmen und Voraussetzungen des induktiven Ansatzes akzeptiert, vor allem die Voraussetzung, daß jede Religionserfahrung des Menschen mit äußerstem Ernst zur Kenntnis genommen werden muß. Bei dieser Betrachtungsweise erscheint es, gelinde gesagt, sehr unwahrscheinlich, daß man die Jahrtausende hinduistischer oder buddhistischer Erfahrung unter der Rubrik Götzendienerei oder Illusion subsumieren kann. Auf der anderen Seite erscheint es dann höchst unplausibel, den Propheten Jesaja als infantilen Abglanz dessen anzusehen, was jeder gewöhnliche tibetanische Mönch als gesichert, als selbstverständlich hinnimmt. Doch wenn die Wahrheitsansprüche weder der Konfrontation noch der Innerlichkeit auf diese Manier nihiliert werden, kann man eine weit interessantere Frage stellen: *Wie wäre es möglich, daß beide Typen religiöser Erfahrung wahr sind?*

Stellen wir also die Behauptung auf: Wenn es zu einer neuen Auseinandersetzung zwischen Jerusalem und Benares kommt, dann ist die zuletzt formulierte Frage ziemlich gut dafür geeignet, die Tagesordnung zu eröffnen. Angesichts der furchterregenden Kompliziertheit dieser Frage kann man es nur als Glück bezeichnen, daß andere sie bereits früher gestellt haben. Ein ganz guter *Modus operandi* wäre eine neue Betrachtungsweise der früheren Bemühungen um eine Antwort. Nun, wie bereits oben erwähnt, stehen die beiden Typen von Religionserfahrung historisch nicht in einem reinen oder absoluten Gegensatz zueinander, sondern sie haben sich vielmehr gegenseitig durchdrungen. Hinter den drei großen monotheistischen Traditionen liegt eine reiche Geschichte mystischer Bewegungen, und im Hinduismus und Buddhismus hat es mächtige Aufwallungen von Frömmigkeit nach Art der religiösen Konfrontation gegeben. Wenn wir es in ein Schema pressen wollen, so finden wir Phänomene vom Benares-Typ in der Matrix von Jerusalem und

Phänomene vom Typ Jerusalem in der Benares-Matrix. Solche Fälle haben offensichtlich ein kognitives Problem aufgeworfen. Die Bewacher der offiziellen Traditionen beider Religionstypen konnten dem Problem stets durch simple Nihilierung zu Leibe rücken, und genau dies haben sie sehr häufig auch getan (und oft genug gingen sie von der theoretischen Nichtigerklärung der Häresie zur praktischen Liquidierung der Häretiker über). Wer sich von der Tradition entfernte, von ihr abwich, hatte keinen solch leichten Ausweg: Er hatte für sich und sein Verhalten Erklärungen zu liefern. Die von solchen Menschen verwandten kognitiven Strategien sind für einen Problemzugang von allergrößter Wichtigkeit und Nützlichkeit. Ein Glück auch, daß einige von ihnen Denker von großer Kraft und Originalität gewesen sind.

Auch der Mystizismus ist kein monolithisches Phänomen, und seine Manifestationen, sei es in der Matrix von Jerusalem oder in der von Benares, lassen eine beträchtliche Anzahl von Spielarten erkennen.[11] Wenn man den Mystizismus in dem oben erläuterten weiteren Sinne definiert – das heißt, als eine religiöse Suche, die sich nach innen richtet und das Göttliche in der Innerlichkeit des menschlichen Bewußtseins sucht –, kann man mystische Elemente sogar in Luthers ansonsten stark auf Konfrontation basierender Frömmigkeit entdecken, ganz sicher aber in solchen auf Innenschau beruhenden Religionsformen wie dem Methodismus (Wesleys »erwärmtes Herz«) und den auf Bewußtseinsänderungen zielenden Erweckungsbewegungen in weiten Bereichen des amerikanischen Protestantismus. Was die heutige Szene angeht, so kann man selbst von der charismatischen Bewegung sagen, daß sie mystischer ist als die nüchterne Konfrontation mit »Wort und Sakrament« in der orthodoxen christlichen Frömmigkeit. Schon aufgrund ihrer Emotionalität und ihrer Mißachtung kirchlicher Autoritäten haben solche quasi-mystischen Religionsformen die offiziellen Wächter der Traditionen vor Probleme gestellt, doch die von ihnen ausgehende kognitive Bedrohung ist relativ geringfügig gewesen. Alle diese Formen kann man subsumieren unter der Rubrik »Mystizismus der Persönlichkeit«, wie einige Gelehrte sie genannt haben, und das soll heißen, es handelt sich um Formen innerer Erfahrung, in denen sich trotz der Intensität, die sie bisweilen erreichen mögen, die menschliche Persönlichkeit nicht aufhebt noch der persönliche und transzendente Charakter Gottes verloren oder vergessen wird. Eine weitaus schwerwiegendere Bedrohung kognitiver Art ging von einer anderen Form mystischer Erfahrung aus, von einer Erfahrung, die Gelehrte häufig als »Mystizismus der Unendlichkeit« bezeichnet haben; während dieser Erfahrung glaubt der betroffene Mensch, er verliere seine Persönlichkeitsmerkmale völlig und gehe in der Vereinigung mit dem Göttlichen auf, sei es unmittelbar in seinem eigenen Bewußtsein oder durch ein Erlebnis der Einheit mit dem natürlichen Universum. Man kann mit großer Sicherheit behaupten, daß diese Art von Mystizismus in Benares und seiner Matrix immer daheim gewesen ist; die Weltanschauungen sowohl des Hinduismus wie des Buddhismus waren und sind ihr stets besonders gewogen. Man kann auch ohne weiteres behaupten, daß sich die klassische Interpretation dieser Erfahrung in den Upanischaden findet, vor allem in der upanischadischen Idee von der letztendlichen Einheit der tiefsten Wirklichkeit der menschlichen Seele (Atman) und dem göttlichen Wesen des Universums (Brahman). Die berühmte upanischadische Wendung »Das bist du« (*tat tvam asi*) bezieht sich auf diese Einheit, die in der mystischen Erfahrung zu gewinnen das Ziel der Heils- und Erlösungssuche darstellt. Ebendiese Idee hat natürlich in der indischen Philosophie, vor allem in der monistischen Schule (Adwaita) der Wedanta, ungeheuer durchdachte, komplizierte Ausprägungen erfahren.[12] Obwohl im buddhistischen Denken (und übrigens auch in Dschainismus und in der Samkhya-Theorie des Joga) die Interpretationen dieses mystischen Erlebnisses sich ganz anders darstellen, bildet auch dort die Erfahrung keine kognitive Bedrohung für die religiöse Gesamtschau der Welt.

Innerhalb der Matrix monotheistischer Religionen Vorderasiens haben Eruptionen dieser »Mystik der Unendlichkeit« höchst unterschiedliche Auswirkungen gehabt. Solche Erfahrungen stellen in dieser Matrix sofort die Offenbarung des persönlichen und transzendenten Gottes, wie er sich in der Tradition verkörpert, in Frage, das heißt den Gott Abrahams, Isaaks und Jakobs, der Moses die Gesetzestafel gegeben hat, den Vater unseres Herrn Jesu Christi, den Gott, der Mohammed den Koran geoffenbart hat, den Gott, der keinen Gefährten oder Verbündeten hat, niemanden neben sich. Eines der zentralsten Merkmale dieses Gottes besteht darin, daß er ganz und gar anders ist als der Mensch, dem er in absoluter und furchterregender Majestät gegenübertritt (wie in der Thronvision von Jesaja). Wie der »Mystizismus der Unendlichkeit« zu meinen, der Mensch könne mit *diesem* Gott eine Vereinigung erleben, heißt nichts anderes, als wenn man gleich zur Blasphemie aufriefe. Kein Wunder also, daß jüdische, christliche und islamische Religionsautoritäten gegen Mystiker dieser Art häufig mit Vehemenz vorgegangen sind und sich gelegentlich zu blutigen Verfolgungen hinreißen ließen. Ein klassischer Fall in dieser Hinsicht ist das Schicksal des islamischen Mystikers Al-Hallaj. Er wurde 922 in Bagdad hingerichtet, weil er wiederholt geäußert hatte: »Ich bin die Wahrheit« *(ana'l-haqq)*, eine Äußerung, welche die Autoritäten (wahrscheinlich zu Recht) so verstanden hatten, als sei damit implizit eine Identifizierung mit Gott gemeint.[13]

Wer behauptet, das mystische Erlebnis sei in der ganzen Welt gleich oder dieser kulturübergreifende Mystizismus sei die wahre Grundlage aller Religion, hat für gewöhnlich den »Mystizismus der Unendlichkeit« im Sinn, denn die andere Form, der »Mystizismus der Persönlichkeit«, ist von zu auffälliger Vielfalt, als daß er solche Vorstellungen nahelegen könnte. Der Gedanke, diese Vielfalt religiösen Erlebens sei die wahre Grundlage aller Religion, ist ein Glaubensbekenntnis, das durch empirische Anhaltspunkte nur wenig, wenn überhaupt, gestützt wird. Doch die Behauptung, der »Mystizismus der Unendlichkeit« sei trotz unterschiedlicher Interpretationen immer gleich, kann sich auf höchst beweiskräftige Anhaltspunkte berufen. William James hat diesen Punkt in aller Klarheit formuliert: »Tatsache ist, daß das mystische Gefühl der Erhebung, Vereinigung und Befreiung selbst keinerlei besonderen intellektuellen Inhalt hat. Es kann Ehebeziehungen eingehen mit Gedankenmaterial, das die unterschiedlichsten Philosophien und Theologien beisteuern, allerdings nur unter der Voraussetzung, daß sie in ihrem Bezugsrahmen einen Platz für seine eigentümliche Gefühlslage haben.«[14] Dem liegt natürlich auch die methodologische Voraussetzung zugrunde, daß sich der Erfahrungskern dieser Art von Mystizismus von den »Ehebeziehungen« mit dieser oder jener Theorie darüber ablösen läßt. Und man kann, in Übereinstimmung mit dem oben Gesagten, hinzufügen, daß sich die Anpassung an den vorherrschenden theoretischen »Bezugsrahmen« in Benares schon immer viel einfacher vollzogen hat als in Jerusalem.

Einen dramatischen Nachweis für die Ähnlichkeit dieser Art mystischer Erfahrung hat Rudolf Otto in seiner vergleichenden Untersuchung über den mittelalterlichen Mystiker Meister Eckhart und den großen Wedanta-Lehrer Shankara geliefert.[15] Eckhart lebte in Deutschland von 1250 bis 1327, Shankara in Indien um 800 herum. Es ist nur sehr schwer vorstellbar, wie die Schriften von Shankara den deutschen Mystiker beeinflußt haben könnten, doch wie Otto betont, lesen sich die Sätze des einen wiederholt »wie eine Übersetzung aus dem Sanskrit des anderen ins Lateinische oder Deutsche und vice versa«.[16] Für Otto ergibt sich daraus der Schluß, daß beide versucht haben, die gleiche Erfahrung sprachlich zu artikulieren. Schließlich würde ein deutschsprechender Mensch aus der Epoche des Hochmittelalters für die Beschreibung eines Sonnenuntergangs sprachliche Wendungen benützen, die denen eines Menschen im Indien des neunzehnten Jahrhunderts, der ebenfalls einen Sonnenuntergang, allerdings in Sanskrit, beschreibt, sehr nahekommen, jedenfalls mit größter Wahrscheinlichkeit. Mithin wäre es nicht abwegig zu schlußfolgern, daß beide Menschen tatsächlich Sonnenuntergänge beobachtet haben, und es wäre unnötig, die Hypothese aufzustellen, daß einer irgendwie vom anderen abgeschrieben habe (gegen wen auch immer man den Plagiatsvorwurf erheben mag). Doch da ist natürlich schon ein Unterschied: Was ein Sonnenuntergang ist, darüber kann man nicht streiten, doch das gleiche kann man von dem mystischen Erlebnis leider nicht sagen. Folglich, selbst wenn man einräumt, daß all den unterschiedlichen Berichten eine universale Erfahrung zugrunde liegt, muß man dennoch die Frage stellen, worum es sich bei dieser Erfahrung wirklich handelt. Viele Mystiker haben sich genau diese Frage gestellt. Das war so bei Eckhart, desgleichen bei Shankara.

Weit interessanter als die Tatsache, daß Eckhart wie Shankara augenscheinlich die gleiche Erfahrung gemacht haben, ist das Faktum, daß diese Erfahrung sie zu erstaunlich ähnlichen Interpretationen geführt hat. Die theoretische Matrix, in der Shankara lebte und wirkte (im wesentlichen der »Bezugsrahmen«, den die Upanischaden bereitstellten), bot sich dafür mehr oder weniger an. Shankara hatte über andere Formen religiöser Erfahrung zu berichten, genauer über die hinduistischen Versionen des auf Konfrontation beruhenden Erlebnisses, das in der Begegnung mit einer Vielzahl persönlicher Götter und in der persönlichen Hingabe (*bhakti*) an diese Götter bestand. Man kann sogar (mit Otto) sagen, daß es für Shankaras Spekulation eine »theistische Grundlage« gab, die sich in seiner Vorstellung von dem höchsten Gott Ishwara äußerte, einem Gott, der dem der biblischen Tradition vergleichbar ist. Die Frage stellt sich dann, in welcher Beziehung zu Ishwara das Brahman steht, die letztgültige Wirklichkeit, mit der die menschliche Seele Vereinigung und Identität erlebt. Es kann kein Zweifel sein, daß für Shankara jede Begegnung mit Ishwara lediglich ein kleiner Schritt auf dem Wege zu Brahman war. Mehr noch, da Brahman nicht nur die letztgültige, sondern einzig wahre Wirklichkeit darstellt, muß Ishwara im Grunde als Illusion (*maya*) angesehen werden, vielleicht als religiös nützliche Illusion (das heißt nützlich für jene Menschen, die noch nicht bis zu den höheren Ebenen des Verstehens und Verständnisses vorgestoßen sind), doch nichtsdestoweniger als Illusion. Die Götter (einschließlich Ishwara) kommen und gehen. Sie entsteigen dem Brahman und kehren dahin zurück. Am Ende hat nur das Brahman Bestand. Und das Brahman liegt jenseits aller Eigenschaften und Merkmale, einschließlich der Eigenschaft der Personhaftigkeit. Wenn die individuelle Seele in das Brahman eintaucht und sich dort wie ein Wassertropfen im Ozean auflöst, läßt sie auch die Illusion der Götter hinter sich, und die persönliche Frömmigkeit (selbst gegenüber Ishwara) wird gegenstandslos.

Die theoretische Matrix des mittelalterlichen Katholizismus war solchen Formulierungen nicht gerade gewogen. Dennoch brachte Eckhart ganz ähnliche Sprachwendungen hervor, offensichtlich unter dem Druck seiner Erfahrung. Die zentrale Stelle in seinen Schriften, die dies belegt, handelt von der Vorstellung über die Beziehung zwischen Gott und »Gottheit«. Gott ist natürlich der biblische Gott, der Gott christlicher Frömmigkeit nach orthodoxer Art. Gottheit ist das Göttliche, das diesen Gott transzendiert. Wie das Brahman ist es überpersönlich und aller

Eigenschaften enthoben. Und wie Shankara lehrt auch Eckhart, daß die Seele auf dem Gipfelpunkt des mystischen Erlebnisses die Vereinigung mit der Gottheit erreicht und damit jeglichen Verkehr mit Gott hinter sich läßt. Tatsächlich finden sich bei Eckhart Passagen, in denen er davon spricht, daß Gott wird und aufhört zu sein, aus der Gottheit kommt und sich wieder in ihr auflöst. Solche Äußerungen stehen in scharfem Gegensatz zu der Letztendlichkeit des biblischen Gottes, wie sie in der Konfrontation mit ihm erlebt wird. So ist es nur natürlich, daß diese und ähnliche Formulierungen Eckharts von der Kirche in den Bann getan wurden (glücklicherweise nach seinem Tode).

Kirchliche Bannsprüche setzen solchen Dingen nur selten ein Ende. Die »Mystik der Unendlichkeit« machte der katholischen Orthodoxie weiterhin zu schaffen, so kurz nach dem Tode Eckharts durch seinen fast ebenso wagemutigen Schüler Juso und seither auch durch weitere katholische Mystiker. Selbst der Protestantismus brachte Mystiker hervor wie Jakob Böhme und Angelus Silesius, der ebenfalls gräßlich hinduistisch klingende Sprüche von sich gab. Die ganze Geschichte des jüdischen Mystizismus wimmelt von ähnlichen Konflikten, und die großen mystischen Denker des Judentums (Leute wie Isaac Luria) äußerten ähnliche kühne Gedanken über die Beziehung zwischen dem Unendlichen (*en-sof*) des mystischen Erlebnisses und dem peinlich persönlichen Gott des Bundes. Der islamische Fall, das heißt der Problemfall des Sufi-Mystizismus im islamischen Zusammenhang, ist wahrscheinlich das aufschlußreichste Beispiel. Vielleicht liegt der Grund darin, daß der Islam die einzige Weltreligion ist, welche die Entfernung zwischen Benares und Jerusalem räumlich überbrückte. In welchem Ausmaß der Sufismus von hinduistischen Praktiken und Ideen unmittelbar beeinflußt wurde, ist unter Gelehrten noch umstritten.[17] Wie dem auch sei, der Konflikt zwischen dem auf Konfrontierung und dem auf Innerlichkeit beruhender religiöser Erfahrung ist auf dem islamischen Felde mit besonderer Intensität ausgetragen worden – und auch, zu Nutz und Frommen späterer Forscher auf diesem Gebiet, mit besonders großem Aufwand an geistiger Arbeit. In der Tat, wenn an früheren Stellen dieses Buches behauptet wurde, der Protestantismus bilde den paradigmatischen Fall der Begegnung zwischen Religion und Mo-

dernität, so kann man durchaus die Meinung vertreten, daß der Islam einen ähnlich paradigmatischen Fall der Begegnung zwischen Jerusalem und Benares abgibt.
Es liegt auf der Hand, daß hier nicht auf Einzelheiten eingegangen werden kann. Ein Schlüsselkonzept auf diesem Gebiet ist die Sufi-Vorstellung des *fana*, die das Entschwinden oder die Auflösung des Selbst in den Paroxysmen der mystischen Erfahrung bezeichnet. Es kann kein Zweifel sein, daß sich diese Vorstellung auf die gleiche Erfahrung bezieht, von der die »Mystiker der Unendlichkeit« aus höchst unterschiedlichen Teilen der Welt berichten. Und eine Anzahl von Sufi-Mystikern interpretierten dieses Erlebnis in einer Art und Weise, welche die letztendliche Identität von Selbst und dem Göttlichen nahelegt und die eine Sprache benutzt, die Shankara und Eckhart als geistesverwandt angesehen hätten. Auf Al-Hallaj habe ich bereits hingewiesen. Doch es lassen sich noch andere finden. Ein besonders faszinierendes Beispiel stellt Abu-Jasid dar; der Mystiker aus Bistam bedient sich bisweilen einer Sprache, die als unmittelbare Übersetzung von Hindu-Texten erscheint, wie in der folgenden Passage (die sogar die klassische upanischadische Formel »Das bist du!« enthalten mag): »Einmal hat Gott mich erhoben und mich vor sich hingestellt, und er sagte zu mir: ›Oh Abu-Jasid, meine Schöpfung sehnt sich wahrlich danach, dich zu sehen.‹ Und ich sagte: ›Schmücke mich mit deiner Einheit und kleide mich in deine Ichheit und erhebe mich in deine Einzigkeit, so daß deine Geschöpfe, wenn sie mich sehen, sagen werden: ›Wir haben dich gesehen (das heißt Gott) und *das bist du.*‹ Doch ich (Abu-Jasid) werde überhaupt nicht dasein.«[18]
Obwohl Abu-Jasid sich (genau wie Al-Hallaj) weiterhin als Moslem ausgab, schien er vor den pantheistischen Konsequenzen solcher Sprachwendungen nicht zurückzuschrecken. Andere taten es, und sie versuchten die *fana*-Erfahrung in einer Weise zu deuten, die sich besser mit dem orthodoxen Islam vertrug. Qushayri entwickelte eine höchst ausgeklügelte psychologische Theorie des mystischen Erlebnisses und vertrat die Auffassung, der Mystiker durchlaufe dabei Zyklen von »Ausdehnung« und »Zusammenziehung«, und die ausgefalleneren Formulierungen ließen sich auf die Wahrnehmungsverzerrungen zurückführen, die mit der expansiven Phase einhergingen.

Junayd pflichtete in seinem Kommentar zu Abu-Jasid der Auffassung bei, daß die Erfahrung von *fana*, während der der Mystiker glaubt, er sei eins mit Gott (auch als mir'aj oder »Aufsteigung« bezeichnet), sei nur eine von mehreren Stufen auf dem mystischen Pfad; die letzte Stufe sei nicht Einheit mit Gott, sondern liebende Anbetung (die man nach den hier verwandten Begriffen als Konfrontation zu bezeichnen hätte). Und Algazel, der große Philosoph, der mehr als jeder andere dafür gesorgt hat, daß der Sufismus zu einem beachtlichen Bestandteil der Gotteswissenschaften im Islam wurde, war in dieser Frage inkonsequent, wenngleich auch er (wie Qushayri) mit Hilfe psychologischer Erklärungen die exzessiven Behauptungen hinsichtlich der Vereinigung mit dem Göttlichen herunterspielte.[19]

Wenn der »Mystizismus der Unendlichkeit« für die Traditionen der Jerusalem-Matrix kognitive Probleme aufwarf, so haben dies auch die Äußerungen der auf Konfrontation beruhenden Frömmigkeit innerhalb der hinduistischen und buddhistischen Matrix getan. Im Falle des Hinduismus hat es natürlich immer eine reiche Tradition persönlicher Hingabe (*bhakti*) an bestimmte Gottheiten gegeben, vor allem an Wischnu und Schiwa. Die Bhagawadgita ist als Ratgeber für ebendiese Form der Hingabe verwandt worden, obwohl sie auch Elemente anderer Arten religiöser Erfahrung enthält. Eine faszinierende Gestalt dessen, was man als »Hinduismus der Konfrontation« bezeichnen kann, ist Ramanuja, ein Philosoph des zwölften Jahrhunderts, der vor allem deshalb unser Interesse erregt, weil er Shankara und seine Schüler ausdrücklich kritisierte.[20] Für Ramanuja liegt das höchste Erlebnis des Göttlichen in der *Face-to-face*-Konfrontation liebender Hingabe. Die Erlebnisse der Vereinigung und des Versunkenseins in eine unpersönliche Gottheit sind unvollkommene Stadien auf dem Wege zu dieser höchsten Erfahrung. Ramanuja übte genau deswegen Kritik an Shankara, weil dieser auf der Reise zu Gott auf dem niederen Punkt stehenblieb und ihn als den höchsten Punkt bezeichnete. Nach Ramanuja ist das, was der Mystiker auf dieser niederen Ebene erfährt, zwar tatsächlich real – es ist das Grundwesen seines Selbst und des Universums –, doch es ist noch nicht Gott. In dieser Hinsicht ähneln Ramanujas Formulierungen auf verblüffende Weise denen von Junayd und manchen anderen christlichen Mystikern, die sorgsam darauf achteten, eine Interpretation ihrer Erfahrung zu vermeiden, welche die Gültigkeit des biblischen Theismus in Frage stellte. Im Falle des Buddhismus stammen höchstwahrscheinlich die aufschlußreichsten Beispiele für ähnliche kognitive Probleme vom Mahajana. Auf die Reine-Land-Schule Japans mit ihrer quasi-»lutherischen« Verehrung der Erlösergestalt von Amida ist bereits hingewiesen worden. Hier stellt sich das kognitive Problem, wie eine solch personalistische und auf Konfrontation beruhende Frömmigkeit versöhnt werden kann mit einer Metaphysik, in der das Selbst letztlich als Illusion (*an-atta*) angesehen und in der als Grundkategorie des Universums die Leere (*shunyata*) verstanden wird. Doch keiner dieser Forschungsstränge kann hier weiterverfolgt werden.

Kurz, läßt man die grobgestrickteren Interpretationen beiseite, die jene einander angedeihen ließen, die an den Erfahrungen der Konfrontation und der Innerlichkeit (Illusion auf der einen, Illusion und/oder Götzendienst auf der anderen Seite) eisern festhielten, dann kann man sich der Feststellung nicht verschließen, daß es auch wechselseitige Interpretationen gegeben hat, welche die Gültigkeit der »anderen Partei« nicht in Zweifel zogen. Eine der umfassendsten Erörterungen dieser Frage findet sich in einem Werk von R. C. Zaehner[21], der als römisch-katholischer Christ sein eigenes Vorurteil unumwunden zugab: Er ergriff ganz klar Partei für Ramanuja und gegen Shankara sowie für Junayd und gegen Abu-Jasid. Doch er war auch gerecht gegenüber der Gegenseite. Er legte im einzelnen dar, wie ein Shankara die persönliche Hingabe etwa eines christlichen Gläubigen an Christus charakterisieren würde. Unter diesem Blickwinkel ist jeder persönliche Gott, was die Hindus (in beinahe unbegreiflicher Vorwegnahme des amerikanischen Religionspluralismus) als »Gottheit eigener Wahl« (oder »Präferenz«) bezeichnen (*ishta-devata*). Als solche ist Christus für den religiösen Gläubigen eine zufällige »Beigabe« (*upadhi*), Brennpunkt der Hingabe (oder man kann sogar sagen ein »Werkzeug«), mit dessen Hilfe Menschen mit einem bestimmten Lebenshintergrund tatsächlich religiöse Fortschritte machen können. In der letztgültigen Erfahrung des Brahman werden sich alle diese

»Beigaben« als von geringerer Realität erweisen. Das muß nicht bedeuten, daß sie in den Status äußersten Nichtseins versetzt werden, doch es kann überhaupt keine Frage sein, daß die christliche Durchschnittsfrömmigkeit eine Religion niederen Ranges darstellt.
Umgekehrt ist der Christ (oder der Jude, der Moslem oder der praktizierende Gläubige des hinduistischen *bhakti*) nicht genötigt, die Erfahrungen des »Mystizismus der Unendlichkeit« in Abrede zu stellen. Diese Erfahrungen lassen sich als Stufen auf dem Weg zu der beseligenden Vision des persönlichen und transzendenten Gottes verstehen, als ein Leeren des Geistes, um die nächsten Stadien der Reise zu ermöglichen. Zaehner zitiert in diesem Zusammenhang den flämischen christlichen Mystiker Ruysbroeck und gibt uns damit eine gute Argumentationshilfe an die Hand. Ruysbroeck akzeptierte die Erfahrung mytischer Leere (was die Buddhisten *shunyata* nennen), doch nur in Verbindung mit anderen Elementen des Christenlebens. Er verurteilte das Erlebnis, wenn darin ein Selbstzweck gesehen wird, und vor allem wenn es von den Moralforderungen des christlichen Lebens getrennt wird, denn dieses Erlebnis können »alle Menschen« haben, »mögen sie auch noch so böse sein, wenn sie mit ungetrübten Gewissen in ihren Sünden leben und sich von allen Vorstellungen und aller Betätigung zu leeren verstehen«.[22] Man wird hier an William James erinnert, der nachdrücklich darauf hinwies, daß die letztgültige Prüfung religiöser Erfahrung (ob mystisch oder was auch immer) moralischer Natur sein müsse –: »An ihren Früchten sollt ihr sie erkennen.« Mit dieser Einstellung sind Schwierigkeiten verknüpft: Was soll man mit der Tatsache anfangen, daß Menschen, die man ohne Zögern heilig nennen würde (wie etwa Theresia von Avila), und Menschen, deren Leben moralisch verwerflich bis zum äußersten ist, über anscheinend identische Erfahrungen berichten? (Ein treffendes Beispiel übrigens für moralische Verwerflichkeit ist der finstere Bruder Joseph, Gesandter des Kardinals Richelieu, der unter anderem zu den unbeschreiblichen Greueln des Dreißigjährigen Kriegs in Deutschland ermunterte – und der auf der anderen Seite die unaufhörliche mystische Andacht praktizierte.) Wie dem auch sei, Zaehner faßt diese Art und Weise, den »Mystizismus der Unendlichkeit«

zu deuten, von einem christlichen Standpunkt aus zusammen: »So beglückend dieser Zustand augenscheinlich ist, er ist nicht die beseligende Vision, noch ist er in irgendeinem Sinne eine Vereinigung mit Gott; er ist nur die Reinigung des Gefährts, das, wenn es will, mit Gott gefüllt werden kann. *Leere ist das Vorspiel zur Heiligkeit.*«[23]

Die Auseinandersetzung zwischen Jerusalem und Benares ist noch nicht bis zu dem Punkt gediehen, an dem man einer dieser Formulierungen vorschnell beipflichten würde. Zur Klärung früherer Bemühungen, mit den hier in Frage stehenden diskrepanten Erfahrungen kognitiv fertig zu werden, ist noch viel Arbeit zu leisten. Und daraus können sich völlig neue kognitive Möglichkeiten ergeben. Freilich, etwas sollte klar sein: Hier stellen sich für einen induktiven Religionsansatz Probleme von entscheidender Bedeutung. Sie sollten in einer christlichen Theologie, die sich induktiver Methoden bedient, höchste Priorität genießen.[24]

In Erwartung der dunklen Trommeln Gottes

Das ganze Buch hindurch habe ich mich bemüht, einen Gedankengang zu entwickeln, dem vernünftige Menschen mit jedem religiösen Lebenshintergrund oder Standpunkt folgen können. Wenn man Theologie versteht als Reflexion auf der Grundlage des Glaubens und innerhalb eines vom Glauben vorgegebenen Bezugsrahmens, dann ist der Gedankengang dieses Buches vortheologisch. (Über die Religionstheorie läßt sich natürlich streiten, doch hier ist kaum der Ort, dies zu tun.) Wie dem auch sei, alles bisher Gesagte beruht nicht auf einer christlichen Glaubensverpflichtung (zumindest nicht absichtlich). Zum Schluß jedoch mag es angebracht sein, dieses sozusagen theoretische Asketentum aufzugeben und einige Anmerkungen von einem explizit christlichen Standpunkt aus anzufügen.

Von dem vorangegangenen Kapitel her sollte klar sein, was dies *nicht* heißen soll: nämlich *nicht*, auf dem Fundament eines »Glaubenssprunges« oder auf irgendeinem Immunitätswall gegenüber rationaler oder empirischer Kritik Fuß zu fassen. *Noch weniger* heißt dies, sich erneut der Autorität christlicher Tradition zu unterwerfen, mag sie nun in den Heiligen Schriften oder in einer kirchlichen Institution ihren Ausdruck finden. Es *heißt* ganz schlicht und einfach: die Überzeugung, daß die Grundgehalte der christlichen Botschaft die vollständigste und angemessenste Interpretation der eigenen Erfahrung mit Gott, Welt und Selbst bereitstellen. Anders gesagt, christlicher Glaube soll hier die Überzeugung bedeuten, daß das Universum im Licht von Golgatha und Sinai letztlich Sinn ergibt. Wenn man will, bedeutet er auch, daß man seinen endgültigen Platz in Jerusalem wählt. Wenn man solch einen Standplatz wählt, so heißt das, wie sich von selbst versteht, nicht einfach, eine intellektuelle Position einnehmen oder sich einen bestimmten theoretischen Denkansatz zu eigen machen. Vielmehr bezieht er den Menschen als ganzen ein, ist er »existentiell« in diesem einfachen Sinne. In diesem Buch ist genug gesagt worden, um den Verdacht zu zerstreuen, daß eine derartige Glaubensverpflichtung notwendig Irrationalismus, autoritäre Einstellung oder Intoleranz gegenüber anderen Weltanschauungen in sich schließen muß. Welches auch die Schwächen des hier vorgetragenen Gedankenganges sein mögen, Fanatismus dürfte nicht dazugehören.

Mithin sollte hier offen erklärt werden, daß die induktive Methode, die in diesem Buch für jede systematische Reflexion über das religiöse Phänomen vorgeschlagen worden ist, nach meiner Meinung *auch* der explizit christlichen Theologie zuträglich wäre. Es bedarf keiner weiteren Erläuterung, daß dies die Kontinuität zwischen christlicher Theologie und dem allgemeinen Bemühen um rationales Weltverständnis voraussetzt, einschließlich der rationalen Anstrengungen von Philosophie und empirischen Wissenschaften. Die Kontinuität wird natürlich von den vorherrschenden Versionen der Neo-Orthodoxie in Abrede gestellt. Wer sich auf ihre Seite schlägt, lehnt *ipso facto* die Neo-Orthodoxie ab und stellt sich in eine Linie mit der liberalen Theologie. Man kehrt dann zu Schleiermacher zurück, zumindest in der Form, daß man seinem grundlegenden methodologischen Programm zustimmt. Zugleich betrachtet man die Neo-Orthodoxie wie die säkularistischen Bewegungen der Theologie im zwanzigsten Jahrhundert als Abirrungen, denen man sich verschließen sollte.

Freilich sollte auch klar sein, daß damit nicht eine Rückkehr zu spezifischen Inhalten oder Themen der älteren liberalen Theologie impliziert sein soll. Ein Teil dieser Thematik ist durch neue Erkenntnisse der Forschung obsolet geworden; ein anderer hat seine Plausibilität verloren, als seine soziokulturellen Wurzeln sichtbar wurden. Natürlich ist es selten, wenn überhaupt, möglich, einfach zu früheren intellektuellen Positionen zurückzukehren, und wahrscheinlich ist es auch niemals wünschenswert. Aber es gibt noch einen wichtigeren Grund dafür, warum die Gesprächspunkte für die christliche Theologie von heute nicht die gleichen sein sollten wie die, die vor der Barthschen Revolution auf der Hand zu liegen schienen: *Die alte Themenliste der liberalen Theologie konzentrierte sich auf die Auseinandersetzung mit der Modernität. Dieses Thema hat sich erschöpft. Auf der Tagesordnung von heute steht das weit drängendere und bedrängendere Problem der Auseinandersetzung mit der Fülle menschlicher Religionsmöglichkeiten.*

Die heutige christliche Theologie dreht sich zu einem so großen Teil noch um die Frage: »Was hat der moderne Mensch dem christlichen Glauben zu sagen?« Antworten darauf lassen sich im Sinne dieser oder jener Komponente der modernen Weltanschauung geben oder auch im Sinne dieser oder jener modernen kulturellen oder soziopolitischen Praxis. Sicher, aus den neuen Konstellationen, die sich aus dem jeweiligen Augenblick der Geschichte ergeben, lassen sich immer theoretisch wie praktisch bestimmte Dinge lernen. Mit dem hier Gesagten soll auf keinen Fall reaktionären Nostalgien oder Blindheit gegenüber neuen Erkenntnissen des Lebens im zwanzigsten Jahrhundert das Wort geredet werden. Doch wenn irgend etwas uns heutzutage betroffen macht, dann ist es die Armut der Modernität. »Was hat der moderne Mensch dem christlichen Glauben zu sagen?« Die wahrscheinliche Antwort lautet: »Nicht mehr, als er bereits gesagt hat!« Die Tatsache ist der Grund für die Sterilität von so vielem, was heutzutage als christlicher Kampf mit dem Zeitgeist ausgegeben wird –: die zigfache Neuinterpretation von Hegel, Marx oder Freud, um sie in irgendeine Art von Einklang mit dem Christentum zu bringen, und der zigfache Versuch, eine plausible christliche Praxis im Gewande dieser oder jener modernen revolutionären Bewegung zu entwickeln, ganz zu schweigen von dem ängstlichen Lauschen auf das Erlöserwort in den letzten Ergüssen jener traurigen Typen, die von den Massenmedien als Kulturpropheten verkauft werden. Am sterilsten von allem ist jeder neue Versuch, das Christentum dem schmackhaft zu machen, was als das säkulare Bewußtsein des modernen Menschen gilt. Ironischerweise ist jedes Bemühen in dieser Hinsicht insofern vergeblich und sinnlos, als genau diese moderne Säkularität sich heute in der Krise befindet. Was an der heutigen Welt am augenfälligsten ist, das ist nicht so sehr ihre Säkularität, sondern vielmehr ihr großer Hunger nach Erlösung und nach Transzendenz.

In dieser Situation bedarf das Christentum zuvörderst einer *prise des conscience* seines Erbes, braucht es etwas, das kritische Distanz zur Kakophonie der heutigen Kultur und zu den Annahmen der modernen Säkularität voraussetzt, will sagen eine *prise de conscience* – in der Tat sogar eine *reprise* – des Religionsphänomens als solchem und der christlichen Variante. Damit muß keineswegs der Rekonstruktionskurs der Neo-Orthodoxie oder des Neo-Traditionalismus in welcher Form auch immer verbunden sein. In letzter Konsequenz bedeutet es eine *reprise*, eine Wiederaneignung eigener Erfahrung. Es bedeutet auch eine Einstellung, die auf Vertrauen und Aufrichtigkeit seiner eigenen Erfahrung gegenüber beruht. Ebendiese Einstellung wird dann festlegen, wie man mit der Tradition umgeht, die immer man in seiner Lebens- und Sozialgeschichte auffinden mag. Doch an dieser Stelle sei die Behauptung aufgestellt, daß dies nicht genug ist, zumindest nicht genug für Menschen, die sich den kognitiven Herausforderungen der Gegenwartssituation stellen möchten. Um es zu wiederholen, für solche Menschen sollte die Auseinandersetzung mit den *religiösen* Alternativen zum christlichen Glauben ganz oben auf der Liste intellektueller Prioritäten stehen.

Mit diesen Worten soll um gar nichts in der Welt gesagt sein, daß die vergleichende Religionswissenschaft nunmehr an die Stelle treten sollte von Geschichte, Psychologie, Soziologie oder welcher modernen Wissensdisziplin auch immer, in die man Theologie bislang zu übersetzen pflegte. Weit gefehlt, denn vergleichende Religionswissenschaft kann als empirische Disziplin lediglich bestimmte Daten herbeischaffen, Daten, die dann

Bestandteil der Auseinandersetzung werden können. Sobald man sich für die Wahrheitsansprüche einer Tradition einsetzt, hat man die Domäne der vergleichenden Religionswissenschaft bereits verlassen. Es erübrigt sich, die oben angeführten Argumente zu wiederholen, die für die Behauptung sprechen, daß eine solch interreligiöse Auseinandersetzung für jeden, der heutzutage über religiöse Dinge nachdenkt, ein dringendes Anliegen sein sollte. Doch es verdient, angemerkt zu werden, daß Fortschritte in der christlichen Religion gemeinhin im Verlauf von Auseinandersetzungen erfolgt sind (und darin unterscheidet sich die Theologie wahrscheinlich nicht von anderen intellektuellen Unternehmungen): Denn was das »Eigene« ist, wird in der Konfrontation mit einem »Anderen« klar.

Stimmen wir, so großzügig, wie man will, darin überein, daß Modernität, ja selbst moderne Säkularität, über einige Jahrhunderte hin solch ein »Anderes« gewesen ist. Erkennen wir die kognitiven Gewinne dieser Auseinandersetzung, dieses Wettstreits in Dankbarkeit an und betrachten wir sie von nun an als selbstverständlich, als erwiesen. Diese Anerkennung und Hinnahme als etwas Erwiesenes sollte sicherlich auch die modernen Wissensdisziplinen der Geschichtsforschung und Sozialwissenschaften einschließen. Hat man erst einmal Wertschätzung geäußert, kann man sich anschließend anderen Dingen zuwenden. Gewiß, es wird auch weiterhin Menschen geben, denen diese kognitiven Gaben der Modernität erschreckend, aufregend, ungeheuer provozierend erscheinen. In der Regel sind dies Menschen, die gerade dieses oder jenes enge religiöse Milieu hinter sich gelassen haben und für die Modernität eine große Emanzipation, eine Befreiung darstellt. Man mag ihre Befreiung begrüßen und von Herzen einverstanden sein mit ihrer Entdeckung, daß die moderne Situation der Unterwelt ihrer bisherigen Erziehung und Entwicklung (zumindest intellektuell) vorzuziehen sei. Doch es besteht kein Grund, ihre Verehrung der Modernität zu teilen oder ihre Erkenntnis, daß sie moderne Menschen sind oder geworden sind, zu einem theologischen Dauerthema zu machen. In solch einem Fall kann man darauf hinweisen, wie in diesem Buch geschehen, daß ein anderes »Anderes« als die Modernität für die christliche Theologie ein weit gewinnbringenderes Stimulans sein könnte. Dieses »Andere«, es sei hier wiederholt, ist das unglaublich reiche Panorama der Weltreligionen, ein »Anderes«, das unermeßlich vielversprechender ist für den christlichen Theologen, so wie es unermeßlich nützlicher ist, in den Upanischaden zu forschen, als in den letzten Hervorbringungen heutiger Ideologen. *Kurz, sich von der Auseinandersetzung mit der Modernität zur Auseinandersetzung mit Benares hinzuwenden bedeutet einen Ausweg aus der Sackgasse der heutigen Theologie.*

Dieses Kapitel trägt den ziemlich optimistischen Untertitel »Der heraufkommende Wettstreit der Religionen«. Dieser Optimismus sollte vielleicht ein wenig abgeschwächt werden. Der Untertitel ist nicht als soziologische Voraussage gemeint. Auf der Ebene der soziokulturellen Realität findet diese Auseinandersetzung bereits statt. Sie gehört, wie oben ausgeführt, zum Wesen der pluralistischen Situation. Doch wird diese Situation von der christlichen Theologie als Herausforderung verstanden? Oder, nebenbei, von Denkern anderer religiöser Traditionen? Es wäre vermessen, in dieser Hinsicht Vorhersagen anzustellen. Die Geschichte ist voller Beispiele dafür, daß die Herausforderungen einer Situation verfehlt oder falsch verstanden wurden. Die hier zur Debatte stehende Auseinandersetzung *sollte* kommen, das ist die eine Feststellung. Die andere lautet, daß die Auseinandersetzung, wenn sie kommt, zu einer Neubelebung religiösen Denkens in jeder Tradition führt, die an ihr teilnehmen mag.

Für die christliche Theologie wird solch ein induktives Programm eine Anzahl von Unternehmungen mit sich bringen, die durchaus nebeneinander herlaufen können. Da ist vor allen anderen Dingen die fortgesetzte *reprise* der christlichen Tradition in dem fortgesetzten Versuch, den Erfahrungsuntergrund der Tradition und seine »Korrelation« (um Tillichs glücklichen Ausdruck zu benutzen) mit der eigenen Erfahrung freizudekken. Da ist die Auseinandersetzung mit dem Judentum, eine so naheligende Auseinandersetzung, der sich jedoch christliche Theologen auf ihrem kognitiven wie erfahrungsmäßigen Felde so wenig stellen. Trotz der vielfältigen Kontakte zwischen Christentum und Judentum, vor allem auch in Amerika, kann man unstreitig sagen, daß die meisten dieser Kontakte (aus verschiedenen Gründen) kaum Fragen nach Wahrheitsansprüchen aufwerfen. Da ist die Auseinandersetzung mit dem Islam, einer entscheidenden Alternative innerhalb der monotheistischen Sphäre und einer eminent wichtigen Brücke zu den indischen Religionswelten. Da ist die große Auseinandersetzung mit Benares, die im vorliegenden Kapitel umrissen worden ist. Und halten wir auch fest, daß keine Äußerung, die hier über den Wettstreit mit den sogenannten Weltreligionen gefallen ist, die Einsichten schmälern oder abtun soll, die aus anderen Religionstraditionen mit weniger historischer Wirkungsweite stammen, sei es aus den Traditionen in Afrika, Amerika oder sonstwo. Niemand, der beispielsweise die sich wundersam aus dem Dschungel von Guatemala erhebenden Tempel von Tikal gesehen oder die Trommeln einer afrikanischen Nacht gehört hat, wird die durch solche Manifestationen repräsentierten Religionserfahrungen aus seinen Überlegungen verbannen oder achtlos beiseite tun.

Bringt ein solches Programm Gefahren für die christliche Theologie mit sich? Einige sicherlich. Doch sie sind ziemlich sicher nicht größer als die Gefahren, die einhergingen mit früheren Auseinandersetzungen, sagen wir mit der griechischen Philosophie im Zeitalter der Kirchenväter und dann erneut in der mittelalterlichen Scholastik oder auch in der Anwendung moderner historischer Forschung im neunzehnten Jahrhundert. Vertrauen in die eigene Erfahrung hat eine persönliche wie auch eine intellektuelle Dimension, wie Troeltsch es so treffend formuliert hat. Dazu gehört die nüchterne Überzeugung, daß Wahrheit stets seine eigene Gewähr bietet und daß folglich, was sich durch eigene Kraft als Wahrheit gesetzt hat, nicht von späteren Wahrheitsfindungen für null und nichtig erklärt werden kann. Falls ein solch induktives Programm »versagt«, dann nicht im Sinne eines Versagens der Wahrheit, jedenfalls nicht wenn es um Theologie geht. Intellektuell »versagen« alle Programme letzten Endes. Es gibt kein allumfassendes, endgültiges, nicht zu erschütterndes Gedankensystem, nicht »in diesem Zeitalter«. Wenn man der Theologie ein Programm vorschlägt, so heißt das noch lange nicht, daß man auf eine letzte große Synthese hofft, die jedermann überzeugen wird. Es heißt ganz schlicht und einfach, daß man einen bestimmten Forschungsgang anregen möchte, der in diesem besonderen Augenblick der

Geschichte nutzbringend sein wird, nicht mehr, aber auch nicht weniger.

An dieser Stelle sollte auch noch etwas anderes gesagt werden: Religion ist ihrem Wesen nach keine intellektuelle Unternehmung. Theologen neigen von Zeit zu Zeit dazu, dies zu vergessen (in dieser Hinsicht sind sie nicht schlimmer als andere theoretisch arbeitende Intellektuelle). Die Geschichte des Christentums ist nicht die Geschichte der christlichen Theologie. Es ist vielmehr die Geschichte einer bestimmten Art religiöser Erfahrung und religiösen Glaubens. Folglich hängt die Zukunft des Christentums nicht von einem theologischen Programm ab. Man muß also sehr vorsichtig sein, damit man der Versuchung widersteht, sein eigenes theologisches Programm als die eine einzige Sache zu präsentieren, die in dieser Zeit den Glauben oder die Kirche retten kann. Solche und ähnliche Behauptungen sind immer falsch (sie werden nebenbei in aller Regelmäßigkeit über das gesamte theologische Spektrum von rechts nach links aufgestellt). Wenn das Christentum eine Zukunft hat, dann im Wiederaufleben christlicher Erfahrung und Frömmigkeit bei Menschen, die niemals ein theologisches Buch gelesen haben. Dennoch ist das, was die Theologen tun, für die Entfaltung des Christentums in der Geschichte nicht irrelevant. Es kann hinderlich oder hilfreich sein. Zuweilen kann es sogar eine wichtige Rolle spielen (jemand hat einmal von der lutherischen Revolution geschrieben, sie habe mit einer Verschwörung der älteren Semester begonnen). Ein bestimmtes theologisches Programm vorschlagen heißt also auch, den Theologen anraten, sie sollten hilfreicher sein, wiederum nicht mehr, aber auch nicht weniger.

Für die Christen liegt die Geschichte in Gottes Hand. Das Neue Testament fordert die Christen auf, die Zeichen der Zeit zu beachten, stellt aber gleichzeitig auch fest, daß die Zeichen nur schwer zu entziffern sind und daß manche sogar in die Irre führen können. Der Herr kommt – soviel wird in zitternder Glaubensgewißheit bekräftigt –, doch Gott entscheidet über das Wann und Wie. Bis der Herr kommt, können die Christen nur warten und sich den Forderungen des Augenblicks stellen. Der religiöse Denker und der Theologe, auch sie müssen tun, was die Situation von ihnen fordert, doch als Christen müssen sie

Abstand nehmen von übermäßiger Spekulation darüber, was bei ihren Bemühungen herauskommt. Auch die Zeichen der heutigen Situation sind schwer zu entziffern, sie sind verwirrend und voller widersprüchlicher Möglichkeiten, selbst im Sinne soziologischer Vorhersage, ganz zu schweigen im Sinne eines eschatologischen Geschichtsschemas. Die Diskussion über die Säkularisierung ist dafür ein gutes Beispiel. Historiker und Sozialwissenschaftler tun sich schwer, sich darüber einig zu werden, was Säkularisierung in der Vergangenheit gewesen und was sie heute ist, gar nicht zu reden davon, was sie in Zukunft sein wird. Das gleiche gilt für jede andere Manifestation der Modernität.

Es ist durchaus möglich, daß die Modernität, sagen wir, in hundert Jahren ziemlich genau das ist, was sie heutzutage ist. Das würde bedeuten, daß die moderne Säkularität dann ihre heutigen Schwierigkeiten überwunden hat. Es ist aber auch möglich, daß die Modernitätskrise zu einer mächtigen Wiederbelebung religiöser Kräfte, christlicher oder nicht-christlicher, führen wird. Es besteht kein Grund, die Möglichkeit auszuschließen, daß die Zukunft neue, bislang noch unbegreifliche Hierophanien mit sich führt. Der Christ, und sonderlich der christliche Denker, muß gegenüber all den Möglichkeiten einer in Gottes Hand liegenden Zukunft aufgeschlossen bleiben. In dieser aufgeschlossenen Haltung muß er sich auch den Forderungen des heutigen Augenblicks zu stellen suchen.

In der Geschichte gibt es Zeiten, in denen die dunklen Trommeln Gottes inmitten all der Geräusche dieser Welt kaum zu hören sind. Dann läßt sich nur in Augenblicken der Stille, in seltenen und kurzen Augenblicken, ihr Klang schwach, kaum hörbar vernehmen. Doch es gibt auch andere Zeiten. Es sind die, in denen Gott mit Donnergrollen zu hören ist, in denen die Erde bebt und die Baumwipfel sich unter der Gewalt seiner Stimme beugen. Dem Menschen ist es nicht gegeben, Gott zum Sprechen zu bringen. Dem Menschen ist es nur gegeben, in einer Weise zu leben und zu denken, daß seine Ohren nicht verstopft sind, wenn Gottes Donner ertönt.

Anmerkungen

Kapitel 1

1 Marion Levy, *Modernization; Latecomers and Survivors,* Basic Books, New York 1972, S. 3.

2 Meine Betrachtungsweise dieser Beziehung ist die der Wissenssoziologie. Es liegt auf der Hand, daß die Fülle der Implikationen dieser Betrachtungsweise hier nicht im einzelnen dargelegt werden kann. Für eine allgemeine theoretische Untermauerung dieser Betrachtungsweise siehe Peter L. Berger und Thomas Luckmann, *The Social Construction of Reality; A Treatise in The Sociology of Knowledge,* Doubleday, Garden City, New York 1966 (dt. Ausg.: *Die gesellschaftliche Konstruktion der Wirklichkeit; Eine Theorie der Wissenssoziologie,* S. Fischer, Frankfurt am Main 1969, Reihe Conditio humana). Für eine Anwendung dieses Denkansatzes siehe Peter L. Berger, Brigitte Berger und Hansfried Kellner, *The Homeless Mind; Modernization and Consciousness,* Random House, New York 1973 (dt. Ausg: *Das Unbehagen in der Modernität,* Campus, Frankfurt am Main 1977). Vor allem dieses letztere Buch liefert den theoretischen Gesamtrahmen der hier angestellten Überlegungen.

3 Diese Auffassung der Bedeutung von Situations- oder Standortgebundenheit hält sich an die sogenannte gemäßigte oder weniger radikale Tradition der Wissenssoziologie, die sich von den radikaler deterministischen Formen abhebt. Siehe Werner Stark, *The Sociology of Knowledge,* Free Press, Glencoe, Ill. 1958.

4 In *The Homeless Mind* haben wir diese beiden Gruppen von Elementen als intrinsisch bzw. extrinsisch bezeichnet.

5 Vgl. William Greene, *Moira; Fate, Good and Evil in Greek Thought,* Harper Torchbooks, New York 1963.

6 Dieses Verständnis von Legitimation stellt die Verbindung zwischen Wissens- und Religionssoziologie her. Siehe mein Buch *The Sacred Canopy; Elements of a Sociological Theory of Religion,* Doubleday, Garden City, New York 1967 (dt. Ausg.: *Zur Dialektik von Religion und Gesellschaft; Elemente einer soziologischen Theorie,* S. Fischer Verlag. Frankfurt am Main 1973, Reihe Condito humana). Was meine Auffassung der Kategorie des Kosmos angeht, so bin ich dem Werk von Mircea Eliade zu großem Dank verpflichtet.

7 Mit dieser Verbindung sollten sich, nebenbei gesagt, jene ernsthafter beschäftigen, die von Menschen schwärmen, die in der Lage sind, alternative Lebensstile zu wählen, und die zur gleichen Zeit den ver-

meintlichen Materialismus alternativen Konsumentenverhaltens in einer kapitalistischen Ökonomie beklagen. Doch das ist ein anderes Thema.

8 Chirurgische Geschlechtsumwandlung stellt in diesem Zusammenhang auch nicht die einzige relevante Möglichkeit dar. Wenn Chirurgie und »genetische Manipulation« (»genetic engineering«) sich weiterentwikkeln, besteht kein Grund zur Annahme, daß ihr Hauptinteresse sich weiterhin auf die Sexualorgane beschränkt. Das nächste prometheische Wagnis hat unter Umständen die Wahl zwischen verschiedenen möglichen Anordnungen von Gliedmaßen, Sinnesorganen oder Hirnfunktionen zur Folge. Die rechtlichen und moralischen Implikationen dieser Entwicklung (ganz zu schweigen von den philosophischen) sind heute noch schwer vorstellbar.

9 Für eine systematische Erörterung dieses Punktes siehe Berger und Luckmann, op. cit., passim.

10 Der Terminus »Subjektivierung« ist von Arnold Gehlen geprägt worden; dieser Teil der Erörterung beruht auf seinem Werk. Vgl. auch Thomas Luckmann, *The Invisible Religion*, Macmillan, New York 1967 (erw. und revid. Ausgabe von *Das Problem der Religion in der modernen Gesellschaft; Institution, Person und Weltanschauung*, Rombach, Freiburg 1963).

11. Siehe Gehlen, »Über die Geburt der Freiheit aus Entfremdung«, in: *Studien zur Anthropologie und Soziologie*, Luchterhand, Neuwied/Rhein 1963, S. 232 ff.

12 Siehe Berger, Berger und Kellner, op. cit., passim.

13 Für eine systematische Erörterung dieses Punktes, einschließlich der Beziehung von Säkularisierung und Pluralismus, siehe mein Buch *The Sacred Canopy*, Teil II. Als jüngere Darstellung des Säkularisierungsproblems siehe Rocco Caporale und Antonio Grumelli (Hrsg.), *The Culture of Unbelief*, University of California Press, Berkeley, 1971, und Karl-Wilhelm Dahm et al., *Das Jenseits der Gesellschaft*, Claudius, München 1975.

Kapitel 2

1 Was den phänomenologischen Denkansatz gegenüber der Religion angeht, so bin ich durch die Autoren Rudolf Otto, Gerardus van der Leeuw und Mircea Eliade beeinflußt worden. Als Überblick über diesen Ansatz vgl. Leeuw, *Religion in Essence and Manifestation*, George Allen & Unwin, London 1938. Teile der Erörterung in diesem Kapitel, vor allem die Konzepte des Übernatürlichen und des Heiligen, sind einem Aufsatz entnommen, den ich zusammen mit Hansfried Kellner geschrieben habe: »On the Conceptualization of the Supernatural and the Sacred«, *Dialog*, Winter 1978.

2 Vgl. Alfred Schütz, »On Multiple Realities«, in: *Collected Papers*, Nijhoff, Den Haag 1952, Bd. I, S. 207 ff.

3 Die Formulierung »andere Realität« ist natürlich eine Schützsche. Doch nach meiner Meinung findet sich die meisterhafteste Behandlung dieser

Kategorie in einem Romanwerk, nämlich in Robert Musils großem Werk *Der Mann ohne Eigenschaften.* Ich habe diesen Punkt in einem Aufsatz erörtert: »The Problem of Multiple Realities; Alfred Schutz and Robert Musil«, in Maurice Natanson (Hrsg.), *Phenomenology and Social Reality,* Nijhoff, Den Haag 1970, S. 213 ff. Eine vergleichbare Darstellung (wenngleich, so meine ich, weniger eindrucksvoll als die Musils) findet sich in der berühmten Episode der Tea-party-Ekstase in Prousts *Du côté de chez Swann.* Dazu vgl. R. C. Zaehner, *Mysticism; Sacred and Profane,* Oxford University Press, London 1961, S. 52 ff.

4 Dem Begriff des »Übernatürlichen« haften einige unglückliche Assoziationen an, wie man nicht eigens betonen muß. Im Sinne der jüngeren Theologie ist er immer noch mit einer erzreaktionären und antimodernen Haltung assoziiert (wie in der sogenannten Schule des Übernatürlichen der römisch-katholischen Theologie des neunzehnten Jahrhunderts). Der Begriff scheint auch eine radikale Entwertung der natürlichen Welt zu enthalten, eine Entwertung, die man eher für gnostisch oder manichäisch als für jüdisch-christlich halten könnte. Die Aufgabe, einen anderen Begriff zu suchen, stellt sich daher von selbst. Meine Suche ist bislang erfolglos verlaufen. Der Begriff »Heiliges« ist nicht geeignet, aus Gründen, die in der hier angestellten Erörterung entwikkelt werden. »Transzendent«, ein Begriff, den ich anderweitig benutzt habe, ist zwar besser, doch er besitzt mindestens ebensoviele Assoziationen, die in die Irre führen können (in diesem Falle philosophische und weniger theologische Assoziationen). Hier habe ich mich, *faute de mieux,* wieder für das »Übernatürliche« entschieden. Ich kann nur hoffen, daß eine genaue Beschreibung meiner Verwendung des Begriffs Mißverständnisse zumindest mildern wird. Die Hervorhebung von »Andersheit« geht natürlich auf Ottos »totaliter aliter« zurück, doch ich unterscheide mich von Otto insofern, als ich diese Qualität sowohl dem Übernatürlichen wie dem Heiligen zuschreibe.

5 Die Gegenüberstellung von »da droben« und »hienieden« bildet ein ständig wiederkehrendes Thema im Werk Eliades.

6 Über das Übergewicht zeitlicher gegenüber räumlicher Symbolik in der Bibel ist von der jüngeren Theologie (so zum Beispiel von Rudolf Bultmann und Oscar Cullman) viel Wesens gemacht worden. So haben einige Theologen die Meinung vertreten, die radikal zeitliche, eschatologische Symbolik des Neuen Testaments (»dieses Zeitalter« im Gegensatz zu dem »kommenden Zeitalter«) sei später durch hellenistisch beeinflußtes christliches Denken »verräumlicht« worden. Das ist mit aller Wahrscheinlichkeit eine richtige historische Interpretation. Doch ich behaupte, sie darf nicht in den Status eines kognitiven Kriteriums erhoben werden. Mit anderen Worten, mag es auch ganz richtig sein, daß die Hebräer von der Zeit und die Griechen vom Raum besessen waren, so ist es doch wichtig, daß man sich klarmacht: *Beide* beziehen sich auf eine Transzendenz der normalen Zeit-Raum-Realität.

7 In dieser Definition bringt die Hauptwendung »menschliche Einstellung« eine grundlegende empirische Stoßkraft zum Ausdruck (die im späteren Teil dieses Kapitels als induktive Option bezeichnet wird). Das

bezieht sich natürlich auf meinen Lebens- und Arbeitshintergrund als Sozialwissenschaftler, doch ich glaube nicht, daß solch ein Hintergrund unbedingt notwendig ist, um die Nützlichkeit dieses definitorischen Ausgangspunkts akzeptieren zu können. Die Wendung impliziert ganz einfach, daß Religion zum Zwecke des Verstehens in einem empirischen Bezugsrahmen gesehen wird und daß, solange man in diesem Rahmen bleibt, Religion nur als *menschliches* Phänomen erscheinen kann. Das bedeutet freilich *nicht*, daß in einem anderen Bezugsrahmen das, was zunächst als menschlich erschien, nunmehr als Reaktion auf mehr-als-menschliche Realitäten angesehen werden kann. Es sei ferner betont, daß die richtige Beziehung zwischen diesen beiden Bezugsrahmen ein Hauptproblem jedes induktiven Denkansatzes in Fragen der Religion darstellt, das heißt jedes Denkansatzes, der vom Empirismus zu irgendeiner Form theologischer Bestätigung gelangen möchte. Die Betonung auf »Kosmos« in der Definition geht auf Eliade zurück, wenngleich Durkheim eine nützliche soziologische Darstellung und Erläuterung all dessen bereithält, was eine solche »Kosmologie« in sich einschließt. Der Begriff des »Heiligen« wird im Sinne von Otto benutzt, allerdings modifiziert durch seine Gegenüberstellung mit dem »Übernatürlichen« (wie bereits erläutert).

8 Zur Definition des Mystizismus vgl. Zaehner, op. cit.

9 Auch zu diesem Punkt finden wir eine umfangreiche gelehrte Literatur, die den nicht-mystischen Charakter biblischer Religion nachzuweisen sucht. Diesen Nachweis kann man auf der Ebene historischer Interpretation *in toto* akzeptieren, ohne diesen nicht-mystischen Charakter notwendigerweise zu einem kognitiven Kriterium zu machen.

10 Zum nicht-religiösen (»profanen«) Mystizismus vgl. wiederum Zaehner, op. cit.

11 Diese Beschreibung des Heiligen stammt fast vollständig aus Rudolf Ottos *Das Heilige*, Beck, München 1963.

12 Zu Tradition und Institutionalisierung vgl. Peter L. Berger und Thomas Luckmann, *Die gesellschaftliche Konstruktion der Wirklichkeit*, S. Fischer, Frankfurt am Main 1969, Reihe Conditio humana.

13 Siebenundneunzigste Sure, in: *Der Koran; Das heilige Buch des Islam*, nach der Übertragung von Ludwig Ullmann, neu bearbeitet und erläutert von L. W.-Winter, Goldmann, München 1959.

14 Solcher Anti-Institutionalismus ist charakteristisch für den modernen Existentialismus, der, zumindest in dieser Hinsicht, in einer langen Tradition religiösen Radikalismus steht. Ich für meinen Teil tendierte in meinen früheren Büchern über Religion und über Gesellschaft (so in *The Precarious Vision*, 1961, und in *Invitation to Sociology*, 1963; dt. Ausg.: *Einladung zur Soziologie*, Walter, Olten 1969) im allgemeinen zu dieser Position. Ich würde nicht ganz und gar in Abrede stellen, was ich seinerzeit über die Gesellschaft als »Fiktion« und über die beseligenden Qualitäten der »Ekstase« und dergleichen geschrieben habe. Eine Betrachtung der Welt in dieser Weise ist durchaus geeignet, einige wichtige Merkmale institutionalisierter Religion und in der Tat von Institutionen im allgemeinen zu zeigen (und »aufzuzeigen«). Doch sie übertreibt

diese Merkmale auch und führt zu einer einseitig individualistischen (und *ipso facto* weniger als soziologisch angemessenen) Anschauung menschlicher Existenz.

15 Im Sinne von Maurice Halbwachs. Vgl. sein *Les cadres sociaux de la mémoire*, Presses Universitaires de France, Paris 1952.

16 Diese Interpretation deutet sich an in Max Webers Theorie von der »Routinisierung des Charisma«, doch sie erhält hier eine weit größere Spannweite.

17 Zu Symbole vgl. Schütz, op. cit., S. 287 ff.

18 Zu Legitimierung vgl. Berger und Luckmann, op. cit., S. 98 ff.

19 Fünfunddreißigste Sure, Vers 25, in: *Der Koran*, op. cit.

20 Friedrich Nietzsche, *Die fröhliche Wissenschaft*, in Nietzsches Werke in zwei Bänden, Verlag Das Bergland-Buch, Salzburg 1952, Bd. 2, S. 599.

21 Talcott Parsons, *The System of Modern Societies*, Prentice-Hall, Englewood Cliffs, New Jersey 1971 (dt. Ausg.: *Das System moderner Gesellschaften*, Juventa, München 1972).

22 John Murray Cuddihy, *No Offense; Civil Religion and Protestant Taste*, Seabury, New York 1978. Dieses Buch ist unter dem Blickpunkt sozialpsychologischer und kognitiver Dynamik des Pluralismus ein gewichtiger Beitrag zur Thematik, das heißt ein Beitrag, der weit über das von ihm behandelte besondere amerikanische Phänomen hinausgeht.

23 Will Herberg, *Protestant-Catholic-Jew*, Doubleday, Garden City, New York 1955.

24 S. J. Samartha (Hrsg.), *Towards World Community; The Colombo Papers*, Weltrat der Kirchen, Genf 1975, S. 5.

25 Vgl. Maurice Natanson, *Edmund Husserl*, Northwestern University Press, Evanston, Ill. 1973, S. 42 ff.

Kapitel 3

1 Vgl. Karl Barth, *Die protestantische Theologie im 19. Jahrhundert*, Evangelischer Verlag, Zollikon-Zürich 1952; und Horst Stephan und Martin Schmidt, *Geschichte der deutschen evangelischen Theologie*, Toepelmann, Berlin 1960.

2 Vgl. Herbert Hahn, *Old Testament in Modern Research*, Muhlenberg, Philadelphia 1954.

3 Hans-Joachim Kraus, *Geschichte der historisch-kritischen Erforschung des Alten Testaments*, Verlag Buchhandlung des Erziehungsvereins, Neukirchen 1956, S. 236 f.

4 Vgl. Stephan und Schmidt, op. cit.; Heinz Zahrnt, *The Question of God; Protestant Theology in the Twentieth Century*, Harcourt, Brace & World, New York 1969 (dt. Ausg.: *Die Sache mit Gott; Die Protestantische Theologie im 20. Jahrhundert*, Piper, München 1970).

5 Vgl. Zahrnt, op. cit.

6 Vgl. Jürgen Moltmann (Hrsg.), *Anfänge der dialektischen Theologie*, Kaiser, München 1962.

7 Zu den theologischen Aspekten des sogenannten deutschen Kirchenkampfes während der Nazi-Zeit vgl. Heinrich Hermelink (Hrsg.), *Kirche im Kampf*, Wunderlich, Tübingen 1950.

8 Karl Barth, *Die Kirchliche Dogmatik*, Evangelischer Verlag, Zollikon-Zürich 1947, Bd. I/1, S. 10 f. Dieses Werk im folgenden als *Dogmatik* bezeichnet.

9 Dieses Glaubensverständnis ist natürlich das Herzstück des klassischen Protestantismus. Barth hat es in seiner Auffassung von der kalvinistischen Prädestinationslehre in großer Ausführlichkeit entwickelt.

10 Über diesen Punkt kam es zwischen Barth und seinem früheren Verbündeten Emil Brunner zum Bruch. Obwohl durchaus in Übereinstimmung mit dem neo-orthodoxen Offenbarungsverständnis, wollte Brunner nach »Anknüpfungspunkten« zwischen dem geoffenbarten Wort und dem natürlichen Verständnis des Menschen Ausschau halten. Barth beharrte darauf, solche Punkte gäbe es nicht.

11 *Dogmatik*, I/1, S. 26 ff. und 73 ff.

12 Ibid., S. 194 ff.

13 Ibid., S. 206 ff. Die Bemerkung über die »zitternde Gewißheit« findet sich auf S. 237 f.

14 Barth (ibid., S. 231) bedient sich der klassischen kalvinistischen Feststellung: *Finitum non capax infiniti* (»Das Endliche ist des Unendlichen nicht fähig«) und formuliert sie neu: *Homo peccator non capax verbi Domini* (»Der sündhafte Mensch ist des Herrn Wort nicht fähig«).

15 Ibid., S. 239 ff.

16 Ibid., S. 250.

17 *Dogmatik*, I/2, 1948, S. 1.

18 Ibid., S. 304 ff.

19 Vgl. Barth, *Die protestantische Theologie im 19. Jahrhundert*, S. 484 ff.

20 Vgl. Dogmatik, I/2, S. 372 ff.

21 Für eine wissenssoziologische Interpretation Kierkegaards vgl. Michael Plekon, »Kierkegaard; Diagnosis and Disease – An Excavation in Modern Consciousness«, Dissertation, Princeton University 1977.

22 Søren Kierkegaard, *Concluding Unscientific Postcript*, Princeton University Press, Princeton 1941, S. 169 (dt. Ausg.: *Philosophische Brosamen und Unwissenschaftliche Nachschrift*, Walter, Olten 1976).

23 Den Begriff »Dezisionismus« hat der deutsche Soziologe Christian von Krockow geprägt. Vgl. sein Buch *Die Entscheidung*, Enke, Stuttgart 1958.

24 Vgl. Michael Grant, *Jesus*, Scribner's, New York 1977 (dt. Ausg.: *Jesus*, Lübbe, Bergisch Gladbach 1979).

25 Vgl. Donald Dawe und John Carman (Hrsg.), *Christian Faith in a Religiously Plural World*, Orbis, Maryknoll, New York 1978, S. 114.

26 Zehnte Sure, Verse 100-101, *Der Koran*, op. cit.

27 Moustafa Mahmoud, *Dialogue avec un ami ethée*, Dar-al-Awda, Beirut 1975, S. 217.

28 Es erscheint mir angebracht, hier festzustellen, daß die Neo-Orthodoxie (in der lutherischen und nicht in der Barthschen Version) die Religion meiner Jugend war; sie ist in meinen beiden ersten Büchern noch

erkennbar. Ich habe diese Position nach und nach aufgegeben und betrachtete mich in den frühen sechziger Jahren als theologischen Liberalen. So verstehe ich mich auch weiterhin. Doch indem ich mich von einer früheren theologischen Position abwende, weise ich die Erfahrungen, die zu dieser Position geführt haben, keineswegs zurück oder erkläre sie gar für ungültig. Oder auch mit anderen Worten gesagt, seine geistige Einstellung zu ändern heißt nicht, sein Leben zurücknehmen!

29 Siebenundneunzigste Sure, in: *Der Koran*, op. cit., S. 494 f. Ich habe diese Passage bereits weiter oben zitiert; sie verträgt eine Wiederholung! Wie oben angemerkt, bedeutet das arabische Wort *Kadr* »Ruhm«.

30 Zitiert von R. C. Zaehner, *Mysticism; Sacred and Profane*, Oxford University Press, London 1961, S. 157 f.

31 Vgl. Nahum Glatzer, *Franz Rosenzweig*, Jewish Publication Society, Philadelphia 1953.

32 Über diesen Prozeß hat Gretel Weiss eine wissenssoziologische Untersuchung angestellt, Dissertation, Rutgers University 1978.

33 Vgl. Peter L. Berger und Thomas Luckmann, *The Social Construction of Reality*, op. cit., S. 144 ff. (dt. Ausg.: *Die gesellschaftliche Konstruktion der Wirklichkeit*, op. cit., S. 169 ff).

Kapitel 4

1 Thomas Altizer und William Hamilton, *Radical Theology and the Death of God*, Boobs-Merrill, Indianapolis 1966, S. 11.

2 Die Primärquelle für Bultmanns Programm und die sich daran anschließende Kontroverse ist eine Buchreihe mit dem Titel *Kerygma und Mythos*, herausgegeben von Hans-Werner Bartsch, Reich, Hamburg-Bergstedt 1960. Seither hat sich natürlich eine umfangreiche Literatur über diese Kontroverse auf beiden Seiten des Atlantiks aufgetürmt, doch es kann hier nicht unsere Absicht sein, einen Überblick über diese Literatur zu geben. Ich habe mich mit einem früheren Stadium dieser Kontroverse in einer Zeit beschäftigt, als man in Amerika gerade anfing, sie zu diskutieren (»Demythologization; Crisis in Continental Theology«, in: *Review of Religion*, November 1955); die Hauptmerkmale des Themas waren damals bereits ziemlich klar. Vgl. auch Charles Kegley (Hrsg.), *The Theology of Rudolf Bultmann*, Harper & Row, New York 1966; Walter Schmithals, *An Introduction to the Theology of Rudolf Bultmann*, Augsburg, Minneapolis 1967 (dt. Ausg.: *Die Theologie Rudolf Bultmanns; Eine Einführung*, Mohr, Tübingen 1967). Das deutsche Wort »Entmythologisierung« ist nebenbei ein genauso scheußlicher Neologismus wie seine englische Übersetzung.

3 Der ursprüngliche Essay findet sich bei Bartsch, op. cit., I, S. 15 ff.

4 Ibid., S. 18.

5 Dieser Unterschied wird im Deutschen dadurch hervorgehoben, daß man sagt, das Neue Testament sei nicht an Historie, sondern an Ge-

schichte interessiert. Die Überzeugungskraft dieser Unterscheidung verträgt leider kaum die Übersetzung in eine andere Sprache.

6 Bartsch, op. cit., S. 50.

7 Vgl. Franz Peerlinck, *Rudolf Bultmann als Prediger*, Reich, Hamburg 1970.

8 Vgl. Peter Berger und Richard Neuhaus (Hrsg.), *Against the World for the World*, Seabury, New York 1976, S. 8 ff.

9 Was die ersteren angeht, vgl. die Kritik von Julius Schneewind (Bartsch, op. cit., I. S. 85 ff) und Regin Prenter (ibid., II, S. 70 ff); zu den letzteren vgl. die Kritik von Fritz Buri (ibid., S. 85 ff.).

10 Ibid., III, S. 9 ff; ferner Karl Jaspers und Rudolf Bultmann, *Die Frage der Entmythologisierung*, Piper, München 1954.

11 Karl Barth, *Rudolf Bultmann; Ein Versuch, ihn zu verstehen*, Evangelischer Verlag, Zollikon-Zürich 1952.

Kapitel 5

1 Das endgültige Werk über Schleiermachers Leben und Denken ist unverändert Wilhelm Diltheys *Leben Schleiermachers* (4 Bde., erst vor einiger Zeit neu aufgelegt von Walter de Gruyter, Berlin 1966–1970). Als jüngere Interpretation vgl. Hugh Mackintosh, *Types of Modern Theology; Schleiermacher to Barth*, Scribner's, New York 1937, eine im wesentlichen negative Auffassung; Martin Redeker, *Schleiermacher; Life and Thought*, Fortress, Philadelphia 1973, eine ausgewogene Rechtfertigung der Theologie Schleiermachers; Robert Williams, *Schleiermacher the Theologian*, Fortress, Philadelphia 1978, eine Interpretation Schleiermachers im Sinne der Phänomenologie, die ich für dieses Buch als sehr nützlich empfunden habe.

2 Paul Tillich hat dies »das protestantische Prinzip« genannt.

3 Er selbst hat dafür den Begriff »mystisch« verwandt, doch dieser Begriff ist höchst irreführend (und hat auch viele in die Irre geführt), wenn man ihn mit dem gemeinhin als Mystizismus bezeichneten Phänomen in Verbindung bringt.

4 Mackintosh, op. cit., S. 86, benutzt tatsächlich die Wendung »induktive Methode«. Ich weiß nicht, ob Schleiermacher die Auffassung von William James beeinflußt hat, der rechte Zugang zur Religion solle bestehen aus »interpretativen und induktiven Operationen« (*The Varieties of Religious Experience*, Collier Books, New York 1961, S. 339; dt. Ausg.: *Die Vielfalt religiöser Erfahrung*, Walter, Olten 1972).

5 Die schärfste Attacke gegen Schleiermacher aus diesem Lager bildet Emil Brunners *Die Mystik und das Wort*, Mohr, Tübingen 1924. Es verdient Beachtung, daß Barth sich von dieser einseitig pejorativen Interpretation distanziert hat.

6 *Über die Religion; Reden an die Gebildeten unter ihren Verächtern*, in: *Sämtliche Werke*, Reimer, Berlin 1843, I, S. 133 ff.

7 Ich benutze hier den Begriff »experience«, um Schleiermachers »Gefühl« zu übersetzen (im amerikanischen Original). Ich glaube, daß diese

Übersetzung sich vollständig mit Schleiermachers Absichten deckt und die Mißverständnisse verhindert, die mit der Übersetzung durch »feeling« entstehen können. Vgl. Williams, op. cit., S. 23 ff.

8 *Über die Religion*, S. 148.

9 Ibid., S. 248 f.

10 Ibid., S. 249.

11 Ibid., S. 316 ff. Die Rede trägt den Titel »Über das Gesellige in der Religion«. »Kirche« wird definiert als »Gesellschaft menschlicher Wesen, deren Frömmigkeit das Bewußtsein erreicht hat« (S. 327). Man kann dies im weiteren Sinne als »kollektives Bewußtsein« bezeichnen und sich damit von Schleiermacher unmittelbar zu Durkheim begeben!

12 Ibid., S. 385 ff, betitelt »Über die Religionen«.

13 Ibid., S. 394.

14 Ibid., S. 403. Hervorhebungen von mir. Eine Fußnote weist darauf hin, daß im hellenistischen Denken der Begriff »Häresie« positiv verwandt wurde, um damit Philosophie- und Medizin-Schulen zu bezeichnen; auch sei er zur Bezeichnung von Schulen im hellenistischen Judaismus benutzt worden. Die pejorative Verwendung durch Christen sei etymologisch nicht angezeigt.

15 Ibid., S. 247.

16 Schleiermacher kann man in diesem Zusammenhang vergleichen mit dem schwedischen Theologen Anders Nygren, der die Methode der »Motivforschung« entwickelt hat. Diesen Vergleich hat William Johnson angestellt: *On Religion; A Study of Theological Method in Schleiermacher und Nygren*, Brill, Leiden 1964.

17 *Über die Religion*, S. 433 f.

18 »Der christliche Glaube nach den Grundsätzen der evangelischen Kirche«, in *Gesammelte Werke*, Bde. III u. IV, Reimer, Berlin 1961.

19 Ibid., III, S. 6: »Eine Bestimmtheit des Gefühls oder des unmittelbaren Selbstbewußtseins«. Noch einmal, ich glaube, daß an dieser Stelle das Wort »Gefühl« richtig mit dem englischen Wort »experience« wiedergegeben ist.

20 In diesem Sinne fühlt sich Williams (op. cit.) berechtigt, Schleiermacher als Phänomenologen zu interpretieren: Bewußtsein wird unter dem Aspekt dessen gesehen, was Husserl seine *Intentionalität* nannte, das heißt unter dem Aspekt des Objekts, zu dem es tendiert. Ich stimme mit dieser Interpretation überein. In diesem Fall, jedenfalls sieht es Schleiermacher so, ist das Objekt des Bewußtseins etwas radikal Übermenschliches, Metahumanes. So ist es irrig, Schleiermacher die Feuerbachsche Reduktion der Theologie auf Anthropologie vorzuwerfen.

21 Vgl. Horst Stephan und Martin Schmidt, *Geschichte der deutschen evangelischen Theologie*, Toepelmann, Berlin 1960, S. 214 ff.; Mackintosh, op. cit., S. 138 ff.

22 Vgl. Stephan und Schmidt, op. cit., S. 245 ff.; Wilhelm Pauck, *Harnack and Troeltsch*, Oxford University Press, New York 1968.

23 Adolf Harnack, *Das Wesen des Christentums*, Hinrick, Leipzig 1905. Nur der Kuriosität willen sei hier angemerkt, daß die preußischen

Behörden Harnack zu einem späteren Zeitpunkt das Adelsprädikat »von« verliehen haben.

24 In dem zuvor erwähnten Buch wird statt »Gefühl« das Wort »Erleben« benutzt (ibid., S. 93 und 103 ff). Ich würde behaupten, daß dieser Sprachgebrauch dem Schleiermacherschen »Gefühl« entspricht, das heißt, daß er sich auf das gleiche Phänomen bezieht.

25 Auf Deutschland bezogen, könnte man sagen, daß die preußischen Regierungsstellen ausgezeichnete Gründe hatten, Adolf Harnack in den Adelsstand zu versetzen.

26 James, op. cit., S. 73.

27 Ibid., S. 34.

28 Ibid., S. 334.

29 Ibid., S. 337.

30 Vgl. Pauck, op. cit.; John Clayton (Hrsg.), *Troeltsch and the Future of Theology*, Cambridge University Press, Cambridge 1976.

31 Ernst Troeltsch, *Die Absolutheit des Christentums*, Mohr, Tübingen 1912.

32 Ibid., S. 52.

33 Troeltsch schreibt auch, das Absolute sei vorschwebend. Er will damit sagen, keine Gruppe von Menschen werde jemals die *beati possedentes* absoluter Wahrheit sein.

34 Troeltsch spricht von einer »vollkommen ruhigen und fröhlichen Bestätigung« des Christentums (ibid., S. 82).

35 Im letzten Werk seines Lebens, einer Vorlesungsreihe, die er 1923 in England halten wollte, kehrte Troeltsch zu dem Problem der Absolutheit des Christentums zurück. Die Vorlesungen wurden posthum als *Christian Thought; Its History and Application* veröffentlicht (University of London Press, London 1923). Darin gibt es zwar Unterschiede in der Betonung, doch die grundlegende Methodologie bleibt unberührt. Man sollte beachten, daß Troeltsch sich selbstbewußt mit der Absicht trug, Schleiermachers theologisches Programm fortzuführen, vor allem in seinen Heidelberger Dogmatik-Vorlesungen von 1911–1912. Auch diese Vorlesungen wurden 1925 posthum unter dem Titel *Glaubenslehre* veröffentlicht (Bd. II der *Gesammelten Schriften*, Scientia, Aalen 1962). In diesen Vorlesungen sucht Troeltsch eine christliche Glaubenslehre zu entwickeln, die sowohl eine »historische Theologie« wie eine »Theologie des Bewußtseins« wäre.

36 Interessanterweise unterscheidet Troeltsch zwischen naiver (= unreflektierter) und artifizieller (= theoretischer) Absolutheit (*Absolutheit des Christentums*, S. 110 ff.). Damit weist er darauf hin, daß die Religion sich von anderen menschlichen Erfahrungen nicht unterscheidet, von Erfahrungen, die einen Umwandlungsprozeß durchmachen, sobald über sie reflektiert und theoretisiert wird. Wenn ein solcher Prozeß erst einmal eingeleitet ist, wäre jeder Wunsch, zu dem naiven Zustand unbefragter Absolutheit zurückzukehren, ziemlich widersinnig, und Versuche, dies auf irgendeinem theoretischen Wege zu erreichen, wären artifiziell und intellektuell unhaltbar. Mit anderen Worten, Reflexion als solche ist der Absolutheit abträglich.

37 Ibid., S. 114. Schleiermacher sah Kraft als Kriterium an, durch das eine bestimmte Tradition sich als Offenbarung erweist und somit zum Schriftgut wird.

38 Nebenbei gesagt, es gibt einen entgegengesetzten Denkansatz, nämlich die Einsichten aus »Grenzsituationen« abzuwerten und sie als Ergebnis individueller oder kollektiver Pathologie und nichts anderes hinzustellen. Die hier erörterte Position verträgt sich natürlich mit dieser Auffassung genausowenig wie mit der Auffassung, daß Grenzsituationen einen besonders privilegierten Wahrheitszugang darstellen.

Kapitel 6

1 Diesen Standpunkt hat Ernst Troeltsch vertreten. In diesem Punkt kann man mit ihm durchaus übereinstimmen, ohne daß man damit gleich im einzelnen seine Meinung teilte, wie die Unterschiede zwischen diesen beiden religiösen Alternativen zu verstehen sind.

2 Meine Anschauung darüber ist in hohem Maße durch die Werke von Erich Voegelin und Gerhard von Rad geprägt worden.

3 Rudolf Otto pflegte die Thronvision von Jesaja mit Wischnus Vision der universalen Form in der Bhagawadgita zu vergleichen und sah darin die beiden Urbeispiele der Erfahrung des »Numinosen«. Doch auch die Unterschiede sind aufschlußreich. Wenn man die Frage des Individuums im Hindu-Schema der Dinge einmal beiseite läßt, so ist die Gita weder historisierend noch moralisierend. Historie (und in der Tat die empirische Welt als ganze) werden als irrelevant für die religiöse Suche angesehen, und in dieser Irrelevanz wird die Moral relativiert. Die letztliche praktische Konsequenz des großen Dialogs zwischen Arjuna und Krischna besteht darin, daß der erstere seine Skrupel überwindet und in den Kampf gegen seine Verwandten zieht. Diese Treue gegenüber seiner Kastenpflicht als Krieger beruht nicht auf der Überzeugung, daß dies letztendlich richtig ist, sondern daß es letztendlich unwichtig ist. Daran festzuhalten, und darauf sollte man mit Nachdruck hinweisen, soll *nicht* heißen, daß jene, die in der Tradition von Jesaja stehen, moralisch bessere Menschen sind als jene, die in der Tradition der Gita stehen. Es heißt lediglich, daß Moralität in der erstgenannten Tradition einen anderen religiösen Status hat als in der letzteren.

4 Dies war die Auffassung von Heinrich Zimmer, der glaubte, daß die Praxis des Yoga und die Samkhya-Philosophie beide vorarisch waren. Diese Auffassung erhält Glaubwürdigkeit durch das Faktum, daß die arischen Eindringlinge eine ganz andere Form der Religion entwickelten. Vgl. Zimmers *Philosophies of India*, Princeton University Press, Princeton 1951 (dt. Ausg.: *Yoga und Buddhismus; Indische Sphären*, Insel Taschenbuch Nr. 45).

5 Die Forschungen von Robert Bellah und Charles Glock im Gebiet von San Francisco und die jüngsten Arbeiten von Robert Wuthnow liefern bis jetzt die besten empirischen Anhaltspunkte für dieses Phänomen. Vgl. Bellah und Glock (Hrsg.), *The New Religious Consciousness*,

University of California Press, Berkeley 1976; Robert Wuthnow, *Experimentation in American Religion*, University of California Press, Berkeley 1978.

6 Nach Angaben von Meinungsforschern geht diese Zahl in die Millionen.

7 Harvey Cox, *Turning East*, Simon & Schuster, New York 1977 (dt. Ausg.: *Licht aus Asien; Verheißung und Versuchung östlicher Religiosität*, Kreuz-Verlag, Stuttgart 1978). Vgl. Bellah und Glock (Hrsg.), op. cit., wie auch mehrere Aufsätze, in denen Bellah zu erkennen gibt, daß er mehr als ein sozialwissenschaftlicher Beobachter ist.

8 Raymond Panikkar, *The Unknown Christ of Hinduism*, Longman & Todd, London 1964 (dt. Ausg.: *Kulturmysterien im Hinduismus und Christentum; Ein Beitrag zur vergleichenden Religionstheologie*, Alber, Freiburg 1965); John Hick, *God and the Universe of Faiths*, Macmillan, London 1973; und vor allem ders., *Death and the Eternal Life*, Westminster, Philadelphia 1974, in dem Hick den faszinierenden Versuch unternimmt, die indische Auffassung von der Reinkarnation mit dem Christentum zu versöhnen.

9 Vgl. John Hick (Hrsg.), *Truth and Dialogue in World Religions*, Westminster, Philadelphia 1974; Heinrich Dumoulin, *Christianity Meets Buddhism*, Open Court, LaSalle, Ill. 1974; Donald Dawe und John Carman (Hrsg.), *Christian Faith in a Religiously Plural World*, Orbis, Maryknoll, New York 1978.

10 R. C. Zaehner, *Hindu and Muslim Mysticism*, Schocken, New York 1969, S. 3.

11 Eine der besten Einführungen in den Mystizismus (wenngleich ihre Begriffsbildung zu wünschen läßt) ist immer noch das Kapitel über dieses Thema in William James, *The Varieties of Religious Experience*, ursprünglich 1902 veröffentlicht; Collier Books, New York 1961, S. 299 ff (dt. Ausg.: *Die religiöse Erfahrung in ihrer Mannigfaltigkeit*, Hinrichs, Leipzig [4]1925). Einen klassischen Überblick liefert Evelyn Underhills *Mysticism*, ursprünglich veröffentlicht 1911. Über mystische Bewegungen im Judaismus bzw. Islam vgl. zwei ausgezeichnete historische Arbeiten: Gershom Scholem, *Major Trends in Jewish Mysticism*, Schocken, New York 1954 (dt. Ausg.: *Die jüdische Mystik in ihren Hauptströmungen*, Suhrkamp, Frankfurt am Main 1967); und Annemarie Schimmel, *Mystical Dimensions of Islam*, University of North Carolina Press, Chapel Hill 1975. Für eine nützliche Zusammenfassung der verschiedenen Theorien über Mystizismus vgl. den ersten Teil von Frits Staals *Exploring Mysticism*, University of California Press, Berkeley 1975; von diesem Überblick kann man profitieren, ohne deshalb die höchst negative Meinung des Autors über die meisten dieser Theorien zu teilen.

12 Vgl. Zimmer, op. cit.; ferner P. D. Devanandan, *The Concept of Maya*, YMCA Publication House, Kalkutta 1954; Eliot Deutsch, *Advaita Vedanta*, East-West Center Press, Honolulu 1969.

13 Den Fall von Al-Hallaj hat Louis Massignon bis ins letzte erforscht; er hat den größten Teil seines Lebens dieser Forschung gewidmet: *La*

passion d'Al Hosayn Ibn Mansour Al-Hallaj, Martyr mystique de l'Islam, Paris 1922. Veröffentlicht wurde dies Werk, nebenbei, genau tausend Jahre nach der Hinrichtung seiner Hauptfigur.

14 James, op. cit., S. 333 f.

15 Rudolf Otto, *Mysticism East and West*, Macmillan, New York 1970 (dt. Ausg.: *West-Östliche Mystik*, Leopold Klotz, Gotha 1926).

16 Ibid., S. 14.

17 Zaehner (op. cit.) vertritt die Auffassung, es habe einen bedeutsamen direkten Einfluß gegeben. Dies wird sowohl von Schimmel wie von Staal bestritten (auch in den zitierten Werken).

18 Zaehner, op. cit., S. 94. Meine Hervorhebungen. Zaehner hält diese Textpassage für einen Beweispunkt, der seine Auffassung besonders stark abstützt, nämlich seine Auffassung hinsichtlich der Hindu-Quellen für den Sufismus.

19 Diese verschiedenen Interpretationen hat Zaehner in seinem Werk (op. cit.) in aller Ausführlichkeit erläutert und erörtert.

20 Rudolf Otto hat ihm eine Untersuchung gewidmet, die den Umfang eines Buches erreicht: *India's Religion of Grace and Christianity*, Oxford University Press, London 1930. Vgl. auch R. C. Zaehner, *Mysticism; Sacred and Profane*, Oxford University Press, London 1961, passim; John Carman, *The Theology of Ramanuja*, Yale University Press, New Haven 1974.

21 Zaehner, *Mysticism; Sacred and Profane*, vor allem die Kapitel 8 bis 10.

22 Ibid., S. 172.

23 Ibid. S. 173. Meine Hervorhebungen.

24 Diese Fragestellung ist in der Vergangenheit unter der Rubrik Apologetik subsumiert worden, mit der die christliche Theologie in Schlachten mit dem Pantheismus und dergleichen zog. Mittlerweile dürfte klar sein, daß ich für diese Art kognitiver Kriegführung wenig Sympathie hege. Doch an diesem apologetischen Denkansatz stimmt auch sonst etwas nicht: Er lenkt die Aufmerksamkeit von der Ebene der Erfahrung zu der Ebene der Theorie. Dies, so glaube ich, beeinträchtigt ebenfalls Zaehners ansonsten ausgezeichnete Behandlung dieser Themen, etwa wenn er den Konflikt so darstellt, als handelte es sich um einen zwischen Theismus und Monismus. Bei beiden handelt es sich um theoretische Kategorien, mit denen bestimmte Erfahrungen interpretiert werden. Die induktive Aufgabe besteht darin, zu den Wurzeln der Erfahrung vorzustoßen, die den theoretischen Superstrukturen zugrunde liegen.

Namens- und Sachregister

Zusammengestellt von Bernadette Eckert